es 1908
edition suhrkamp
Neue Folge Band 908

In den fünfziger Jahren hatte Hannah Arendt die Diagnose gestellt, das Politische – im Gegensatz zu bloßer Politik – könne aus dem öffentlichen Leben der modernen Massendemokratien bald ganz verschwinden.

Im Anschluß an diesen Befund fragt Thomas Meyer nach den Maßstäben und dem Stand der Verfallstendenzen im politischen Leben der Gegenwart, aber ebenso nach den Kräften, die ihnen entgegenwirken.

Thematisiert werden objektive Prozesse des Verfalls des Politischen wie der staatliche Souveränitätsverlust nach innen und außen, der politische Sprachverfall und das Schwinden einer internen Verbindung von Politik und Leben ebenso wie die subjektiven Tendenzen einer Preisgabe des Politischen in der Selbstisolation der politischen Klasse, der Entmachtung des politischen Diskurses durch die ästhetische Inszenierung und die Wucherungen einer selbstimmunisierenden Kultur der Verdrängung durch Strategien der Irrealisierung politischer Wirklichkeit.

Nach Sichtung der anthropologischen und gesellschaftlichen Bestände fragt der Autor nach der Zukunft des Politischen. Die Rekonstruktion des klassischen Projekts des Politischen als Wechselverhältnis von allgemeiner Teilnahme, Durchsetzungsmacht, Gestaltungskraft für die alle betreffenden Angelegenheiten und Lebensnähe des politischen Prozesses bestimmt seine Chancen für eine moderne Gesellschaft.

Es bleibt die Frage nach den Kräften, die den voranschreitenden Verfall des Politischen aufhalten und die Chancen für einen praktischen Neubeginn nutzen könnten.

Von Thomas Meyer erschien zuletzt in der edition suhrkamp: *Die Inszenierung des Scheins, Voraussetzungen und Folgen symbolischer Politik*, es 1666.

Thomas Meyer
Die Transformation
des Politischen

Suhrkamp

*Für Philippe Janosch Jungheim*

edition suhrkamp 1908
Neue Folge Band 908
Erste Auflage 1994
© Suhrkamp Verlag Frankfurt am Main 1994
Erstausgabe
Alle Rechte vorbehalten, insbesondere das der Übersetzung,
des öffentlichen Vortrags
sowie der Übertragung durch Rundfunk und Fernsehen,
auch einzelner Teile.
Satz: Hümmer GmbH, Waldbüttelbrunn
Druck: Nomos Verlagsgesellschaft, Baden-Baden
Umschlagentwurf: Willy Fleckhaus
Printed in Germany

1 2 3 4 5 6 – 99 98 97 96 95 94

## Inhalt

Politik und Leben. Zustandsbeschreibung einer Fremdheit     7

### I. Erinnerungen an das Politische

1. Das Politische und die Politik. Erinnerung an die Maßstäbe .................................. 17
2. Das Projekt des Politischen. Ein romantischer Fall? ... 33

### II. Der Verlust der politischen Gestaltungsmacht

3. Souveränitätsverlust. Vom Ende der Staatsmetaphysik .. 39
4. Zukunftsverlust. Die Verdrängung von Zeit und Wirklichkeit ................................. 48

### III. Der Wandel der Bürgertugend

5. Tugendverlust? Zum Schicksal von Urteilskraft und Solidarität .................................. 61
6. Die Austreibung der politischen Moral. Machiavellismus als Farce ............................. 95

### IV. Der Verfall der Lebenszentralität des Politischen

7. Erfahrungsverlust I. Die politische Klasse in der Demokratie ................................. 103
8. Erfahrungsverlust II. Kleines politisches Bestiarium *(Aus dem Tagebuch teilnehmender Beobachtung)* ..... 116

### V. Die Preisgabe des politischen Raumes

9. Die Austreibung der politischen Wahrnehmungsfähigkeit. Der schöne Staat ............................. 125
10. Die Austreibung der politischen Urteilskraft. Die Inszenierung des Scheins ................... 137
11. Die Austreibung der politischen Wirklichkeit. Kopernikanische Medienwelt .................... 144
12. Verständigungsverlust I. Der Verfall der politischen Sprache ...................................... 160

13. Verständigungsverlust II. Sozialästhetische Entfremdung 174
14. Die Austreibung der politischen Verständigungsfähigkeit.
    Die Rückkehr des Absoluten .................... 185

## VI. Bestände des Politischen

15. Utopieverlust. Vom Ende der politischen Tröstungen .. 191
16. Politische Bedürfnisse. Anthropologische Streifzüge ... 197
17. Die Lebenswirklichkeit des Politischen ............. 210
18. Das Dilemma des Politischen in der Moderne ........ 220

## VII. Chancen des Politischen

19. Die Parteien. Foren des Politischen ............... 227
20. Gesellschaftliche Politik ........................ 237
21. Internationalisierende Politik .................... 251
22. Politische Interventionsfähigkeit. Chancen der Tugend . 254

*Die Zukunft des Politischen* ....................... 264

*Literatur* ..................................... 267

# Politik und Leben
## Zustandsbeschreibung einer Fremdheit

Politik und Leben entfernen sich voneinander. Das Politische weicht aus der Politik. Nicht als ob das Politische an sich, jene immerwährende Verbindung des Schicksals der Menschen in der Welt, aus ihrem Leben ausgetrieben werden könnte, wenn eine Politik die Herrschaft übernimmt, die ihren Anspruch verfehlt. Aber das Politische als Praxis, Politik, die diesem Anspruch gerecht würde, verfällt, wenn die Kraft zur Gestaltung dessen, was alle angeht, erlahmt, die Teilhabe derer, die es angeht, zur Ausnahme wird und die Praktiken der Politik dem Leben und das Leben ihnen fremd werden.

Politik als Technik der Macht und als Entscheidungshandeln ist unverwüstlich. Um sie braucht sich keiner je zu sorgen. Das Politische als Praxis aber ist, wie Hannah Arendt gezeigt hat, ein flüchtiger Gast im menschlichen Gemeinwesen. Es lebt auf und gewinnt Kraft und Selbstbewußtsein, wo Politik und Leben, Teilhabe und Gestaltungskraft, die Ethik der Bürger und die Erfolge der öffentlichen Macht in eine eigentümliche Wechselwirkung treten, in der das eine das andere vorantreibt, weil jedes alles andere voraussetzen kann. Es erstirbt, verliert Form, Kraft und Selbstvertrauen, wo keines sich mehr auf das andere stützen kann, weil jedes seinen eigenen Lauf nimmt und am Ende keines mehr auf seine Rechnung kommt.

Die Entpolitisierung der Politik ist immer möglich. Sie wird unvermeidlich, wenn die Krise der Gesellschaft zur Krise der Politik wird und die Krise der Politik die Krise der Gesellschaft nährt. Der Verfall des Politischen kann lebensgefährlich werden, wenn er sich unmerklich vollzieht. Die politischen Geschäfte können lange weiterlaufen, als bliebe alles beim alten. Mißmut, der Verlust der Selbstachtung und Verachtung für das Scheitern der anderen stellen sich ein und verfestigen sich als Grundstimmung, wenn langsam spürbar wird, daß nichts mehr von dem gelingt, was das Leben für die Politik, die Politik für das Leben zu sein und zu leisten hätte, damit beide zustande bringen, was das Leben der Menschen verlangt.

Das ist das Thema, um das es in diesem Buch geht. Es geht um Leben und Politik, Politik und Leben. Und es geht um einen Verfall, der sich vor unseren Augen vollzieht. Noch mehr geht es aber um die Suche nach den Chancen der Wiederbelebung des Politischen. Einzelne Elemente, die sie befördern könnten, liegen bereit. Es käme darauf an, die Bruchstücke zusammenzufügen und das neue Bild mit einem eigenen Leben zu erfüllen. Warum sollte es nicht nach der Erfahrung der Krise möglich sein, die Spirale, die sich abwärtsdreht, wenn die Elemente des Politischen auseinanderfallen, aufwärtszubewegen, wenn die Elemente wieder Verbindung aufnehmen?

»Politikverdrossenheit« war der Refrain, wenn in den vergangenen Jahren vom Politischen die Rede war. Ganz gleich, ob das Wort oder die Stimmungen, die es bündelte, die Spanne seiner publizistischen Konjunktur überleben werden, sie zeigen auf ihre Weise ein tiefsitzendes Unbehagen an. Die Subjektseite und die Objektseite des Politischen, Akteure und Publikum, Leistungen und Ansprüche, Legitimationsaufwand und Gestaltungsfähigkeit finden keinen Anschluß mehr aneinander. Das Politische wird diffus. Ein Transformationsprozeß ist in Gang gekommen, von dem weder die Optimisten noch die Pessimisten heute sagen könnten, ob er auf eine neuartige Wiederbelebung des Politischen hinausläuft oder nur der Vorbote ist für die Normalisierung seiner Verfallsform. Diese könnte in einer Epoche verkrampften Sich-Durchwurstelns am Rande von Abgründen bestehen und nach und nach sogar zur Gewohnheit werden, zu einem neuen Aggregatzustand der Politik. Vielleicht immer böser geschmäht, aggressiver herausgefordert, lust- und mutloser betrieben, aber mit der Zeit immun gegen alles.

Unabhängig davon, ob wir denen zuneigen, die im publizistischen Dauerbrenner »Politikverdrossenheit« nicht mehr erkennen können als eine pfiffige Verkaufsvokabel der skandalsüchtigen Medien, eine normale Schwächephase in den Konjunkturverläufen des politischen Klimas, einen geschickten Griff im Schwarze-Peter-Spiel tugendvergessener Bürger gegen die alleingelassenen Politiker oder einen gefährlichen Höhepunkt auf der Fieberkurve einer nicht mehr nur kränkelnden Politik: Ein Sachverhalt läßt sich nicht bestreiten. Die Gestaltungsfähigkeit der Politik schwindet besorgniserregend, gemessen an ihren eigenen Ansprüchen und der öffentlich eingespielten Rolle, die ihr zugeteilt wird.

Gleichzeitig nimmt in unserem Lande die Teilnahmebereitschaft der Bürger auf den eingespielten Kanälen ab, das wechselseitige Vertrauen der Bürger in die Politiker und der Politiker in die Bürger schwindet. Der Kreislauf von Bürgertugend, politischer Teilhabe und Leistungskraft der Politik ist überall unterbrochen.

Drei Entwicklungen fallen seit längerem ins Auge:

Erstens schreitet die tatsächliche weltweite Vergesellschaftung aller wesentlichen, das Leben der Menschen betreffenden Zusammenhänge voran, während die politischen Versuche, auf sie einen bestimmenden Einfluß zu gewinnen, kurzatmig, planlos und ohnmächtig hinterherhinken. Die Reichweite politischer Gestaltungsmacht und die der massivsten politischen Problemquellen gelangen nicht mehr zur Deckung.

Die tatsächlichen Gefahren und Risiken, von der drohenden Klimakatastrophe, über die Entzivilisierung der Aggressionsformen bis zu den unbeherrschbaren Wirtschaftskrisen infolge dramatischer Umbrüche in der weltweiten Arbeitsteilung sind seit gut zwei Jahrzehnten Fokus aller Politikerdebatten. Ihre Auswirkungen, bis hin zu den verwünschten Flüchtlingsströmen im eigenen Land und dem Alltäglich-Werden neuer Gewalt, sind überall zu spüren. Aber kaum irgendwo ist ein unduldsames Drängen auf die Maßnahmen zu beobachten, die sofort zu ergreifen wären, um das Schlimmste abzuwenden. Die Verdrängung scheint Macht und Herrschaft über das politische Bewußtsein zu gewinnen, und ein resignatives Einverständnis damit nistet sich als Grundbefinden ein. Ein sonderbarer Irrealismus, gemischt aus Vertröstung, Verdrängung und Mutlosigkeit verdirbt die politische Atmosphäre. Auch das Selbstbewußtsein der Politiker wird notleidend. Selbst die Erwartung von 15 bis 20 Prozent Arbeitslosigkeit, in wachen Zeiten höchste Alarmstufe, scheint nicht mehr wirklich zu schrekken. Die Sensoren verkümmern.

Zweitens spielt sich zwischen der politischen Klasse und den Bürgern eine Art mißvergnügter Belagerungszustand ein. Hin und wieder geht er in einen gereizten Grabenkrieg über. Es wird üblich, einander den Perspektivwechsel in der Wahrnehmung der politischen Rollen zu verweigern, den man sich schuldig wäre. Die Staatskundschaft zieht sich, so erscheint es der politischen Klasse, auf die Rolle des nörgelnden Kritikers an Leistungen zurück, zu denen sie selber zuallererst beizutragen hätte, und schiebt ihren Anteil daran mit einer auftrumpfenden Geste, als wäre man dafür zuallerletzt zuständig, in Richtung politische Klasse ab. Diese ihrerseits, so sieht es das Publikum, von den Medien vermittelt und bestärkt, gleitet in die Rolle einer sich selbst reproduzierenden Kaste ab, die immer weniger leistet, dafür aber immer dreister fordert und nimmt.

Der Riß geht tiefer als die mißvergnügte Stimmung, die er nährt. Politik und Leben, Leben und Politik verabschieden sich voneinander nicht nur für diesmal, wie es scheint. Anders als noch in den siebziger Jahren findet das Politische in den Lebensentwürfen der Jüngeren selten noch einen Platz; aus denen der Älteren scheint es in kurzer Frist rasch und gründlich abgestoßen zu werden. In der allgemeinen Wertschätzung fallen Politiker und Politik in beispiellose Tiefen ab. Wo Politik heute noch – subjektiv – das Leben von Menschen bestimmt, ist sie zumeist Beruf, vielleicht nicht gerade der schiere Broterwerb, aber eben doch vor allem Karriereschiene, Erwerbsquelle, Lebens*mittel*. In den individuellen und kollektiven Ethiken unserer Zeit hält sie so gut wie nirgends einen prominenten Platz.

Das politische System, in dem nach hergebrachtem Verständnis die Entscheidungen fallen, die das Leben aller betreffen, und die Lebenswelt der Menschen, in der sie, soweit man das noch sagen möchte, zu Hause sind, driften auseinander wie die Überreste eines havarierten Schiffs. Fast hat es den Anschein, als seien sie voreinander auf der Flucht. Schon lange war ihre Distanz gewachsen, nun schlägt sie um in Entfremdung.

Jedem Blick, der heute die beiden zusammenzubringen sucht, zeigt sich nur ein anderes Symptom ihrer Trennung, aus welcher Perspektive er auch schaut. Richtet er sich aus der Lebenswelt auf das politische System, so bestimmen Versagen, Isolation, Verliebtheit in die eigenen Spiele und Routinen, Vorteilssuche, Insidertum, Kastenwesen, der Verfall politischer Führungskraft das Bild. Richtet er sich aus dem politischen System auf die Lebenswelt und die sozialen Teilsysteme, so sieht er vor allem Verdrossenheit, Begehrlichkeit, kindliche Widersprüche zwischen der Mentalität ungehemmter Forderungen und dem Unwillen, auch selbst zu geben, was unvermeidlich ist, eben den Verfall der Bürgertugend. Mißtrauen, Mißgunst, Mißvergnügen stellen sich ein, wenn es zur Berührung zwischen beiden kommt. Es ist, als würden sie sich am liebsten meiden, wenn es ginge. Es geht aber nicht; und sie wissen es.

Politiker überspielen den Bruch mit ermunternden Ritualen oder ungerührten Normalitätsbeschwichtigungen, denn sein Eingeständnis schiene, wie immer die Schuldzuschreibungen lauten, allemal auch als ihr eigenes Versagen. Bürger, zumal im Brennglas der Medien, tragen ihr Verdikt, erhobenen Hauptes und manchmal fast genießerisch, zu Markte, denn sie wähnen sich nicht zuständig für die zerrütteten Verhältnisse, es sei denn, es geht um das eigene enttäuschte Begehren. Es ist, als hätten sich beide – wie in der Vergeblichkeit lang erprobte Eheleute – nichts Wirkliches mehr zu sagen. Denn Schlußstrich aber können sie nicht ziehen.

Dabei sind die politischen Wahrheiten, die die Atmosphäre bereinigen könnten, fast mit Händen zu greifen. Kaum je hingen die Chancen eines jeden einzelnen, ja selbst der Fortdauer des Lebens aller so sehr und so direkt von den richtigen politischen Vorleistungen ab wie in unserer Zeit, ob wir sie nun als Risikogesellschaft, Weltgesellschaft, Informationsgesellschaft charakterisieren oder als Arbeitsgesellschaft, der die Arbeit auszugehen drohe. Und kaum je waren die Risiken für das politische System größer, für seinen Bestand, für seine Rechtfertigung und für seine Leistungskraft, als heute in der säkularisierten Massendemokratie, wenn es sich von der Zustimmung und vom Wohlwollen der Massen zu weit entfernt.

Kein Zweifel, der Riß, der immer tiefere Schichten zertrennt, kündet Gefahren. Die Frage ist, ob wir hilflose, wenn auch heftig lamentierende Zeugen des Übergangs zu einem ungekannten Aggregatzustand der Politik sind, in dem sich alle gezwungen wähnen, sich in fortwährendem Mißvergnügen gereizt zu arrangieren, weil es ja weitergehen muß, oder ob wir dem Schmerzpunkt der Krise zustreben, der Umlernen anstößt. Der Riß weitet sich im ganzen gesehen ja lautlos aus und wird nur von Zeit zu Zeit, bei einer falschen Bewegung, von großem Lärm begleitet. Der Lärm aber entsteht selten an den Stellen, die am meisten schmerzen müßten.

Erschwert wird das fällige Umlernen durch ein eigentümliches Mißverständnis der öffentlichen Debatte. Es kennzeichnet mehr als alles andere die Lage. Es ist ja nicht in erster Linie der Mangel an Ideen und Handlungskonzepten, der den Ausweg verstellt. Ob es um eine ernstzunehmende ökologische Politik, die Bekämpfung der Massenarbeitslosigkeit oder die Reform des Bildungswesens geht, Vorschläge für neue Wege sind vorhanden. Es ist der

Mangel an Entschlußkraft und an Bereitschaft, wirklich ernst zu nehmen, was alle wissen. Es ist ein beinahe verschwörerisches Bündnis der Verdrängung in Politik und Lebenswelt, das die Lähmung bewirkt. Warum nur geschieht so wenig von dem, wovon doch alle wissen, daß es not tut, damit Leben und Politik wieder zusammenrücken, Politik wieder ehrbar und einladend, das Leben politisch wird?

Christian Meier hat geurteilt, daß das Politische den Griechen vor allem deshalb so beispielgebend gelang, weil sie die Kunst beherrschten, die öffentlichen Angelegenheiten auf ganz wenige Aufgaben zu begrenzen, diese dann aber auch fast vollkommen behandelten: Krieg und Frieden, die öffentliche Verfassung, die Befestigung der Stadt, die Vorräte für den Notfall, die Verfassung selbst.

Vielleicht hat sich die Moderne in den politischen Fallen verfangen, die sie sich mit ihren hoffnungsfreudigen Grundnormen selbst gestellt hat? Vielleicht können die Imperative, denen Wirtschaft, Gesellschaft, Moral und Politik unter den Bedingungen der Moderne folgen, prinzipiell zu keinem politischen Gleichgewicht mehr finden, weil sie das Ganze in entgegengesetzter Richtung auseinandertreiben?

Während die Wirtschaft Märkte und Arbeitsteilung globalisiert hat, sind Kooperationsfähigkeit und Organisationsmöglichkeiten prinzipiell überfordert, wenn sie auf die Folgen des Weltmarktes im ganzen zielen.

Während die Gerechtigkeitsforderung der Vernunftmoral die ganze Menschheit meint, bleibt die Kraft der Solidarität, die sie einlösen könnte, ein schwacher Trieb, der nicht weit über das eigene Blickfeld hinaus zu binden vermag.

Während alles, was Menschen bedrückt, und beinahe alles, was sie von ihrem Glück zu trennen scheint, anerkannter Gegenstand politischer Anstrengung ist, zeigen sich die Grenzen der politischen Medizin – finanziell, admiminstrativ und in der Sache – immer klarer. Der Schmerz läßt aber nicht nach.

Obwohl Politik als Dienstleistungsbetrieb wächst und in allen Winkeln der Gesellschaft wirkt, steigen die Ansprüche an Umfang und Qualität ihrer Leistungen nur um so schneller und eine entpolitisierende Kundenmentalität mit ihnen.

Ist das ganze Dilemma des Politischen heute nichts anderes als eine Frage des Maßes? Auf seiten der Politik nicht weniger als auf seiten des Urteils über sie? Die Diagnose ist schwierig, auch wenn die Symptome, so scheint es, zutage liegen.

Das Politische ist aus den Fugen geraten, in der Sache selbst und in ihrer Wahrnehmung. Dabei ist offenkundig, daß für die Therapie keine Zeit zu verlieren ist. Ohne ein neues Vertrauen zwischen Bürgern und Politik ist keine Besserung zu erhoffen. Ohne Besserung kein neues Vertrauen zu erwarten. Woher sollen sie kommen? Die Lage scheint verfahren. Wie soll es weitergehen? Sind wir Zeugen eines säkularen Verfalls des Politischen? Dafür sprechen gewichtige Gründe. Was spricht dagegen? Das ist die eigentlich politische Frage der Zeit.

# I.
# Erinnerungen an das Politische

# 1. Das Politische und die Politik
# Erinnerung an die Maßstäbe

Das Politische ist keine Naturgabe des Menschen. Es ist spät in seiner Evolution hervorgetreten, hat durch die Zeiten eine prekäre Existenz gefristet und könnte, warum nicht gerade in unserer Zeit, auch wieder von der geschichtlichen Bühne verschwinden. Dieses Bewußtsein hat Hannah Arendt schon in den fünfziger Jahren zu der – keineswegs rhetorischen – Frage veranlaßt: »Hat Politik überhaupt noch einen Sinn?«[1] Es liegt auf der Hand, daß das Politische, so verstanden, mehr meint als den naturwüchsigen Sachverhalt, daß die Menschen, wie es in einer ehrwürdigen Tradition heißt, »staatenbildende Lebewesen« sind. Totalitarismus und atomare Vernichtungsdrohung waren, als Arendt die Frage stellte, im Begriff, das Politische zu erdrosseln und seine Grundlagen zu liquidieren. Die Gefahr resultierte dabei keineswegs erst aus der realen Möglichkeit der physischen Vernichtung der Menschengattung. Dann wäre die Frage wirklich nur rhetorisch gewesen. Sie geriet durch die Zwänge auf die Tagesordnung, die sich schon aus der bloßen Drohung ergaben.

Wenn Gewalt an die Stelle der Freiheit tritt und Drohung an die Stelle von Verständigung, dann vernichtet der gesellschaftliche Bereich der Politik eben das, »um dessentwillen er doch allein gerechtfertigt schien«. In der damals beginnenden neuartigen Lage schien es längst nicht mehr nur um das reformatorische Projekt einer besseren – sei es wirkungsvolleren, sei es glaubwürdigeren – Politik zu gehen, und schon gar nicht um die überspannte Perspektive einer intellektuellen Beobachterin, die sich aus ihrer nostalgischen Sehnsucht nach den klassischen Anfängen nicht zu lösen vermochte. Es ging um genaue Beobachtung dessen, was sich abzeichnete. »Dem Gefühl der Völker, die sich allenthalben von Politik bedroht fühlen und in denen gerade die Besten sich allenthalben von Politik distanzieren, liegt es erheblich näher, sich und andere zu fragen: Hat Politik überhaupt noch einen Sinn?«[2]

Diese Neigung zur Verabschiedung des Politischen nährte sich

---

1 H. Arendt (1993).
2 A. a. O., S. 77.

weder aus den Traditionen dünkelhafter Politikferne, die zur angewiderten Distanz nie eines besonderen Anlasses bedurft hatte, noch aus der enervierten Frustration enttäuschter Politiknähe, die es zu keinem handhabbaren Begriff des Politischen bringt, eben »dem Hochmut der Gebildeten« oder dem »Zynismus derer ..., die zuviel erlebt und zu wenig verstanden haben«.[1] »In uns selbst«, so notierte die unversöhnliche Anwältin des politischen Lebens, melde sich solcher fundamentale Zweifel zu Wort, weil er sich auf »unleugbare Realitäten« berufen kann. Die Gefahr schien unter der Doppeldrohung des expansiven Totalitarismus und der atomaren Erpressung erstmals historisch real, »daß das Politische überhaupt aus der Welt verschwindet«. Und damit meinte Arendt mehr als die Tautologie, daß mit dem menschlichen Leben, wenn der atomare Vernichtungskrieg ausbräche, natürlich auch das verschwinden würde, was das Politische an ihm gewesen war.

Dieser melancholische Befund ergab sich gleichermaßen aus einem zutage liegenden Phänomen und aus einer hintergründigen Pointe. Eine Neigung zum ästhetisierenden Defätismus wie in den gleichzeitigen Bekundungen der Frankfurter Schule war bei dieser Autorin nicht im Spiel. *Zutage* lag das Phänomen der Lähmung von Urteilskraft und Freiheit und des Fehlens eines menschenwürdigen Verkehrs der Völker untereinander durch die Drohung der atomaren Vernichtungsmittel, die eine Politik angehäuft hatte, die allein noch auf Gewalt vertrauen konnte. Die *hintergründige* Pointe entstammte einem anspruchsvollen Maßstab des Politischen, der verfehlt war, sobald die Gesetze des bloßen Überlebens die Herrschaft über das politische Handeln erlangten oder die öffentliche Gemeinschaftspraxis unter das Gesetz der Gewalt geriet – beides Sachverhalte, von denen nach den Maßstäben Arendts der eine allein Voraussetzung und der andere nur ein bestandssicherndes Randphänomen des Politischen sein durfte, aber nicht seine bestimmenden Themen oder Formen.

Es ist die Frage, ob diese Pointe des Politischen in der komplexen sozialen Welt der Gegenwart überhaupt Geltung beanspruchen darf. Es ist keine Frage, daß heute mehr als in der Zeit, der diese Diagnose entsprang, vertane Chancen, versäumte Gelegenheiten und unbeherrschte Risiken, für deren Meisterung Politik zuständig wäre, zum Umsichgreifen von Stimmungen der Gering-

---

1 A.a.O., S. 13.

schätzung, sogar der Verachtung und angewiderten Abwendung von Politik gerade unter »den Besten« führen, weil Politik nun wie niemals zuvor Probleme verschärft, zu deren Lösung sie eigentlich da ist. So scheint es uns allen.

Heute kann eine Diagnose also, die ihre Maßstäbe nicht von vornherein hoffnungslos ermäßigt, kaum tröstlicher ausfallen. Offen ist jedoch, welches gegenwärtig die Gründe sind und ob überhaupt noch Wege zur Rückgewinnung des Politischen offenstehen. In den säkularisierten Massendemokratien des Westens ist es nicht die Gewalt oder ihre Androhung, welche die Praxis der Freiheit aus den Arenen des Politischen vertreibt. Eine gefällige Ästhetisierung der Kommunikation scheint unmerklich, aber nachhaltig den Unernst von Gespräch und Verständigung zu besorgen. Während die einen die Politik, die die anderen machen, in homöopathischen Dosen schönender Unterhaltsamkeit, die ihnen die Probleme vom Halse hält, erleben – oder eben vermissen –, sehen sich diejenigen, die mit der Problembewältigung für die anderen von Berufs wegen befaßt sind, fast ohnmächtig dem überwältigenden Räderwerk einer unüberschaubar komplexen Welt gegenüber. Sie stellen die öffentliche Kehrseite ihrer Ohnmacht in routinierten Inszenierungen für das Auge des Publikums dar, als hielten sie das Steuerrad für die Fahrtrichtung des ganzen sicher in Händen, während sie sich nur verzagt an ihm festhalten.

In Wahrheit haben wohl beide die Hoffnung aufgegeben, die Kontrolle über die Talfahrt zurückzuerlangen und im Ernst die Ziele noch zu erreichen, die von den Programmen und Ritualen unbeirrt verheißen werden. Die politische Bühne ist in ein bannendes Zwielicht aus innerer Verzagtheit und pflichtgemäßer Beschwichtigungsroutine der politischen Klasse getaucht. Und die Medien setzen es, zwielichtig auf ihre Art, im allgemeinen voraus und im einzelnen je nach Belieben auch wieder mit beißenden Attacken außer Kraft. Das Publikum gewöhnt sich offenbar mit der Zeit an die Rolle des mißvergnügten Zuschauers, bei dem sich Stimmungen angeekelter Abwendung, ungehemmter Begehrlichkeit und dumpfer Rachegelüste für das verdorbene Vergnügen ungut mischen.

In den postkommunistischen Gesellschaften Osteuropas hingegen hat nach der atemberaubenden Implosion der auf ungeglaubte Glaubenssysteme gepropften Herrschaft fast allerorts ein verbissener Stammesnationalismus die Bühne betreten. Unter seiner Regie droht das Politische zu Bandenkriegen zwischen Freunden und Feinden, die keine sind, zu verkommen, als hätte eine Vulgärfassung der Carl Schmittschen Bestimmung des Politischen nun den Vulgärmarxismus der alten Ordnung beerbt. Selbstbornierung und Gewalt verdrängen in neuem Gewand dort überall das Politische.

Hier wie dort scheint sich das Ende des Politischen von innen her, aus der Mitte des Gemeinwesens selbst, anzubahnen. Während sich in den öffentlichen Arenen Europas so auf höchst unterschiedliche Weise, aber mit demselben Effekt das Politische zersetzt, um anderen Mechanismen von Zusammenhalt oder Zerfall das Feld zu überlassen, drohen weiterhin die drei, ehedem von Gorbatschow und Brandt fast gleichlautend als systemübergreifende Menschheitsgefahren identifizierten Geißeln der nuklearen und ökologischen Selbstzerstörung sowie des Massenelends und -sterbens in der armen Welt. Das Scheinwerferlicht der medienbestimmten Öffentlichkeit allerdings wendet sich ihnen, je länger sie drohen, nur noch sporadisch, in wohldosierter Aufmerksamkeit zu. Das Risiko nicht nur des Endes des Politischen, sondern des Lebens selbst ist nicht gemindert, aber in das Zeitbewußtsein der Gegenwart auf seltsam irrealisierte Weise eingemeindet worden.

Die Verdrängung der Vergangenheit im Osten und der Zukunft im Westen scheint die Rolle übernommen zu haben, die zu Arendts Zeit Gewalt und der unvermittelte Schrecken der Vernichtungsdrohung innehatten. Mit demselben Ergebnis? Erschlagen übermächtige Verhältnisse immer aufs neue die besseren Absichten oder werden diese mutlos, ehe sie sich erproben könnten? Oder ist es einfach so, daß die Formen und Möglichkeiten des Politischen, die uns zu Gebote stehen, auf die Verhältnisse nirgends mehr passen, in denen wir leben?

Von Verfall überhaupt, erst recht vom Verfall des Politischen darf nur sprechen, wer sich zuvor der Ermahnung Arendts vergewissert hat, daß »der Mensch selbst offenbar auf eine höchst wunderbare und geheimnisvolle Weise dazu begabt ist, Wunder zu tun«. Das Wunder nämlich, immer wieder »einen neuen Anfang« zu setzen. Ein Vermögen, das Hoffnungslosigkeit verbietet, weil es »seinerseits wiederum in dem Faktum beschlossen liegt, daß jeder Mensch, sofern er durch Geburt in die Welt gekommen ist, die vor ihm da war und nach ihm weitergeht, selber ein neuer Anfang ist«.[1]

1 A.a.O.

Ein Verfall des Politischen, wo er zu konstatieren ist, kann daher immer nur als reversible Epochentendenz gedeutet werden, sofern nicht etwa die Umstände und Veränderungen des Politischen selbst die menschliche Fähigkeit des Neubeginnens untrüglich vereiteln. Verfallstendenzen, dies war das wohl ebenso der Ermutigung wie der Selbstermutigung dienende Urteil Arendts als Zeitkritikerin, sind nie mehr als Tendenzen, die aufgehalten und umgekehrt werden können, wenn wir uns zu einem Neuanfang entschließen. Sie sind niemals bloßes Verhängnis. Für Arendt konnte darum der Verlust des Politischen, den sie als Signum unseres Jahrhunderts verstand, weder ein weiteres Stadium in einem unaufhaltsamen Verfallsprozeß aus mythischen Anfängen vollendeten Gelingens sein noch eine bloße Konjunkturdelle im naturwüchsigen Auf und Ab der menschlichen Verhältnisse. Es hat vielmehr, wie sie feststellte, »Epochen gegeben, die das Politische kannten, und andere, denen seine volle Erfahrung versagt blieb«.[1] Die »Gefahr des gänzlichen Verschwindens des Politischen und der Politik« ist gleichwohl in unserer eigenen Zeit zum ersten Mal real. Das Bewußtsein allein, daß dies kein unabweisbares Schicksal ist, kann die Gefahr nicht bannen. Hoffnung allein macht blind. Je genauer und illusionsloser vielmehr die Fähigkeit ist, standzuhalten und hinzublicken, also nicht schon die Hoffnung in die Analysen zu schmuggeln, um so eher zeigen sich die Orte, Kräfte und Chancen für einen Neubeginn. Kann das Politische heute mit Leben gefüllt, die Barriere niedergerissen werden, die Politik und Leben trennt? Oder müssen wir es von Grund auf neu bestimmen, wenn es in unserer Welt noch einen wirklichen Platz finden soll?

Arendts epochaler Befund, daß wir gegenwärtig in einer Lage sind, »in der wir uns gerade politisch nicht oder noch nicht zu bewegen verstehen«, ist nicht überholt. Aus ihm wird weder eine »melancholische Stimmungsphilosophie«, wie Habermas es nennt, noch ein eilfertiger Konstruktivismus hinausführen, der sich nur wundern kann, warum die vielen, überall herumliegenden Rezepte zu einem politischen Neubeginn nicht postwendend angewandt werden.[2]

Es sind nicht schon die großen Gesten narzißtischer Trauerarbeit und auch nicht die kleinen Münzen wohlmeinender institutio-

1 A. a. O., S. 157.
2 Habermas (1992), S. 13. Vgl. U. Beck (1993).

neller Reform, von denen eine neue Lage zu erwarten ist. Das Politische ist weder bloß zu betrauern noch schlicht neu zu erfinden. Der sei es heroische, sei es ästhetisierende Abschied vom Politischen, auf dessen Spuren wir überall stoßen, spiegelt nicht so sehr den Zorn über den Verlust des Politischen und die Vergeblichkeitserfahrung mit allen Versuchen, es durch technologische Handgriffe wiederzubeleben. Er dient auch der Beschwichtigung des schlechten Gewissens der Unpolitischen, die sich unter der Maske der allzu Politischen bloß schlecht verbergen. Und der vordergründige didaktische Gestus, der schon überall zu sehen vorgibt, was er in Wahrheit von den Leuten nur erwartet, bleibt an der Oberfläche. Es ist ja nicht nur eine Frage der Tugend, sondern mehr noch der entgegenkommenden Verhältnisse und der realen Möglichkeiten, von denen abhängt, ob in einer Epoche das Politische sich entfalten kann.

Der Verdacht ist nicht ganz von der Hand zu weisen, und ein unbedingter Ton bei Arendt und Vollrath scheint ihn zu nähren, daß sich in der Formel des Politischen nur eine Philosophie verbirgt, die ein abstraktes Ideal des Anfangs allem Tatsächlichen als Vorwurf entgegenhält.[1] Schließlich funktioniert der Laden doch, trotz allem, ganz ordentlich. Den meisten geht es gut und die Geschichte bleibt nicht stehen. Kritik am Ungenügen der Zustände, Krisenbewußtsein oder selbst Endzeitstimmungen hat es zu fast allen Zeiten gegeben. Wozu also die Aufregung? Wozu der gehobene Ton? Andere fragen schärfer: Schafft nicht das erbarmungslose intellektuelle Wühlen in den großen und kleinen Wunden der Zeit, die sich Leben und Politik zu allen Zeiten schlagen, nicht überhaupt erst die beklagte Tragik? Ist es nicht die intellektuelle Debatte selbst, die aus den ewigen Prognosen von Verfall und Ungenügen erst parasitär ihr eigenes Leben saugt, indem sie dem wirklichen Leben mißgünstig ihren Zerrspiegel vorhält und sich dem entsetzten Patienten dann mit heuchlerischer Hilfsbereitschaft als Diagnosearzt aufdrängt, obwohl sie selbst niemals über Therapien verfügt hat? Ist es also, mit einem Wort, nicht einfach entschlossenere Praxis, was fehlt – und der Abschied von den überspannten Normen einer vergangenen Zeit?

Wie immer zeigt sich das Anspruchsniveau im Sprachgebrauch. Wer vom Politischen redet, statt einfach von Politik, setzt einen

---

[1] E. Vollrath (1977).

hohen Maßstab voraus, zumeist ohne ihn zu begründen. Man kann den Eindruck gewinnen, es gäbe so viele Deutungen des Begriffs wie Kontexte seiner Verwendung. Ernst Vollrath rät, zur Klärung dessen, wovon dabei die Rede sein sollte, zwischen Politik und dem Politischen in der Weise zu unterscheiden, daß das Politische als Wertprädikat von Politik verstanden wird. Er benennt als die drei Kriterien Gemeinschaftlichkeit, Öffentlichkeit und Freiheit.[1] Das Politische wäre dann gute, geglückte Politik, wenn auch nicht ohne weiteres erfolgreiche. Denn worin bestünde der Erfolg jenseits dessen, was sich nun einmal durchgesetzt hat, also Politik? Es gäbe danach politische Politik und eben unpolitische. Fällt der Unterschied zwischen ihnen, das könnten Vollraths Kriterien nahelegen, mit dem zwischen Diktatur und Demokratie zusammen?

Hannah Arendts Werk ist der Versuch einer Antwort auf diese Frage aus dem Geist der antiken Polis. Ihr Begriff des Politischen erhebt den Anspruch geschichtsübergreifender Geltung, aber nicht bloß als erinnernde Beschwörung eines »Glücksfalls«, sondern als Aufgabe. Durch ein Moment im Aristotelischen Begriff von Politik wird die Katastrophe der Moderne, Auschwitz, begreifbar, und daran bemißt sich für sie, was am Politischen mehr sein muß als Politik. Lieber wollte sie in der Wüste ausharren und das Bewußtsein von der Oase wachhalten, als die Begriffe den Umständen anpassen, in denen sich weit und breit kein Weg zur Oase mehr erkennen ließ. Ihre Diagnose zum Schicksal des Politischen war streng und pessimistisch, hielt aber gerade darum noch einen Weg für die Hoffnung offen, daß es im gesellschaftlichen Leben wieder aufflammen könnte.

Aristoteles' zur mißverstandenen Allerweltsweisheit herabzitierter Programmsatz vom Menschen als *zoon politikon*, als politisches Lebewesen, bedeute nicht das simple Faktum, daß der Mensch nun einmal das staatenbildende Tier ist. Das Leben im Staat ist nicht schon an sich das Medium des politischen Lebens. Staaten hat es gegeben, lange bevor der Glücksfall der »Entstehung des Politischen bei den Griechen« (Christian Meier) eintrat, und sie haben die kurze Spanne seiner Blüte lange überdauert. Obgleich unter allen Wesen der Mensch allein zur Politik begabt und befähigt und – in einem wohlverstandenen Sinne – ihrer auch

---

[1] A.a.O., S. 157.

bedürftig ist, erscheint Politik eben gerade nicht als seine Naturgabe. Sonst könnte sie auch nicht zu dem Problem werden, das sie immer aufs neue ist. Arendts Aristotelische Formel ist entwaffnend einfach und gerade dadurch unübertrefflich anspruchsvoll. »Der Sinn von Politik ist Freiheit.«[1] Es ist die Gemeinschaftspraxis, durch die sich die unaufhebbar Verschiedenen auf das für alle Verbindliche in Freiheit verständigen, was immer in konkreter Lage ihre Zwecke und Ziele auch sein mögen. »Das Politische in diesem griechischen Sinne verstanden ist also um die Freiheit zentriert, wobei Freiheit negativ als Nichtbeherrscht-Werden und Nicht-Herrschen verstanden wird und positiv als nur von Vielen zu erstellender Raum, in welchem jeder sich unter seinesgleichen bewegt.«[2]

Die Zwecke, um die es geht, sind für die Bestimmung des Politischen Nebensache. Hauptsache ist die Praxis des Sich-Verständigen-Könnens und -Wollens unter Gleichen. »Diese Bewegungsfreiheit nun, sei es die Freiheit fortzugehen und etwas Neues und Unerhörtes zu beginnen, oder sei es die Freiheit, mit den Vielen redent zu verkehren und das Viele zu erfahren, das in seiner Totalität jeweils die Welt ist, war und ist keineswegs der Zweck der Politik – dasjenige, was mit politischen Mitteln erreichbar wäre; es ist vielmehr der eigentliche Inhalt und der Sinn des Politischen selbst. In diesem Sinne sind Politik und Freiheit identisch, und wo immer es diese Art von Freiheit nicht gibt, gibt es auch keinen im eigentlichen Sinne politischen Raum.«[3]

Es ist umstritten, ob Arendt mit dieser Pointe das Aristotelische, erst recht die im Selbstverständnis der griechischen Polis gegenwärtige Auffassung des Politischen auf seinen eigenen Begriff gebracht oder nur auf die polemische Spitze getrieben hat, die am schärfsten seinen Gegensatz zu ihrer Epochenerfahrung des Totalitarismus auszudrücken vermochte. Aristoteles selbst hat ja, im Gegensatz zu Arendts Definition, das Wesen der Politik durchaus als Herrschaft gefaßt, aber, im Unterschied zur Hauswirtschaft, in der die Ungleichheit regiere, als Herrschaft über Freie. Hier interessiert aber Arendts Zeitdiagnose, nicht ihre Interpretation der Klassiker. Ihr geht es um Freiheit allein. Zwang und Gewalt sind in ihrem Verständnis wohl mögliche Mittel, um den

[1] Arendt, a. a. O., S. 28.
[2] A. a. O., S. 39.
[3] A. a. O., S. 52.

politischen Raum zu gründen und zu schützen, aber selbst nicht Elemente des Politischen. Auch die Lebensversorgung und Verteidigung, so deutet sie das Geschehen in der Polis, hatten nur vermittelten Bezug zum Politischen, nämlich sofern die Beschlüsse, die sie betrafen, »nicht von oben dekretiert, sondern im Miteinander-Reden und Einander-Überzeugen gemeinsam gefaßt wurden«. Politisch waren demnach nicht die Beschlüsse selbst, sondern der Verständigungsprozeß, in dem sie gefaßt wurden. Sobald aber – wie schon bei Platon – »die Kompetenz und Leistungsfähigkeit, das Leben zu sichern«, den Vorrang der Verständigung der Freien als Selbstzweck bedroht, beginnt die »Degradierung der Politik«, der Verfall des Politischen.[1]

Für Arendt war die entscheidende Voraussetzung des Politischen, daß die Menschen, um deren Verständigung in Freiheit sich alles drehte, zugleich unaufhebbar verschieden und dennoch gleiche sind. Darum ist Politik nur als die Praxis der freien Einigung möglich. Freiheit muß sich unter der immerwährenden Voraussetzung eines anthropologischen Pluralismus behaupten, der die Fähigkeit zur Einigung weder voraussetzen noch festhalten kann. Darum können alle Ordnungs- und Lebensleistungen nur mitgewollte Nebenfolgen des Politischen sein, die es immer auch mit zu vollbringen hat, aber weder sein Sinn noch sein Maßstab. Sie radikalisiert an dieser Stelle Aristoteles' Kritik an Platons Einheitsideal und destilliert das Element, das beide am schärfsten trennt, polemisch und puristisch gegen alle übrigen Bestimmungen als reines Wesen des Politischen aus.

Ihre kompromißlose Zeitdiagnose vom Verfall des Politischen unter der Herrschaft des Totalitarismus und der Drohung der Atombombe zielt daher keineswegs zuerst auf die Verweigerung und Bedrohung von Lebenschancen, die jene Politik nicht abzuwenden vermag, die sich auf sie konzentriert. Sie meint die Verhinderung der Praxis der Freiheit, die Totalitarismus wie atomare Bedrohung schon durch ihre bloße Existenz auf je verschiedene Weise darstellen. Mit dieser Bestimmung der fortdauernden Selbsterneuerung der Unterschiede zwischen den Menschen, die das Leben des Politischen gleichzeitig in Gang hält und bestimmt, hat Arendt den schärfsten Gegensatz auch zu Carl Schmitts gebrandmarkter Politikformel markiert und den Nerv getroffen, der

---

1 A.a.O., S. 59.

ihn mit den Grundlagen totalitärer Politik verband. Schmitt sah die Entstehung des Politischen an den Augenblick gebunden, da die menschlichen Unterschiede, worin auch immer sie bestehen mögen, in Freund-Feind-Konfrontationen übergehen. Er konnte als die grundlegende Verkehrsform des Politischen – zumindest als Drohung des letzten Mittels – darum nichts anderes als den Krieg gelten lassen.[1] In modernen Zeiten, da die ethische Homogenität der antiken Lebenswelt nur noch eine romantische Erinnerung und ihre christlich-abendländische Gestalt ein abgeschlossenes Kapitel der Geschichte waren, konnte die Unversöhnbarkeit der Differenz als Ausgangspunkt für die Bestimmung des Politischen ursprünglicher und universeller erscheinen als Arendts historisches Kunstprodukt in seiner realitätsscheuen Gestalt. Die bloße Möglichkeit, sich unter Verschiedenen immer verständigen zu können, erschien gegen die Härte dieser Formel bloß als romantische Versuchung. Schmitts Kriterium schien auf den ersten Blick viel weitreichender. Es maß das Politische am Erfolg einer wirklichen Sicherung von Herrschaft in Zeiten, da außer der Gewaltdrohung wenig für diesen Zweck zu Gebote zu stehen schien: der Erfolg der Selbstbehauptung als Maßstab des Erfolgs des Politischen.

Dieser Begriff des Politischen war zwar an der Konfrontation zwischen Staaten abgelesen, er sollte aber für die innerstaatliche Politik ungeschmälerte Geltung behalten. Das führte in einen unauflöslichen Widerspruch, nämlich die unweigerliche Selbstauflösung des Politischen im Akt seines Vollzugs. Wenn das Politische erst im Umschlagen sozialer Differenzen in Freund-Feind-Verhältnisse entsteht und damit die Unterwerfung sein privilegiertes Bewältigungsmuster ist, dann ist Politik bestimmungsgemäß auf die Liquidation ihrer eigenen Voraussetzungen gerichtet, eben der Differenz, die zur Konfrontation der Feinde führt. Sie eliminiert das Andere in seinem Eigensinn, dessen Hervortreten sie auf den Plan ruft. Das Politische ist unter diesen Bedingungen nur der Augenblick des Übergangs aus dem plötzlich politisierten Unterschied in die durch Unterwerfung erzwungene Entpolitisierung der Differenzen, also Herrschaft in ihrer nacktesten Gestalt.

Arendt verbannte Zwang und Gewalt aus ihrem Begriff des Po-

---

[1] C. Schmitt (1963).

litischen, identifizierte seinen Kern aber, nämlich die Verständigung der Vielen, unmittelbar mit Macht – einer Macht, die zwar als öffentliche Kraft wirksam, jedoch nicht als Herrschaft verfestigt und auf Dauer gestellt werden sollte. Die Begriffe des Politischen bei Arendt und Schmitt sind dadurch bestimmt, daß sie einander vollständig ausschließen. In ihrer idealtypischen Entgegenstellung lassen diese beiden Grenzbegriffe des Politischen in ironischer Symmetrie ihren selbstzerstörerischen Mangel sichtbar werden. Politik, die sich im Akt der zwanglosen Verständigung erschöpft, verfehlt, wie Arendt in ihren Hilfsbestimmungen selbst erkennen läßt, wider Willen die Sicherung ihrer eigenen Bestandsvoraussetzungen, die ohne den Zwang, also die Sicherung des verbindlichen Handelns im Falle gescheiterter Verständigungsversuche, nicht zu gewährleisten sind. Beiden Politikbegriffen haftet eine fatale Dynamik des Verschwindens an.

Das Künstliche an Arendts Politikbegriff entspringt auf widerspruchsvolle Weise gleichermaßen der Übernahme der problematischsten klassischen Argumente wie deren geheimem Sinnzentrum. Aristoteles führt ja, um Widersprüche seiner politischen Theorie zu glätten, an zentraler Stelle eine fundamentale Unterscheidung ein. Bestimmte Menschen und ihre Tätigkeiten sollen zwar als unerläßliche *Voraussetzungen* der Polis gelten, aber gerade nicht als deren *Teil*. Staatsbürger ist nur, wer »am Gerichte und an der Regierung teilnimmt«.[1] Ein Staat ist die Polis dadurch, daß sie als Gemeinschaft autark ist. Nur unter der Voraussetzung der Autarkie kann in ihr »politische Herrschaft« bestehen als »eine Herrschaft, in der man über Gleichartige und Freie regiert«.[2] Zur Autarkie jedoch ist die Polis auf die Vielen angewiesen, die für das Leben sorgen müssen, ohne an der Freiheit teilhaben zu dürfen. Nicht allein die Sklaven, auch die von Hause aus Freien, die für die Notdurft aller zu sorgen haben, die Tagelöhner und die Banausen, bleiben vom politischen Leben ausgeschlossen. Für die Tugend nämlich, ohne die die Polis nicht leben kann, weil sie erst den Wechsel der Rollen zwischen beratender Bürgerschaft und politischem Amt erlaubt, bedarf es der Freiheit vom Zwang der Arbeit, die das Gemeinwesen autark und damit das Politische möglich macht. Das Politische lebt von der Trennung zwischen Politik und Leben. Mit ihrer Arbeit ermöglichen die Unfreien das politische

[1] Aristoteles, *Politik,* 1275 a, 20.
[2] A. a. O., 1277 b, 5.

Leben, indem sie sich von ihm fernhalten. So sind sie zwar dessen »Bedingung«, aber nicht dessen »Teil«.[1]

In diesem Verständnis ist wohl die Polis autark, in der Politik sich vollzieht, nicht aber das Politische selbst. Das Exklusive und Müßiggängerische in diesem Begriff des Politischen lebt auch in der demokratischen Fassung, die Arendt ihm zu geben versucht, auf eigentümlich sublimierte Weise weiter. Arendt hat es nicht thematisiert. Zwang und Gewalt gelten als bloße Voraussetzungen, Lebensvorsorge und die Sicherung der Freiheit als bloß externe Ziele, keines von ihnen allen aber als Element des Politischen. Die Gewalt und das Leben werden aus dem Politikbegriff verbannt, wenn auch keineswegs aus dem Auge verloren, um jene Idealisierung zu ermöglichen, die als polemische Erinnerung gegen die Gewaltdeformation des Politischen wirksam werden kann. In den geschichtlichen Augenblicken der Gründung eines Gemeinwesens kann ein solcher Begriff seine begrenzte Rolle spielen, als Leitprinzip der Politik reicht er nicht aus.[2]

Kant hat die interne Vermittlung von Freiheit und Zwang, die im politischen Begriff der Freiheit selber liegt, begründet. Ohne Widerspruch mit sich selbst hat Freiheit nur dort Bestand, wo sie den Zwang, den jeder illegitime Eingriff in die Freiheit darstellt, mit Zwang wieder aufhebt, um der Freiheit aufs neue Raum zu gewähren. Der Begriff des Politischen läßt sich gerade dann, wenn er auf Freiheit konstitutiv bezogen ist, ohne den der Zwangsgewalt nicht widerspruchslos bestimmen. Und er läßt sich, wie die Erfahrung der Ohnmacht der Politik in der Krise der Gegenwart nachdrücklich demonstriert, auch nicht unabhängig von den Handlungserfolgen für das Leben fassen, zu denen die Gemeinschaftspraxis der Freiheit für die Sicherung der Bedingungen eines guten Lebens und damit erst recht des Lebens selber führt.

Aristoteles konnte sein Augenmerk allein darum gänzlich auf die Fähigkeit der Polis richten, das tugendhafte Leben der Staatsbürger zu ermöglichen, weil für die Notwendigkeiten des Lebens die von seiner Praxis Ausgeschlossenen zuständig waren. Nur wenn die Praxis, die das Leben erhält, und die Praxis der Freiheit so voneinander getrennt werden, daß beide verschiedenen Kategorien von Menschen zufallen, die nichts Politisches mehr verbindet, läßt sich das Politische als eine Praxis der Freiheit bestimmen,

1 A.a.O., 1277a, 2ff.
2 Vgl. die etwas anders gelagerte Kritik von Habermas (1992).

deren Leistungen für das Leben außer Betracht bleiben können. Sobald aber, gemäß dem Geltungssinn der Demokratie in der Moderne, das gute Leben aller zur Norm wird, verträgt der Begriff des Politischen die Ausschließung des Notwendigen nicht mehr. Arendt bekommt darum für die Bestimmung des Politischen in der Moderne nur ein wesentliches Element, aber nicht den Begriff selbst zu fassen, der als Maßstab des politischen Lebens gelten kann.

Ein Begriff des Politischen, der mehr sein will als eine melancholische Erinnerung an die Oasen beim Gang durch die endlosen Wüsten der Geschichte, muß politischer sein. Das gilt vor allem dann, wenn er nicht nur einen wichtigen Merkposten, sondern den Maßstab für das Politische selbst zur Geltung bringen will.

Der Begriff des Politischen bei den Griechen war voraussetzungsreich, doch keineswegs so beschaffen, daß er nichts anderes mehr sein könnte als der historische Eigenname für ihre öffentliche Praxis. Christian Meier hat ihn auf eine Weise bestimmt, die mit der Vorbildhaftigkeit zugleich seine Unwiederholbarkeit vor Augen führen soll.

»Das Geschehen wurde also in einem einzigartigen Ausmaß aus der prozessualen ›Selbstläufigkeit‹, dem *automaton*, herausgeschlagen und in die Mitte zwischen Bürgern und Polis gebracht. In einer Weise und in einem Ausmaß, daß man danach einen Idealtypus des Politischen konstituieren könnte, waren das politische Geschehen und die politischen Verhältnisse dem Willen der Beteiligten sowie der Kontingenz, in der diese aufeinanderstießen, unterworfen. Indem die Verhältnisse zwischen den Beteiligten ausgetragen wurden, waren diese Herren über sie. Insofern bildet das Politische nicht nur einen in verschiedenen Hinsichten wichtigen Bereich, sondern das zentrale Lebenselement der griechischen, besonders der athenischen Gesellschaft.«[1]

Es ist gleichwohl die Frage, ob sich die einzigartigen Bedingungen, aus denen das Politische damals erwuchs, noch einmal wenigstens in einer erkennbaren Annäherung so versammeln lassen, daß für einen modernen Gebrauch des Begriffs mehr als der ahnungsvolle Gestus der Wissenden ins Feld geführt werden kann. Christian Meier hat in seinen historischen Studien beschrieben, worum es ging. Das Politische war demnach ein Handeln, das mindestens

---

1 Ch. Meier (1989), S. 17.

die folgenden Bestimmungen aufwies und ihre interne Verknüpfung gewährleistete: (a) das Bewußtsein der freien Verfügung über die Ordnung des Zusammenlebens, (b) ein Verhältnis von Freiheit und Gleichheit bei der Verfügung über die gemeinsame Ordnung, (c) die Orientierung der Individuen am Ganzen des Gemeinwesens, (d) die Begrenzung auf wenige Themen und die Beteiligung aller Bürger, (e) das Bewußtsein und die Fähigkeit, das politische Geschehen und die Verhältnisse jeder Selbstläufigkeit zu entziehen und sie ganz in die Verfügung der Bürger zu stellen; (f) darum wurde das Politische zugleich das zentrale Lebenselement der Bürger, das, was sie am meisten anging und für ihre Vorstellung eines gelingenden Lebens bestimmend war.

Da es den Anschein hat, als bedingten diese, schon für sich genommen kunstvollen Bausteine des Politischen einander so vollständig, daß der ganze Bau zusammenfiele, wenn an einer Stelle eine Lücke gerissen wird, konnte Meiers Urteil nur lauten, diese Politik-Vorstellung sei ein einmaliger Sonderweg in der Geschichte der Menschheit gewesen, unnachahmlich und unwiederholbar, wenn auch als leuchtendes Vorbild durch die Zeiten gegenwärtig. Seine Rekonstruktion des Politischen bei den Griechen ist informativer und schlüssiger als Arendts Entwurf, weil sie *die internen Bedingungsverhältnisse zwischen den subjektiven und den objektiven Dimensionen des Politischen* sichtbar macht, die auch von Arendt stillschweigend vorausgesetzt, aber nicht thematisiert werden.

Das Politische kann in einer abstrakt analytischen Bestimmung als das allgemeine »Beziehungs- und Spannungsfeld« verstanden werden, das immer zwischen Menschen besteht, die in kontingenten Ordnungen leben. In diesem Sinne ist das *Politische an sich* in allen menschlichen Gesellschaften gegenwärtig. Zum *Politischen als Praxis* wird es indessen nur dadurch, daß und wie es *als dieses* allgemeine Beziehungsfeld zwischen allen aktiviert wird. Der Modellfall des Politischen bei den Griechen ergab sich, zusammengefaßt, aus der rückverstärkenden Wechselwirkung von vier zentralen Elementen, in denen sich die *Handlungsseite*, die *Motivationsseite*, die *Beteiligungsseite* und die *Wirkungsseite* nahtlos verbanden, immer freilich unter der Voraussetzung der Ausschließung der Vielen von der Vollbürgerschaft.

Da das politische Handeln einer Praxis der Freiheit entsprang, machten alle die alltägliche Erfahrung ihrer Miturheberschaft an ihr. *Da* die wenigen Kernfragen eine völlige Beherrschung des Geschehens durch das politische Handeln erlaubten, wußte sich die Gemeinschaft als ganze jederzeit als Urheberin des gesamten politischen Geschehens. *Da* beides zusammentraf, hatte jeder Bürger jederzeit ein Interesse an der Einwirkung auf die Gemeinschaftspraxis der Polis. *Da all dies zusammenkam,* rückte das Politische in den Mittelpunkt des Lebens der Polis wie jedes einzelnen. Und da dies alles so war, war die Praxis der Polis eine Gemeinschaftspraxis aller. In diesem Verständnis des Politischen besteht ein enger Zusammenhang zwischen der Rolle, die Politik im Lebensentwurf der Bürger hat, dem Maß ihrer politischen Beteiligung am öffentlichen Leben und den Handlungserfolgen der Politik, ihrer Fähigkeit, die Probleme, die die Bürger *als politische definiert haben,* wirkungsvoll und zur rechten Zeit zu lösen.

War das ein historischer Zufall oder liegt hierin das Geheimnis des Politischen selbst? Es steht zu vermuten, und empirische Forschung bestätigt dies in jedem Einzelzusammenhang, daß Politik nach dem Maßstab des Politischen nicht gelingen kann, wenn diese Seiten auseinandertreten. Der Zerfall ihres Zusammenhangs könnte sich daher als ein Dilemma erweisen, das eine Dauerkrise des Politischen zur Folge hat, die ihre Ursachen nicht mehr zu beherrschen vermag. Es ist für moderne Gesellschaften dann die Frage, ob der Verlust der Tugend der Bürger, die Preisgabe des politischen Gestaltungsanspruchs, die Austreibung des Politischen durch Verstellungskunst jeweils Ursache oder Wirkung der Krise des Politischen sind oder beides zugleich. Und es ist vor allem die Frage, ob unübersichtlich komplexe Verhältnisse, die eine direkte Zurechnung von Ursachen und Handlungserfolgen des gesamtgesellschaftlichen Geschehens systematisch zu verhindern scheinen, wenigstens ein modernes Äquivalent für das zulassen, was in der antiken Welt das Politische war. Oder haben die modernen Verhältnisse dessen ganzes Bedingungsgefüge so grundlegend zerstört, daß die alten Fragen uns immer weiter in die Irre führen? Erschöpft sich der Begriff des Politischen womöglich in der Funktion eines Vexierbilds, das statt einer Orientierung für die Praxis nur noch ein unglückliches Bewußtsein am Leben hält, dem Kraft und Klarheit fehlen, sich in dem zu orientieren, was nun einmal ist? Das ist eine Frage, die gleichermaßen wichtig bleibt, ganz gleich, welche Antwort sie findet. Von ihr hängt es ab, ob wir die Praxis leisten, die zu den Erfolgen führt, die wir wollen, oder ob wir wenigstens die Urteilsfähigkeit ausbilden, nicht mehr zu erwarten als das, was uns in Wahrheit noch möglich ist.

## 2. Das Projekt des Politischen
## Ein romantischer Fall?

Der klassische Begriff des Politischen ist komplex. Er ist aber weder unklar noch unbestimmt. Er ist ein Strukturbegriff, der die Balance wechselseitiger Rückverstärkung von vier grundlegenden politischen Sachverhalten zum Ausdruck bringt. Diese Balance ist stets prekär, und es ist eine offene *empirische* Frage, ob sie unter allen gesellschaftlichen Bedingungen möglich ist. Das Politische, so wie es an der klassischen Konstellation abgelesen werden kann, ist der ungestörte Kreislauf, in dem die Lebenszentralität der Bürgertugend eine Gemeinschaftspraxis der Freiheit hervorbringt. Diese ermöglicht eine Gestaltungsmacht, welche die gesellschaftlichen Probleme, die als politisch anerkannt sind, zu lösen vermag und darum die Motivation zur Teilhabe beständig mit neuen Energien speist, weil deren Wirksamkeit und Bedeutsamkeit nicht fragwürdig wird. Das Politische ist darum zugleich auch eine doppelte Verschränkung von Leben und Politik. Es ist von direkter Bedeutung für die äußeren Bedingungen des Lebens aller, und alle wissen es. Und es ist von zentraler Bedeutung für den Lebensentwurf eines jeden, weil es zum Selbstverständnis eines sinnvollen und würdigen Lebens gehört. In ihm verbinden sich Lebenssinn und Lebenssicherung auf zwanglose Weise. Motivation, Praxis, Institutionen und Handlungserfolge bringen einander zwanglos hervor und setzen sich enttäuschungsfrei wechselseitig voraus.

Das *Politische an sich,* nämlich die unvermeidliche Allgegenwart der menschlichen Wechselbeziehungen, in denen das Handeln eines jeden die Bedingungen für das aller anderen setzt, wird zur Praxis des Politischen, sozusagen zum *Politischen an und für sich,* wenn durch einen solchen Prozeß *das gesellschaftliche Wechselverhältnis in die Verfügungsmacht aller* gerückt wird. Das immer prekäre Gelingen einer solchen Balance erzeugt den flüchtigen Aggregatzustand des öffentlichen Lebens, den wir das Politische im Unterschied zur robusten Beständigkeit bloßer Politik nennen. Das Politische als unvermeidliche Dimension des gesellschaftlichen Lebens wird unter diesen und nur unter diesen Voraussetzungen zur bewußten Gemeinschaftspraxis.

Diese Balance geht verloren, sobald eines ihrer Elemente zerbricht. Auch dann findet weiterhin Politik statt, aber keine, die auf das Prädikat des Politischen Anspruch erheben kann. Ordnung, Herrschaft, Macht, der Kampf um ihre Erhaltung oder Veränderung kann kein Ende finden. Wenn aber der Kreislauf, der in seiner Vollendung das Politische ist, an einer seiner entscheidenden Stellen unterbrochen wird, verlieren die anderen ihre Energiequelle und müssen sich, soweit sie am Leben gehalten werden können, je für sich aus anderen Quellen speisen als denen, die das politische Leben selbst erzeugt. So kann die Teilhabe ersatzweise bei denen, die sich zu ihr entschließen, auch aus Motiven eines moralischen Verpflichtungsgefühls, der Vorteilssuche oder des Sozialprestiges gespeist werden, und die Handlungserfolge, soweit sie zu erreichen sind, aus dem Bemühen, technische Lösungen für kollektive Nutzenkalküle zu finden.

Unter solchen Umständen zerbricht der innere Zusammenhang des Politischen. Irgendwie sind seine Elemente noch zu besichtigen, und sie bewegen sich auch noch wie die Gliedmaßen eines Harlekin, aber ihr Eigenleben ist aus ihnen gewichen und wird durch die Manipulationen der fremden Hand nur nachgeahmt. Es wird dann hochgradig unwahrscheinlich, daß die Bürger in den politischen Lösungen noch die Lösungen ihrer Lebensprobleme sehen und Urteilskraft und Teilnahmebereitschaft, die die Lösung politischer Probleme möglich und ihre Beurteilung als Handlungserfolge wahrscheinlich machen, über die unmittelbar an den politischen Praktiken Beteiligten hinausreichen. Politik tritt dann *von außen* an das Leben heran und verliert die *interne* Verbindung mit ihm. Politik in diesem Aggregatzustand kann daher weder zuverlässig bewirken, was das Leben verlangt, noch als eine Macht auftreten, die im Leben selbst Sinn und Orientierung herbeiführt. Die Elemente des Politischen verselbständigen sich, sie müssen mit unpolitischen Mitteln am Leben gehalten und in eine mechanische Beziehung zueinander gebracht werden, an deren Übergangsstellen sich kaum noch schlüssige Verbindungen ergeben. Ein unentwegtes Beschwören, Appellieren, Kitten, Basteln, Klagen und Werkeln besiedelt die verwaisten Anschlußstellen zwischen den politischen Elementen. Das ist der gegenwärtige Zustand. Unter solchen Umständen schlägt der positive Rückverstärkungsprozeß im Kreislauf des Politischen in Prozesse negativer Rückkoppelung um. Jedes der gelähmten und verselbständigten

Elemente schwächt das andere und verringert seine Wirksamkeit.

Das Kreislaufmodell beschreibt die Voraussetzungen, unter denen das Politische ins Leben treten und sich selbst erhalten kann. Damit ist eine *notwendige* Bedingung der Möglichkeit des Politischen bezeichnet, aber nicht die *hinreichende*. Der interne Zusammenhang, der das Politische stiftet, kann ja nicht nur *von innen* gestört, sozusagen *verspielt* werden, indem seine Chancen versäumt werden, obwohl sie der Möglichkeit nach ergriffen werden könnten – sei es durch Trägheit, Unvernunft, Übermut, Unentschlossenheit oder den Verfall der Tugenden. Das Politische kann auch von *außen* zerstört werden, nämlich dann, wenn einzelne seiner Elemente oder alle durch Bedingungen *verloren*gehen, über die die Bürger nicht mehr wirklich verfügen können, obwohl sie es wollen. Eine solche Situation ist in der antiken Polis eingetreten, wenn fremde Eroberer sich das Gemeinwesen unterwarfen. Dann retteten auch die Bürgertugenden nicht mehr, denn die objektiven Voraussetzungen für eine Praxis der Freiheit und die Gestaltungsmacht über die gemeinsamen Angelegenheiten waren unverfügbar geworden.

Eine solche Situation könnte unter modernen Bedingungen auch von innen her um sich greifen, wenn die gesellschaftlichen Gegebenheiten selbst so unübersichtlich und widerspenstig würden, daß sie sich der politischen Gestaltungskraft systematisch entziehen, auch wenn keiner es wollte. Sie könnte aber auch schon dadurch entstehen, daß die Zulassung aller zu den politischen Entscheidungen über ihre Angelegenheiten derart komplexe Verhältnisse schafft, die sich weder als Praxis der Freiheit organisieren noch als Ziel gemeinsam gewollter Gestaltung handhaben lassen. *Das Politische kann nicht nur verspielt werden, es kann auch wider Willen verlorengehen.* Mit beiden Möglichkeiten, muß jeder Versuch rechnen, der das Politische als ein Programm oder einen Maßstab für Politik in den komplexen Gesellschaften der Moderne ins Spiel bringen will.

Eine Diagnose des Verfalls des Politischen wird erst durch die Antwort auf die *empirische* Frage informativ, ob es verspielt wird oder aus unverfügbaren Gründen verlorengeht. Diese Frage stellt sich auf *vier* Ebenen, die zwar innerlich verbunden sind, aber dennoch je auf ihre Weise entweder extern gestört oder intern paralysiert sein können. Auf der Ebene der *Gestaltungsmacht* (Teil II) stellt sich die Frage, ob es die unverfügbaren Gegebenheiten hochkomplexer Gesellschaften in der Moderne sind, die sie aushöhlen, oder der Mangel an politischer Entschlußkraft. Dabei geht es um die Konturen und die Gründe für den »Verlust des Politischen«. Auf der Ebene der *Tugenden* (Teil III), zumal der politischen Urteilskraft, stellt sich die Frage, ob es die Unübersichtlichkeit der Verhältnisse und die mangelnden Zugangsmöglichkeiten für die Bürger sind, die deren Ausbildung im Wege stehen, oder nur das Interesse der Bürger erlahmt, sich um das noch zu kümmern, was allen gemeinsam ist. Auf der Ebene der *politischen Teilnahme* (Teil IV) stellt sich die Frage, ob der einzelne auf den Wegen der Mitentscheidung, die in hochgradig ausdifferenzierten Gesellschaften für die meisten noch offen sind, etwas erreichen oder gewinnen kann, das spürbar über das hinausgeht, was er gewinnt, wenn er sich von der Politik fernhält. Und auf der Ebene der *freien Gemeinschaftspraxis* (Teil V) stellt sich die Frage, ob die Kommunikationswege des öffentlichen Raums den Austausch der Meinungen und Argumente fördern, behindern oder gar blockieren.

Der Blick auf die tatsächlichen Verhältnisse auf diesen vier Ebenen erlaubt eine Antwort auf die Schlüsselfrage, ob die Elemente des Politischen auf ihnen jeweils verspielt worden oder verlorengegangen sind oder mit beiden zu rechnen ist. Diese Antworten markieren die Bedingungen eines jeden ernsthaften Vorschlages für die Wiedergewinnung des Politischen in unserer Zeit. Ein Begriff des Politischen, der empirisch gehaltlos ist, wäre selber unpolitisch. Die Antwort auf diese Frage ist keineswegs akademischer Natur. Sie entscheidet darüber, ob Politik und Leben sich fremd bleiben, und damit die Krise des Politischen zum *Aggregatzustand wird, in den sie in der modernen Gesellschaft übergeht,* ein hoffnungsloser Fall; oder ob eine Transformation des Politischen wenigstens möglich erscheint, die Leben und Politik soweit versöhnt, daß sie immerhin auf Rufweite noch sich verständigen und damit politisches Handeln erfolgreich machen können. Die Erinnerung an den Begriff des Politischen allein ist keine Antwort auf die gestellte Frage. Sie ist noch nicht einmal ein Rechtstitel legitimer Kritik am offenkundigen Verfall des Politischen.

# II.

Der Verlust der politischen
Gestaltungsmacht

## 3. Souveränitätsverlust
## Vom Ende der Staatsmetaphysik

Der Staat der Moderne erhebt den Anspruch innerer und äußerer Souveränität. Diese ist die notwendige Voraussetzung seiner Legitimität. Hervorgegangen aus der Überwindung der Doppelherrschaft von Staat und Kirche und der Monopolisierung aller legitimen Gewalt in einer hierarchischen Spitze über allen gesellschaftlichen Schichten, verkörpert der Staat die Einheit von Entscheidungswirkung und Entscheidungsmacht in seiner Herrschaftssphäre. Soweit sich die Wirkungen gesellschaftlichen Handelns erstrecken, soweit soll auch seine Macht der Einflußnahme reichen. Er erhebt den Anspruch souveräner Verfügungsmacht über die gesellschaftlichen Verhältnisse und auf das Monopol für alle letztinstanzlichen Entscheidungen über sie, neben dem es andere legitime Macht nicht mehr geben kann, es sei denn, sie empfinge ihren Auftrag von ihm.

Der Hobbessche Leviathan ist das Symbol des modernen Staates. Er ist der irdische Gott, dem alle Gewalt auf Erden gegeben ist und die Macht, sich eine Gesellschaft nach seinem Willen zu schaffen. Im Mythos des allmächtigen Staates zeigt sich die Säkularisierung des Schöpfergottes, ein absoluter Wille, der über das Chaos gebietet. Denn Chaos war in Gestalt der bloßen Vielheit ungeordneter Einzelwillen zurückgeblieben, nachdem die sittliche Einheit der mittelalterlichen Gesellschaft zerfallen war, in der die Hierarchien der Stände und die diffuse Verschränkung von gesellschaftlicher und politischer Macht auf irdische Weise die ewige göttliche Ordnung widergespiegelt hatten. Die überirdischen Naturgesetze, die auf je unterschiedliche Weise der antiken und der mittelalterlichen Ordnung Sinn und Struktur verliehen hatten, verlangten einen Staat, von dem nicht mehr erwartet wurde als die Verbürgung der vorgegebenen Ordnung mit den Mitteln zwingender Gewalt. Der Leviathan aber sollte aus den Trümmern, die der Zerfall der substantiellen Einheit hinterlassen hatte, aus dem Machtzentrum eines einheitlichen Willens eine gesellschaftliche Ordnung neu entstehen lassen, gleichsam den Schöpfungsakt im Namen eines obersten irdischen

Willens und einer höchsten irdischen Macht noch einmal vollbringen.

Souveränität erschien zugleich als der Gipfelpunkt einer Pyramide und als das Nervenzentrum eines Organismus, von dem aus mit den Mitteln von Verwaltung und Macht die gesellschaftlichen Angelegenheiten von oben nach unten geschaffen und einzurichten waren. Die Gesellschaft mit ihrer Herrschaft der eigensüchtigen Individuen konnte für sich selbst nicht mehr sein als das Reich des Krieges aller gegen alle oder, in zivilisierter Version, ein System der Bedürfnisse, das dauerhafte Ordnung von sich aus nicht zu stiften vermochte. Nachdem der göttliche Geist aus den gesellschaftlichen Verhältnissen gewichen war, mußte der Staat die Rolle der Imitation des Göttlichen selbst übernehmen, um dauerhafte Ordnung zu garantieren. Der Leviathan war der Bezugspunkt, an dem sich das neuzeitliche Denken im guten wie im schlechten orientierte. Auch die großen politischen Grundströmungen, in die sich der moderne Versuch des Entwurfs einer neuen Ordnung der menschlichen Dinge nach dem Maß des freien Willens der Betroffenen alsbald entfaltete, setzen ihn voraus und bezogen ihn auf je eigene Weise in ihre Rechnungen ein. Während der *Konservatismus* ihn organisch in den Traditionsstrom des Überkommenen eingliedern und zum Garanten seiner Dauerhaftigkeit machen wollte, sann der *Liberalismus* auf seine institutionelle Zähmung, damit er nur noch in der Garantie der Grundpfeiler gesellschaftlicher Ordnung, Eigentum und Freiheit, die Zähne zeigen, ansonsten aber zum »Nachtwächter« (F. Lassalle) über die bürgerliche Ordnung domestiziert werde. Die *Sozialisten* hingegen hofften, als Zauberlehrlinge der modernen Geschichte, daß er vom Augenblick ihrer demokratischen Machtergreifung an auf ihren Willen höre, um die gesellschaftliche Ordnung von Grund auf mit seiner ganzen Macht umzugestalten. Danach sollte staatliche Macht in einer Gesellschaft entbehrlich werden, in der die Menschen als Freie und Gleiche solidarisch zusammenleben und durch soziale Macht nicht mehr entzweit würden.

Staatliche Souveränität *erstens* als Einheit von Entscheidungswirkung und Entscheidungsmacht, *zweitens* als Dispositionsgewalt des Staats über die gesellschaftlichen Verhältnisse und *drittens* als konkurrenzloses hierarchisches Entscheidungsmonopol eines einheitlichen Willens im Namen der Entscheidungsbetroffenen war immer auch ein Mythos, aber nie nur. Im Kern bildet sie die notwendige Voraussetzung des Selbstverständnisses politischer Legitimität in der Moderne. Politische Autonomie verlangt ja als unbedingte Konsequenz ihres eigenen Anspruchs, daß die von den Wirkungen der politischen Entscheidungen Betroffenen ausschließlich, gänzlich und frei auch diejenigen sind, die sie treffen. Der Mythos der Staatsallmacht ist die Prämisse des modernen Begriffs politischer Autonomie, sofern er seine eigenen Konsequenzen nicht scheut.

Während die Legitimationsidee der politischen Autonomie sich bis in die Gegenwart nach und nach von allen Einschränkungen befreit hat, die ihren Geltungssinn schmälerten, löst sich die politische Souveränität des Nationalstaats nach beiden Richtungen hin, nach innen und nach außen, rasch auf. Die Legitimationsidee der politischen Autonomie verliert ihre Grundlage und mit ihr die Idee des Politischen.[1]

Die Vollendung der Internationalisierung der Geld-, Waren- und Kapitalmärkte, die grenzüberschreitende Wirkung ökologischer Gefährdungen ebenso wie die globalen Netze der Informationsübertragung treiben die *Wirkungseinheit einer Weltgesellschaft* in großen Schritten voran, in der die zentralen Handlungsfolgen alle nationalen Grenzen hinter sich lassen. Ob man nun beim erreichten Stand der gesellschaftlichen Verflechtungen in der Welt in einem streng begrifflichen Sinne schon von einer »Weltgesellschaft« sprechen möchte (M. Harrington) oder fürs erste nur von der Zwischenstufe einer »Gesellschaftswelt« (E. O. Czempiel) – die Situation selbst ist eindeutig. Der verkehrte Typ von Kühlschränken in den industriellen Metropolen bildet eine der Ursachen für todbringende Flutwellen in Bangladesh. Die Abholzung der Regenwälder in Brasilien verändert die Lebensbedingungen in Europa. Produktionsentscheidungen in Thailand tragen zur Arbeitslosigkeit in Deutschland bei, und die Verschiebung der Wechselkurse des Dollar machen über Nacht zunichte, was an Entwicklungsfortschritten in Dutzenden von Armutsgesellschaften mühsam erreicht schien.

Die politischen Entscheidungsverhältnisse aber bleiben in den wesentlichen Dimensionen dem nationalstaatlichen Rahmen verhaftet und treffen die Ursachen nicht mehr, auf die sie zielen. In einzelnen Punkten können über Jahrzehnte hin in quälenden Ver-

---

1 Vgl. zum Folgenden F. W. Scharpf (1991).

handlungen errungene Institutionen wie die Handlungssysteme der UNO oder internationale Regime wie GATT oder die Agenda 2000 der Weltumweltkonferenz sich dem politischen Grundprinzip der Einheit von Entscheidungwirkung und Entscheidungsmacht unzulänglich annähern, aber der Bruch zwischen den *weltgesellschaftlichen Ursachen* und den *nationalstaatlichen politischen Chancen der Einflußnahme* auf sie ist vollzogen.

In den das Leben beherrschenden Fragen der Umweltzerstörung und der Kapitalströme bleiben die national beschränkten politischen Entscheidungsmechanismen hoffnungslos hinter der globalen Ausweitung der Wirkungszusammenhänge zurück. Die Souveränität der Entscheidung über das, was sich mit politischer Wirkung auf die Nationalstaaten wirklich vollzieht, wandert aus dem nationalstaatlichen Entscheidungshorizont auf globale Wirkungszusammenhänge ab, für die es keine adäquaten politischen Horizonte der Willensbildung und Entscheidung gibt. Während zum Beispiel nationale keynesianische Steuerungspolitik im Interesse von Vollbeschäftigung durch die Internationalisierung der Kapitalmärkte ihre Wirkung fast gänzlich verloren hat, sind politische Instrumente, die dem entgrenzten Aktionsradius der Investoren und Aktienhändler entsprächen, weit und breit nicht in Sicht.

Wo in regionalen Systemen der politischen Zusammenarbeit, am weitesten vorangeschritten in der Europäischen Union, für einen Teil der Probleme und für einen Teil der Weltgesellschaft die supranationale Koordination der politischen Handlungsmacht zurückerlangt wird, entfernt sie sich von der Legitimationsidee der Autonomie durch Preisgabe demokratischer Entscheidungsqualität. In der Europäischen Union kooperieren nationale Regierungen, die sich von der Kontrolle durch das supranationale und die nationalen Parlamente weit entfernen. Politische Souveränität wird in kleinen Dosen nur um den Preis der Auszehrung demokratischer Autonomie zurückgewonnen.

Der Nationalstaat verliert also seine politische Souveränität nach außen. Er verliert aber ebenso folgenreich auch seine Souveränität nach innen. Sie wandert in weniger spektakulären, aber nicht weniger wirksamen Prozessen aus den eingegrenzten Bereichen der staatlichen Willensbildung in die amorphen Zonen gesellschaftlicher Entscheidungsmacht aus. Hugo Sinzheimer hatte schon am Anfang des Jahrhunderts das moderne Arbeitsrecht mit dem Argument der *Mitsouveränität* sozialer Gewalten, nämlich der Tarifpartner, begründet.[1] Sie treffen mit dem Anspruch auf prinzipielle Staatsfreiheit Entscheidungen über Löhne, Arbeitsbedingungen und dadurch auch über Preise und Investitionen, die die Lebenschancen aller Menschen und den Wohlstand der Nationen bedingen, also im höchsten Maße politisch sind, ohne noch politisch sein zu dürfen.

Im Maße der Ausdifferenzierung gesellschaftlicher Funktionssysteme ist Mitsouveränität und nicht selten die ganze Souveränität über alle betreffende Entscheidungen auf die gesellschaftlichen Funktionssysteme übergegangen.[2] Die eigensinnige Funktionslogik gesellschaftlicher Teilsysteme, von der Wirtschaft bis zur Verwaltung, der Bildung und dem Sozialwesen, dem Gesundheitsbereich und der Forschung, den Medien und der Technik, entzieht sich hierarchischen Regelungssystemen weitgehend, während sie gleichzeitig Folgeprobleme erzeugt, die das Leben aller und die Situation der Gesellschaft im ganzen tief, nachhaltig und nicht selten irreversibel bestimmen, also im höchsten Maße politisch sind.[3]

Die Einflußchancen des bestehenden politischen Systems und die Produktionszentren der wirklichen politischen Probleme geraten außer Zusammenhang. Dieser Sachverhalt existiert unabhängig von den sozialwissenschaftlichen Kontroversen um seine Deutung, ganz gleich, ob die Analyse wie bei Habermas nur vom Tatbestand eigensinniger Funktionslogiken der gesellschaftlichen Teilsysteme ausgeht oder mit Luhmann hermetisch abgesonderte interne Steuerungssprachen der Teilsysteme unterstellt, die von außen her gar nicht mehr beeinflußbar erscheinen. Eine zentralstaatliche Regulierung der Detailentscheidungen von Wirtschaft oder Technologie, Gesundheits- oder Bildungswesen, Medien oder Kultur ist beim erreichten Stand der Arbeitsteilung nur noch um den Preis einer Lähmung der internen Entwicklungschancen der Teilsysteme möglich. Dies würde einerseits zur Drosselung von Korrekturchancen der Folgen aller anderen Funktionssysteme und andererseits zu massiven Wohlstandsverlusten führen. Darum wären für sie weder rationale Begründungen verfügbar noch Mehrheitsunterstützung zu gewinnen.

1 H. Sinzheimer (1976).
2 H. Willke (1992).
3 U. Beck (1993).

Die Pyramide ist zerbrochen und mit ihr die Hoffnung auf Rückgewinnung politischer Entscheidungssouveränität aus einem zentralen Machtzentrum über alles. Der Staat schlüpft in die Rolle des Moderators bei Verhandlungen zwischen den gesellschaftlichen Akteuren oder wird zu ihrem bloßen Verhandlungspartner.[1] So ist unter den gewandelten Verhältnissen er selbst es, der zunehmend auf den Status des Mitsouveräns reduziert wird.

In jedem der Teilsysteme gibt es immer interne Alternativen zu dem, was aktuell praktiziert wird. Überall existiert ein frühes Wissen von dem, womit die Gesellschaft als ganze in der Folge der eingeschlagenen Wege wird rechnen und leben müssen. Darum bedingt die Abwanderung der Entscheidungsmacht in den Verfügungsbereich der Funktionssysteme auch keine prinzipielle Entpolitisierung durch die Unvermeidlichkeit technokratischer Herrschaft, wie noch E. Forsthoff meinte.[2] Die Offenheit für Alternativen bleibt, und zwar in den große Wegen wie in vielen der einzelnen Schritte, wenn die Wege einmal gewählt sind. Das gilt für die Kernenergie, die Gentechnik, die Organisation der Lernprozesse im Bildungsbereich und für fast alles, was sich an Wunderdingen mit dem Kabelfernsehen vollbringen läßt. Entscheidungen, deren Folgen als »Zwangskonsum« alle betreffen, die für Alternativen aber offen sind, sind geradezu auf klassische Weise politisch. Von den in den Funktionssystemen selbst sich abzeichnenden oder intern verworfenen Alternativen weiß das politische System wenig, und es vermag mit seinen überkommenen Verfahrensweisen und Entscheidungsformen fast nichts über sie. Die »Entgrenzung« der Politik, die U. Beck in seinen Analysen der Risikogesellschaft beschwört, ist ein realgesellschaftlicher Prozeß, der die hergebrachten Formen der Politik als die formale Ausübung stattlicher Souveränität in entscheidenden politischen Fragen obsolet macht.[3] Das politische System des souveränen Staates hält mit der Differenzierung der Gesellschaft aus prinzipiellen Gründen nicht Schritt. Die Entstaatlichung und in ihrer Folge die Entpolitisierung des Politischen schreiten voran.

In der Bundesrepublik kommt eine irritierende Diffusion staatlicher Souveränität durch die föderale Organisation der Entscheidungs- und Handlungsstrukturen des Staates hinzu. Nicht nur bei

[1] F. W. Scharpf (1992).
[2] E. Forsthoff (1971).
[3] U. Beck (1986) a. a. O.

den im Grundgesetz förmlich deklarierten Gemeinschaftsaufgaben, auch bei einer schwer zu überblickenden großen Zahl anderer politischer Aufgaben verflechten sich Bund und Länder oder die Länder untereinander zu Handlungsverbünden, die weder eine klare Zuordnung der Verantwortlichkeiten noch, infolgedessen und wegen des Vorrangs der Exekutiven, eine demokratischen Ansprüchen genügende öffentliche und parlamentarische Kontrolle zulassen.[1] Bundestag und Bundesrat müssen sich, so will es das Grundgesetz, bei der Mehrzahl der staatlichen Gesetzesvorhaben einigen, wenn die Gesetze in Kraft treten sollen. Da die politische Färbung der Mehrheit in beiden Kammern selten dieselbe ist, treten, für die Öffentlichkeit oft schwer zu erkennen, Mechanismen »institutioneller Kupierung« in Kraft, die dazu führen, daß die eigentlich beabsichtigten Alternativen im Hinblick auf dieses Dilemma der Einvernehmlichkeit erst gar nicht zur Entscheidung gestellt werden oder jedenfalls im Verlaufe des Gesetzgebungsprozesses, mit dem, was die politischen Gegner wollen, trübe verfließen.[2]

Im Gegensatz zu den polarisierten öffentlichen Debatten und dem offiziellen politischen Selbstverständnis, das durch den Dualismus von Regierung und Opposition geprägt ist, gewinnt das tatsächlich praktizierte staatliche Entscheidungsverfahren unter diesen Umständen massive Züge einer Konkordanzdemokratie nach Schweizer Vorbild, bei der sich stets alle Parlamentsparteien in die politische Macht zu teilen haben.[3] Der Gegensatz zwischen einer politischen Kultur der Konfrontation scheinbar fundamentaler Alternativen und den konkordanzdemokratischen institutionellen Zwängen, von denen sie dann immer wieder rasch eingeholt wird, depotenziert die staatliche Handlungssouveränität in der öffentlichen Wahrnehmung weit über das Maß hinaus, das durch den verfassungsmäßigen Einigungszwang tatsächlich vorgegeben ist. Die *Diffusion der Souveränität des Staates durch seine eigene innere Handlungsorganisation* macht es schwer, in den öffentlichen Debatten klar zwischen dem zu unterscheiden, was die verschiedenen Parteien auf den unterschiedlichen staatlichen Handlungsebenen wollen, aber nicht können, und dem, wovon sie nur vorgeben, es nicht zu können, während sie in Wahrheit froh sind, es infolge der institutionellen Zwänge nicht wollen zu müssen.

1 F. W. Scharpf, a. a. O.
2 Vgl. Zum Begriff: K. Biedenkopf (1970).
3 G. Lehmbruch (1967).

In seinen Auswirkungen vielleicht nicht weniger gewichtig, wenn auch in seiner Wirkungsweise schwerer zu durchschauen, ist ein *kultureller* Mechanismus der Blockade staatlicher Handlungssouveränität. Er ist eine direkte Folge des linearen Fortschrittsmodells, dessen Botschaft im öffentlichen Selbstverständnis noch immer zu lauten scheint, daß alles, was bisher errungen wurde, als Grundlage für das festzuhalten ist, was künftig hinzukommen soll. So soll, nach diesem Modell politischer Fortschrittskultur, zur freien Fahrt für die Autobürger auf allen Straßen das perfekte Nahverkehrssystem hinzukommen, damit man es vorbehaltlos unterstützen könnte. So soll zum Massenkonsum die saubere Umwelt hinzukommen, damit man ökologische Politik vorbehaltlos unterstützen kann.

Diese Form der *kulturellen Selbstblockade* politischer Souveränität ist nicht unüberwindbar. Sie ist freilich höchst wirkungsvoll, solange die Akteure des politischen Systems mit guten Gründen annehmen müssen, daß alle Handlungsalternativen nicht legitimationsfähig sind, die nicht zum Erreichten noch etwas vom selben hinzufügen, sondern an einzelnen Stellen das Erreichte abbauen, weil es nicht mit der besseren Alternative verträglich ist.[1] Politisch tödlich erscheint jeder ernsthafte Versuch, die großen Verkehrsinvestitionen, die die knappen Haushalte noch zulassen, in umweltverträgliche und staufreie öffentliche Verkehrssysteme zu lenken, wenn dadurch der Straßenausbau beendet werden müßte.

Der in den objektiven Prozessen der Internationalisierung politischer Entscheidungswirkungen und der Politisierung ehedem bloß vorpolitischer gesellschaftlicher Entscheidungen begründete Souveränitätsverlust des Staates zehrt die Bedingungen der Möglichkeit des Politischen in der modernen Gesellschaft aus. Das Zerbrechen der Einheit von Entscheidungswirkung und Entscheidungsmacht, die Aufzehrung der Dispositionsgewalt des Politischen über die gesellschaftlichen Verhältnisse und das Aufkommen zahlreicher Nebengewalten zu dem in die Statistenrolle abgedrängten Leviathan entziehen dem Politischen weitgehend den Boden. Und die Nebenmächte, die der dem Anspruch nach souveräne Staat dulden muß, werden zahlreicher und übertreffen dessen eigene Macht beträchtlich.

Das *automaton*, der Selbstlauf des politisch Unverfügbaren, das

---

[1] F. Hirsch (1980).

nach der Definition C. Meiers in der klassischen Blütezeit des Politischen ganz in die Verfügungsmacht der Praxis der Freiheit aufgelöst war, verselbständigt sich heute gegenüber der politischen Willensbildung in allen Dimensionen in großen Schritten und geht seine eigenen Wege.

## 4. Zukunftsverlust
## Die Veränderung von Zeit und Wirklichkeit

Die Institutionen der pluralistischen Demokratie sind auf die Vermittlung der Interessen angelegt, die sich *jetzt* in der Gesellschaft mit Nachdruck, wo nicht Sanktionsdrohungen zu Wort melden. Einer Situation, in der die Früchte gegenwärtigen Handelns sogleich zu genießen sind, ihre zerstörerischen Folgen aber erst künftige Generationen zu spüren bekommen, haben sie von sich aus nichts entgegenzusetzen. Sie reagieren nicht auf das, was wir wissen, und auch nicht auf das, was anerkanntermaßen im Interesse aller läge, sondern auf das, was Mehrheiten mit Nachdruck begehren. Hans Jonas hat die radikale Differenz zwischen der heutigen und allen vorangegangenen Gesellschaften markiert, und die aktuellen Zustandsberichte zur Zukunft der natürlichen Grundlagen von Leben, Gesundheit und Sicherheit führen sie uns in kurzen Abständen alarmierend vor Augen.[1] Die am höchsten entwickelten Industriegesellschaften befriedigen die Wohlstandsbedürfnisse durch einen Umgang mit der Natur, der einem Vernichtungsangriff auf unsere eigenen Zukunftsinteressen und die Lebensbedingungen der nachkommenden Generationen gleichzusetzen ist. Die Demokratie erweist sich als eine dem gegenwärtigen Augenblick gefällige Apparatur auf Kosten der Zukunft. Sie erinnert uns nicht an unsere Pflicht, sondern ist unseren Begierden dienstbar. Sie kommt unserer Neigung zur Verdrängung entgegen und stört sie nicht.

Die Kluft zwischen dem, was wir wissen, und dem, was wir tun, wird atemberaubend. Ihre Folgen sind nicht nur in geschichtlich beispielloser Weise selbstzerstörerisch, sie liegen offen zutage. Die Lebensinteressen der kommenden Generationen betreffen ja keineswegs nur die anderen, sondern uns selbst und unsere Kinder. Oft widersprechen die kurzfristigen Interessen den langfristigen bis hin zum Zwang, in den Armutsregionen der Welt nur noch die Tagesinteressen gelten zu lassen, wenn das Leben weitergehen soll. Mitunter klaffen Lücken zwischen dem Wissen, das über die Folgen unseres Handelns verfügbar wäre, und dem, was den handelnden einzelnen und Gruppen davon gegenwärtig ist.

1 H. Jonas (1979).

Angst bereitet aber die Kluft zwischen dem, was ins öffentliche Bewußtsein offenkundig längst eingedrungen ist, und dem, was wir in unserer Praxis daraus machen. Die Politik hat sich vom Leben abgewendet. Sie wird zum Widersacher des Politischen. Demokratie widerspricht sich selbst, wenn die Selbstbestimmungsinteressen der gegenwärtigen Generation Freiheit und Leben der künftigen schädigen. Über deren Interessen wird heute mitentschieden, während sie selbst keine Stimme dabei haben. Nach vernünftigen Maßstäben ist nicht zu verstehen, daß wir den Gegensatz dulden zwischen dem, was heute geschehen müßte, um das Leben zu sichern, und dem, was wir tun. Die Demokratie halbiert ihren Anspruch in der Zeitachse, obwohl die zeitlichen Wirkungsketten infolge der technisch bedingten weitreichenden Folgen gegenwärtigen Handelns so real und so absehbar sind wie nie zuvor in der Geschichte der Politik.

Die allgegenwärtige Bereitschaft zur Verdrängung mochte ein passabler Ausweg sein oder gar ein Lebensmittel, solange nicht alles auf dem Spiele stand. Heute aber, wo wir mit unseren Eingriffen in die Natur irreversible Schädigungen der Grundlagen des Lebens bewirken, die Böden zerstören, die Meere vergiften, die Luft schädigen und sogar das Klima unheildrohend verderben, schlägt Verdrängung aus Selbstbetrug in kollektive Selbstzerstörung um. Die praktische Klugheit, die uns beim Verfolgen unserer privaten Interessen nahelegt, die Folgen unseres Tuns zu bedenken, wenn schon der Verantwortungssinn schwächlich bleibt, hält sich vom politischen Leben fern.

Kurze Wahlperioden für Mandatsträger und öffentliche Ämter begünstigen die Neigung zu kurzfristig orientiertem politischen Erfolgsdenken. Prämiert wird, was sich nach vier Jahren als Erfolg vorweisen läßt. Die Versuchung, den Horizont des politischen Denkens und Handelns den Fristen der Wahltermine anzugleichen, ist mächtig. Sie wird durch die Logik der Institutionen gestützt. Die Institutionen aber wären kein Hindernis, wenn der Horizont derer, die sich ihrer bedienen, der Politiker und ihrer Wähler, sich zu den Folgen hin öffnete, die gegenwärtiges Handeln heute bewirkt. Die Gründe dafür, daß die Institutionen auf Gegenwart allein programmiert bleiben, liegen tiefer. Das vorherrschende Verständnis von Wirklichkeit bleibt weit hinter dem zurück, was heute wirklich geschieht.

In den achtziger Jahren, in der Folge von E. Epplers Entscheidung, nicht in die neugebildete Regierung Schmidt einzutreten, um sich statt dessen der publizistischen Vorbereitung einer Politik der ökologischen Wende zu verschreiben, entfachte sich eine langanhaltende Polemik zwischen den beiden Proponenten sozialdemokratischer Politik. Sie ließ jene kennzeichnende Verkürzung im Verständnis von politischer Wirklichkeit nun auch im linken Reformlager selbst zutage treten, die heute die Wahrnehmungsmuster der großen Politik im ganzen prägen. Während Schmidt mit staatsmännischem Pathos darauf bestand, daß wirklich nur genannt und darum für eine Rolle in der politischen Arena verantwortlichen Denkens und Handelns zugelassen sein dürfe, was meßbar zur Lösung der heute die Tagesordnung beherrschenden Probleme im Lichte der jetzt die Interessen und Stimmungen der Mehrheiten formenden Erfahrungen und Sichtweisen beitrug, lenkte Eppler in immer neuen Anflügen die Blicke auf die sich zielstrebig anhäufenden Probleme und Einstellungen unterhalb der dünnen Kruste bestehender Verhältnisse, von denen sich abzuzeichnen schien, daß sie morgen oder übermorgen zutage treten würden oder könnten, wenn ihnen gebührende Aufmerksamkeit der Politik zukäme. Er sah sich keineswegs als »Gesinnungsethiker«, der einer Moral unabhängig von den konkreten Verhältnissen Geltung verschaffen wollte. Er verstand sich vielmehr als der eigentliche Realist, der seine Auffasung von politischer Wirklichkeit nicht aus der Statik geronnener Bedürfnisse, Rituale, Tatsachen und Problemdefinitionen gewinnen, sondern aus der Dynamik der im Entstehen begriffenen Welt neuer Werte, Erfahrungen, Politikformen und den Verknotungen ermitteln wollte, auf die all das erkennbar zulief, was sich in der Gesellschaft im Fluß befand.[1]

Der Gegensatz zwischen diesen beiden Sichtweisen ist von denen, die die Kruste als Realität und den Fluß als Fiktion ihrer Deuter auffaßten, als die klassische Differenz der Weberschen Idealtypen von Verantwortungsethik und Gesinnungsethik gebrandmarkt und das Verlangen der »Gesinnungsethiker« alsdann zu den Akten staatsmännischer Regierungskunst gelegt worden. Er erschien in dieser Zuordnung als Charakterdifferenz zwischen solchen, die den Mut und die Kraft hatten, sich mit den Fakten auseinanderzusetzen, wie sie sich nun einmal zeigten, und sol-

---

1 E. Eppler (1981).

chen, die vor ihnen in eine bloß wünschbare Welt flohen, die ihren moralischen Fixierungen besser entsprach. In diesem weichen Medium, so lautete das Urteil, könne sich jeder zurechtlegen, was er zu seinem eigenen Seelenheil brauche, aber in der Welt, wie sie ist, nichts bewirken.

Es hat sich dann bald gezeigt, das der unterirdische Fluß unverhoffter Probleme und gewachsener Bedürfnisse an die Oberfläche trat und die alte Kruste der Wirklichkeit in kleinen Schollen an den Rand der Ereignisse schwemmte. Mit denen, die sich an sie noch klammerten, waren weder die sicheren Mehrheiten zu gewinnen noch die Antworten auf die Fragen, um die sich auf einmal alles drehte.

Es zeigte sich spätestens im Verlauf der achtziger Jahre, daß es beim Gegensatz von Schmidt und Eppler gar nicht um das alte Rollenspiel zweier Ethiken ging, sondern um *unterschiedliche Paradigmen des politischen Wirklichkeitsbegriffs*. Es handelt sich dabei um die Differenz zwischen einem bloß eindimensionalen Realitätsverständnis, für das der Moment der Statik gegenwärtiger Erscheinungen auf der objektiven wie auf der subjektiven Seite der politischen Welt das Reale ist, und einem dreidimensionalen Modell, für das die werdende Wirklichkeit der Einstellungen auf der Subjektseite und der Probleme auf der Objektseite als Fakten von morgen so real waren wie die Fakten der unbewegten Oberfläche von heute. Mit der einzigen Ausnahme freilich, daß die werdenden Tatsachen um Grade plastischer sind, aber eben keineswegs fiktiv. Zu diesem Realitätsverständnis gehörte vielmehr die Kunst, die Grade ihrer Formbarkeit beurteilen und handelnd nutzen zu können. Ein Augenmaß für die Geschwindigkeit des Wandels erscheint dieser Art von Realismus als die wahre Kunst des Staatsmannes. Erst in den drei Dimensionen der *politischen Zeit*, der *plastischen Spielräume der werdenden Wirklichkeit* und der *Tektonik der gegebenen Kruste der Fakten* formt sich in dieser Sicht ein Bild von der Wirklichkeit, das zugleich ethische Verantwortung und erfolgreiches Handeln erlaubt und sich nicht in die flüchtigen Tageshorizonte einschließen läßt. Eine nicht-utopische Version der Blochschen Kategorie des Noch-Nicht-Seins wird für die Erschließung der Wirklichkeit zentral.

Das Tempo des Wandels der Werte, Interessen, Lebensstile, Kommunikationsformen, das Gewicht und die Zeithorizonte für das Hereinbrechen unbeabsichtigter Handlungsfolgen in die

Wirklichkeit sind höchst unterschiedlich in den Epochen der Gesellschaftsgeschichte. Sie sind nicht beliebig, sondern auf reale Erfahrungen und Handlungswirkungen bezogen, die niemals einfach zutage liegen. Ihre Rhythmen lassen es zu, daß das eine Mal für lange Zeit nichts Wirkliches zu fehlen scheint, wenn das eindimensionale Bild das Handeln leitet, und das andere Mal die Kruste, die der Oberflächenrealist für das Fundament illusionsloser Politik gehalten hat, schon bröckelt, noch ehe es recht zum Handeln kommt. Seit den siebziger Jahren hat sich weltweit der Wandel beschleunigt, ohne daß sich im öffentlichen Diskurs ein neuer Realismus abzuzeichnen beginnt.

In solchen Zeiten der Verschiebung in den Grundlagen der Wirklichkeit selbst, in denen doch immerhin erkennbar wird, wohin die Reise gehen könnte, welche unbeabsichtigten Handlungsfolgen sich zu welcher Art von Problemen schüren und welche Werte und Interessen sich anschicken, Erfolg und Mißerfolg politischen Handelns zu definieren, verkehrt sich zuerst unmerklich und auf einmal dann durch die Risse und Brüche in der alten Oberfläche schockierend und schmerzhaft die alte Realpolitik in Illusionspolitik. Das Bestehende als Fundament für den Bau am Künftigen zu nehmen, zeigt sich in solchen Zeiten als eine Form des politischen Realitätsverlusts, für den sich »Realität« als Projektionsleistung einer Gesinnung erweist statt als archimedischer Ausgangspunkt entschlossener Verantwortung. Gesinnung und Verantwortung wechseln die Seiten oder sie lassen vielmehr sichtbar werden, daß ihre Vereinnahmung im alten Rollenspiel selber nur ein taktisches Kommunikationsritual in der politischen Arena war.

Der Oberflächenrealismus ist nicht nur Glaubensbekenntnis. Er ist auch eine Erfolgsstrategie für kurzfristige Legitimationsbeschaffung. Beide Motive treten in unterschiedlicher Mischung auf und können einander verstärken. Auch heute, nachdem sich seine Brüchigkeit immer wieder einmal schrill bemerkbar macht, beherrscht er, obschon nicht mehr unangefochten, im großen und ganzen das politische Spiel. Es gelingt ihm noch immer, den wirklichen Realismus, der aus der Gegenwart von morgen das Handeln von heute bestimmen will, als unrealistische Idealpolitik, gar als geschmäcklerische Luxuspolitik für Feingeister abzutun, die das Entlegene unziemlich in die Mitte der Tagesordnung rücken will. Verdrängungsneigung und Kurzfristbedürfnisse gleichermaßen im

Publikum wie in seiner politischen Klasse sind seine unbeirrbaren Verbündeten. Die Vorherrschaft des Oberflächenrealismus über die politische Kultur hat für die politische Tagesordnung, die bevorzugten Handlungsstrategien und das Ansehen der politischen Tugenden weitreichende Folgen, die alle wiederum seiner eigenen Herrschaft zugute kommen.

Das unübersichtliche Gefüge der Arenen, in denen sich im politischen Raum jeweils Problemdefinitionen, Akteure, Rituale, Strategien, Institutionen, Aufmerksamkeitsregeln und Segmente von Öffentlichkeit zu Diskurs- und Handlungszusammenhängen verbinden, ist von J. Habermas in drei Grundelementen typisiert worden. Es ist ebenso das innere Gefüge dieser drei Arenen wie ihre Durchlässigkeit, was die Konstruktion politischer Realität in den westlichen Massendemokratien bestimmt.[1]

Im Rampenlicht öffentlicher Wahrnehmung befindet sich die *mittlere Arena*, die zwischen dem Vollzug der Macht und den Lebenswelten der Menschen vermittelt. Sie ist der *Schauplatz der großen Diskurse* um die Grundlagen, Richtungen und Ziele der politischen Entscheidungen. Sie ist der Tummelplatz, auf dem die Medien eine undurchsichtige Zwischenträgerrolle spielen, die oft unentscheidbar werden läßt, was sie veranlaßt, verstärkt oder bloß weitergegeben haben. In den Medien melden die Wortführer von Verbänden und Parteien, Wissenschaft und Wirtschaft, Kirchen und Bürgerinititativen und die Medien selbst ihre Deutungen, Ansprüche und Forderungen an. Es ist nicht von vornherein zu sehen, was davon nur als Jeton für dieses Spiel gedacht ist und was als wirklicher Vorsatz. Hier präsentieren alle ihre Sicht der Dinge, ihre eigenen Programme, ihre eigene Kritik an den Vorschlägen anderer. Hier formulieren sie ihre Interessen, ihr Verständnis vom Gemeinwohl, ihre Analysen, Prognosen, Warnungen und Alternativen. In diesem großen, medienvermittelten Diskurs ist viel Verstellung im Spiel, aber auch Gelegenheit, sie aufzuzeigen.

An der pikanten Schnittstelle, an der das nervöse Klima öffentlicher Aufmerksamkeit in den hartgesottenen Eigensinn der Arkanpolitik der Ausschüsse, Verwaltungsspitzen und Kabinette hinüber- und herüberwechselt, entsteht die *Arena der operativen Entscheidungen* des Politikvollzugs, der Spielräume für die Bedienung der Hebel der Macht zur Fixierung der Netzwerke öffent-

---

1 J. Habermas (1985), S. 158ff.

licher Ordnung. In dieser *obersten Arena* fällt ein wenig Licht auf die Gefechte um die machtpolitischen Alternativen, die in Gesetzen und Verordnungen, Verwaltungsakten und Ämterbesetzungen, Vereinbarungen und Verträgen die machtgeschützte Ordnung schaffen, die dem politischen Leben Formen und Grenzen geben und den Debatten und Entwicklungen ein vorläufiges Ende setzen soll. In dieser Arena vollzieht sich auch, an den Schnittstellen zwischen ihrem sichtbaren und ihrem unsichtbaren Bereich, das Ritual der Übersetzung von Machthandeln in symbolisches Handeln. Es kann ebensogut im Bemühen um das erreichbare Maß an Kongruenz zwischen beiden geschehen wie in der Absicht, die Interessen bloßer Macht oder die Macht bloßer Interessen im Lichte dessen erscheinen zu lassen, was sich in der Symbolwelt der öffentlichen Darstellung am wirkungsvollsten vermitteln läßt. Es ist an dieser Nahtstelle mitunter nicht leicht zu entscheiden, welche der allgegenwärtigen Differenzen zwischen Reden und Handeln bloß den Tribut des Ideals vor der Praxis bekundet und welche die zynische Indienstnahme des Ideals für eine ganz andere Praktik.

Die am Ende alles entscheidende *dritte Arena* entzieht sich den ersten Blicken. Es sind die Schauplätze der *Verarbeitung der Erfahrungen mit Alltag und Politik in der Lebenswelt,* wo sich die Stimmungen und Wünsche, die Hoffnungen und Abneigungen formen, aus denen sich der Rahmen und die Richtung kristallisieren, die große Politik beachten muß, wenn sie nicht massenhaften Legitimationsentzug riskieren will. In dieser Arena entstehen kaum politische Ziele oder gar Programme. Aber es bilden sich im Prozeß der Erfahrung mit den von außen kommenden Bedingungen des eigenen Lebens, mit der Wahrnehmung der großen Politik und ihrer Darsteller Neigungen und Abneigungen, Forderungen und Zurückweisungen, Erwartungen und Enttäuschungen heraus, die sich dann in den politischen Kampagnen der anderen Arenen zu Unterstützung oder Ablehnung von politischen Personen, zu Schlachtrufen oder Programmen verdichten. Die Art der Unterstützung setzt eine Grenze für die Legitimations- und Kommunikationsstrategien der großen Politik und das, was sie sich in ihrem Vollzug im Hinblick auf die zu erwartenden Mehrheitsverhältnisse zutraut.

In diese lebensweltliche Arena wirken die strategischen Kommunikationen von Politik und Mediensystem mit aller Macht hinein, aber sie gewinnen nicht die Macht über sie. In ihr ergeben sich Gespräche vielerlei Art, zwischen Nachbarn, in Familien, in der Kneipe, am Arbeitsplatz, in Vereinen, Initiativen und zufälligen Situationen. In ihnen lebt auch auf, was den Leuten von den Kommunikationsstrategien der demonstrativen Öffentlichkeit angesonnen wurde, aber es gerät ohne Umstände auf den Prüfstand von je eigener Lebenserfahrung und Widerrede anderer. Auch der hartnäckigste Medienkonsument kann sich dem Zwang des Gesprächs und der Stellungnahme nicht gänzlich entziehen. Im Falle der Verunsicherung festgefahrener Urteile und Vorurteile helfen weder zapping noch grazing, Ja/Nein-Stellungnahmen kann sich nicht entziehen, wer nicht als Idiot die Achtung der Mitwelt verlieren will. Darum haben die Gespräche in der Lebenswelt ihr eigenes Gewicht. Sie sind aber nicht gleichgerichtet, sondern bilden einen in sich turbulenten Strom, auf dessen Laufrichtung viele Wirbel und Quellen, Neben- und Gegenströme, Staumauern und Regengüsse mit für keinen Betrachter vorab überschaubaren Folgen einwirken.

Erfahrungsnahe Deutungen und Argumente, glaubwürdige Entwürfe aus dem Erfahrungshorizont der Lebens- und Arbeitswelten haben in dieser Arena ein eigenes Gewicht, das den Inszenierungskünsten der Profis strategischer Kommunikation eine eigensinnige Grenze setzt.

Politische Wirklichkeit entsteht auf den willkürlichen und unwillkürlichen Wegen der Verbindung zwischen diesen drei Arenen. Sie ist nicht der exklusive Besitz einer von ihnen. Ein Modell politischer Wirklichkeit, das die Zeitdimension des Politischen nicht ausblendet, muß für die Entscheidungsseite politischen Handelns den kurzfristigen Horizont der oberen Arena mit dem mittelfristigen der mittleren und dem langfristigen der unteren Arena synchronisieren. Eine solche Verknüpfung der Zeitverhältnisse ist nur zu erwarten, wenn die Gesprächsverhältnisse zwischen den Arenen geregelt sind. Das aber ist nur der Fall, wenn zwischen den sozialen Alltagserfahrungen, den symbolischen Debatten der politischen Öffentlichkeit und dem Politikvollzug in den Steuerungsgremien des politischen Systems ein argumentativ und emotional einlösbarer Sinnbezug hergestellt ist.

Der in den Entscheidungsspitzen des politischen Systems und in einflußreichen Teilen der Medien vorherrschenden Verkürzung der Wahrnehmungsperspektive der Politik auf die obere oder die beiden oberen Arenen allein, entspricht die systematische Verkennung der eigensinnigen Vielfalt politischer Handlungsstrategien. Politisches Handeln vollzieht sich nämlich auf drei unterschiedlichen Wegen, die an wichtigen Gabelungen immer wieder zusammenlaufen müssen, wenn es an vorbezeichnete Ziele gelangen soll.

*Programmatisch-operative Strategie* kann man dasjenige politische Handeln nennen, bei dem im Rahmen vorgegebener Institutionen die vorbezeichneten Ziele durch einzelne Maßnahmen erreicht werden sollen. Die Gewährung oder Streichung von Subventionen für Investitionen, die Veränderung der Steuersätze, der Ausbau der Hochschulkapazitäten, die Änderung der Abrechnungsverfahren im Gesundheitssystem, der Straßenverkehrsbau zum Beispiel sind Elemente auf dieser strategischen Ebene. Sie setzen das, was durch staatliches Handeln sozusagen als politisches Endprodukt erzeugt werden kann, direkt ins Werk, so daß es als Erfahrungswert in der Lebens- und Arbeitswelt oder in den gesellschaftlichen Systemen gegenwärtig ist und die Chancen der Einzelnen so oder so beeinflußt.

*Institutionell-rahmensetzende Strategie* kann man dasjenige politische Handeln nennen, mit dem politische oder gesellschaftliche Entscheidungs- und Beteiligungsverhältnisse neu geordnet werden. Von den Befugnissen des Staatspräsidenten über die Ausgestaltung des Wahlrechts bis hin zu Anhörungspflichten im Zusammenhang politischer Entscheidungsverfahren spannt sich dieser Bogen. Von der Staatsverfassung bis zur Betriebsverfassung, vom Recht der Aktiengesellschaften bis zum Parteiengesetz geht es bei dieser Strategie politischen Handelns nicht um die Herstellung von Endprodukten durch die Instanzen des politischen Systems, sondern um die Einrichtung von Verfahren, die den Betroffenen selbst die Chance legitimer Beratung und Entscheidung garantieren.

*Kulturell-argumentative Strategie* kann man schließlich dasjenige politische Handeln nennen, das auf Verständigung und Überzeugung im Hinblick auf politische Entscheidungen oder das politische Handeln der Bürger zielt. Diese politische Strategie kann von jedem sozialen Ort ihren Ausgang nehmen und überall Veränderungen bewirken, ohne daß operative oder institutionelle Programme umgesetzt werden. Sie zielt auf die Einstellungen, Orientierungen und Handlungsweisen, also auf die politische

Kultur. Sie kann aber auch zur Überzeugung führen, daß institutionelle Veränderungen oder politische Handlungsprogramme zur Erreichung geteilter Ziele erforderlich sind. Argumentative Strategien sind der Weg der Verarbeitung geteilter Erfahrungen, der Verständigung über Ziele und der Formung des politischen Rollenverständnisses der einzelnen. Für ihren Erfolg zählen nicht Entscheidungen, Beschlüsse und nur in Grenzfällen der Einsatz von Macht und Geld, sondern die Überzeugungskraft des besseren Arguments. Ihre Wirkung geht unwillkürlich in alle drei Richtungen politischen Handelns. Sie übergreift die politischen Arenen und stellt die innere Verbindung zwischen ihnen her. Die in den kulturellen Verständigungsprozessen ausgebildeten Überzeugungen bilden nämlich einerseits den Maßstab, an dem die Bürger die Legitimität von Entscheidungsverhältnissen und den Erfolg von Handlungsprogrammen messen, und andererseits die Maximen und Orientierungen, nach denen sie ihre eigene Rolle ausfüllen und damit dem Politischen in der Lebenswelt Realität verleihen.

Diese drei Strategien politischen Handelns sind in der Regel nicht austauschbar, sie sind für politische Ziele gleich legitim und erst in ihrem geklärten Wechselverhältnis das Medium, in dem sich das Politische einer Gesellschaft verwirklichen kann. Zur Verkürzung politischer Wirklichkeit gehört regelmäßig die Geringschätzung der Wirkungskraft kulturell-argumentativer Strategien. Die politischen Einstellungen und Überzeugungen sind aber als Grenze für alle legitimen politischen Programme und Institutionen ebenso unhintergehbar wie als Medium ihrer sozialen Verwirklichung unabdingbar. Die kulturelle Strategie politischen Handelns zielt auf die lebensweltlichen Voraussetzungen des Politischen. Sie ist daher eine Art Metastrategie, deren Gewicht für die Wirklichkeit des Politischen das der anderen Strategien überragt. Da sie nicht in die technische Verfügbarkeit der politischen Macht genommen werden kann, sondern ihre Erfolge nur in den ungewissen Mühen offener Verständigungsformen zu erringen sind, wird sie in der großen Politik gern dem Nachtroß der PR-Abteilungen überlassen.

Während kulturelle Strategien politischen Handelns in und zwischen der unteren und der mittleren Arena spielen, werden die operativen und institutionellen Strategien in der mittleren Arena verhandelt und in der oberen vollzogen. Eine Störung des politischen Wirklichkeitssinns bilden gleichermaßen die Naivität aus der Perspektive von unten, die die Vermittlungsbedingungen der eigenen Interessen im politischen Prozeß nicht mitzudenken vermag, wie der Zynismus der oberen Arena. Ihm stellt sich alles, was über den Handlungsvollzug hinaus an Argumenten und Scheinargumenten öffentlich verbreitet wird, als ein Schein dar, den die Uneinsichtigen brauchen, um den notwendigen Entscheidungen zu folgen, ohne deren wirkliche Gründe und Zusammenhänge durchschauen zu können.

Die Gleichungen, nach denen die Verständigungsverhältnisse der Arenen ineinander überführt werden können und müssen, sind ihrerseits öffentlich zu begründen, statt als Arkanpraxis der Eingeweihten wirksam zu werden. Das ist prinzipiell mit guten Argumenten möglich. Diese Möglichkeit ist aber in dem Augenblick verspielt, da sich in der oberen Arena die Neigung zu einem prinzipiellen Zynismus durchsetzt, der zwischen dem, was geschieht, und dem, was öffentlich dazu gesagt werden muß, eine unüberbrückbare Kluft entstehen läßt, die selbst zu den notwendigen Geheimnissen des politischen Geschäfts zu zählen sei.

Die politische Gestaltungsmacht verfällt. Sie geht durch objektive Entwicklungen verloren, denen auf den eingefahrenen Wegen politischer Entscheidungsprozedur wenig entgegenzusetzen ist. Und sie wird durch eine gegenwartsfixierte Verdrängungskultur verspielt, der der wichtigste Teil der politischen Wirklichkeit aus dem Blick gerät.

# III.
# Der Wandel der Bürgertugend

# 5. Tugendverlust?
# Zum Schicksal von Urteilskraft und Solidarität

## Politische Tugend und soziale Erfahrung

Der unerwartete Zusammenbruch wohlinstitutionalisierter Demokratien Europas in der Epoche des Faschismus hat K. R. Popper zu dem klassischen Merksatz inspiriert, politische Institutionen seien nur die Festungsmauern, für deren Verteidigung es am Ende allein auf die Qualität ihrer Besatzungen ankomme. Seit den fünfziger Jahren, angestoßen durch ein epochemachendes Werk – *The Civic Culture* von G. Almond und S. Verba – ist die politische Kultur einer immer größeren Zahl politischer Gesellschaften erforscht und sind viele von ihnen in Längs- und Querschnittstudien eingehend verglichen worden.[1] Poppers Satz hat sich überall bestätigt. Für den politischen Prozeß eines Gemeinwesens, für dessen Stabilität und Legitimität geben im Zweifelsfall nicht die Institutionen den Ausschlag, die sich ein Gemeinwesen schafft, sondern die lebendige politische Kultur, die es zur Entfaltung bringt. Mit einem alten Wort läßt sich die subjektive Seite der Politik, was in den Köpfen und Herzen der Leute vor sich gehen *muß*, damit sich das Politische entfalten kann, politische Tugend nennen.

Das griechische Wort *arete*, mit dem Aristoteles Geist und Form des Lebens der Polis bezeichnet, wird von Kennern als »Tüchtigkeit« übersetzt. Damit wird deutlicher, daß die politische Tugend weniger ein hochgestimmtes Wollen als vielmehr ein lebenspraktisches Können ist. Die politische Handlungsfähigkeit mußte in der klassischen Zeit viel eher das Interesse der Theorie wecken als die Ursachen für die Entstehung und Erhaltung des guten Willens, die als solche nicht fragwürdig waren. Kompetenz durch Übung, Klugheit durch Erfahrung und Belehrung. Im Zentrum der politischen Tugenden stand die *phronesis*, die politische Urteilskraft, weil sie als praktische Klugheit über den Einsatz der anderen Tugenden in der Praxis des politischen Lebens gebot.[2]

Daß die Ausbildung der Fähigkeiten eher auf der politischen Tagesordnung stand als die Frage nach der Möglichkeit der Motive

1 G. A. Almond, S. Verba (1963).
2 Vgl. dazu die gründliche Studie von E. Vollrath (1977).

der Tugend, ergab sich aus einer soziokulturellen Situation, in der die in die alltäglichen Lebensformen eingelassene Sittlichkeit ungeschieden und unbezweifelt zugleich als Moral und Gesetz, Gemeinschaftsgeist und individuelles Streben, Überlieferung und unüberholbarer Anspruch galt – und aus diesem Grund zwanglos auch als das wichtigste Medium des individuellen Lebensglücks. Geglückt war das Leben, wenn es unter anderem eine erfolgreiche Verbindung von individuellem Streben und praktischer Teilhabe am Gemeinschaftsleben umfaßte. Das wurde durch die Fähigkeit zum wirkungsvollen öffentlichen Handeln möglich.

Im klassischen Verständnis von Sittlichkeit standen nicht wie in der Moderne die Forderungen der Gemeinschaft und die Gesinnung der Individuen einander fremd und mißtrauisch gegenüber. Es gab ein »Wohlgefallen an der Politik«, in dem die individuellen Motive und die öffentlichen Pflichten konvergierten.[1] In den eingespielten Lebensformen selbst, im Haus und in der Politik, waren Überlieferung und Geltung, Praxis und Norm, soziale Verhältnisse und sittliche Lebensformen eins. Außer ihnen war kein Glück zu finden, und wohl auch keins zu machen. Die internen und die externen Bedingungen des Glücks und der Politik verbanden sich organisch, auch wenn sie nicht gänzlich zusammenfielen.

Diese Konstellation hat sich in der Moderne von Grund auf gewandelt. Keine Lebensform und Überlieferung findet ihre Beglaubigung in sich selbst, alle stehen zur Disposition prüfender Argumente der autonomen Individuen. Das gilt auch für die sittlichen Lebensformen, in denen sich die überlieferte Ethik einer Gemeinschaft in Verhältnissen sozialer Lebenspraxis stabilisiert. Das autonome Individuum der Moderne muß aus eigenen freien Stücken zuerst die Normen einer allgemeingültigen Moral erkennen, wenn es sie anerkennt. Und es mißt an ihnen nach eigenem Urteil die Traditionen, Lebensformen und Institutionen, die es vorfindet, sobald Zweifel sich regen. Auch die ethischen Lebensformen, in denen es sein Glück zu finden hofft, werden Gegenstand der Wahl. Die Prozesse der Individualisierung und Pluralisierung sind im Prinzip der Autonomie verankert. Der Fortschritt beider Prozesse, der seit kurzem in spektakulärer Weise die Aufmerksamkeit der Sozialwissenschaften und der politischen Öf-

[1] A.a.O.

fentlichkeit auf sich gelenkt hat, sagt wenig über die Fähigkeit moderner Gesellschaften zur sozialen Ausbildung von Moral und politischer Tugend, weil beide ohnehin in modernen Zeiten nur noch unter den Bedingungen von Individualisierung und Pluralisierung möglich sind, durch beide aber auch nicht verhindert werden.

Diese Bedingung der Modernität kommt auf klassische Weise im Begriff der Solidarität zum Ausdruck.[1] Er hat seit seiner Hochblüte in der frühen Arbeiterbewegung bis heute immer eine soziale Selbstbindung bezeichnet, die autonome Individuen aus der Erfahrung oder Überlegung gleicher Betroffenheit aus eigener Entscheidung eingehen. Sie schafft sozusagen eine Form der *Sittlichkeit zweiter Ordnung,* die nicht mehr in unbefragbaren Lebensverhältnissen vorgegeben ist, sondern durch den freien Willen vernünftiger einzelner *mit bestimmten anderen in bestimmter Hinsicht* erst erzeugt werden muß. Unter den modernen Bedingungen der Pluralisierung ethischer Lebensformen treten die Ansprüche des Lebensglücks und der Moral auseinander. Es wird zur offenen Frage, ob die politischen Tugenden vom einzelnen noch zu seinem Lebensglück hinzugerechnet werden oder nicht. Jeder kann diese Frage auf seine Weise beantworten, und die modernen Leitbilder sind zahlreich, die vom politischen Leben abraten. Es wird vor allem zur Frage, woher die Motive kommen können, die moralisches Handeln zuverlässig speisen, selbst dann, wenn die richtigen Normen rational eingesehen werden können.[2]

Die Teilnahme am ethischen Leben der Gemeinschaft als ganzer kann unter diesen Umständen keine Selbstverständlichkeit mehr sein. Das Verhältnis des Politischen zum Leben des einzelnen wird prinzipiell problematisch. Falls unter diesen Bedingungen sittliche Lebensformen Bestand gewinnen sollen, in denen ethische und moralische Anforderungen zur eingewöhnten Lebenspraxis aller werden, mag eine solche Konvergenz kein Ding der Unmöglichkeit sein, aber sie kann sich nicht aus einer zielstrebigen oder listig eingefädelten Umgehung der Autonomie aller einzelnen ergeben. Sie muß durch deren unaufhebbare Autonomie hindurchgegangen sein.[3]

Ein solches Projekt der *Solidarität durch Autonomie* war seit

---

1 Vgl. K. O. Hondrich, C. Koch-Arzberger (1992).
2 Darauf macht neuerdings Habermas immer wieder aufmerksam, z. B. in (1993).
3 Vgl. A. Honneth (1992).

dem 19. Jahrhundert die Vision einer solidarischen Gesellschaft, in der Freie und Gleiche autonom und sittlich, gemeinschaftlich und verantwortlich zusammen arbeiten und leben. Diese Vision hat in der Arbeiterbewegung, der sie entsprang, ihre Plausibilität immer aus dem Umstand bezogen, daß sie zu guten Teilen in ihrem großen, übergreifenden sozialmoralischen Milieu mit all seinen kulturellen, sozialen und politischen Institutionen immer schon ein entscheidendes Stück weit realisiert schien.[1] Der Zusammenhang zwischen einer eingelebten Praxisform und der Verbreitung und Zuverlässigkeit der Tugend der Solidarität war wenigen bewußt, aber er war eng und wirksam. Solidarität erschien als die moderne Lösung des klassischen Problems der Fundierung politischer Tugend in einer gemeinsam geteilten und anerkannten praktischen Lebensweise, ohne daß dieser Zusammenhang der Thematisierung bedurfte.

Die gegenwärtigen Klagen über den Verfall der sozialen Moral und der politischen Tugenden setzen direkt oder indirekt den Verfall dieser stützenden Zusammenhänge voraus.[2] Das Schwinden der großen sozialmoralischen Milieus auf dem Kontinent oder die Schwächung der »moral infrastructure« in den Vereinigten Staaten gelten als Ursache und Indikator eines epochalen Verfalls der Tugend.[3]

Für diese Diagnose sprechen zwei einleuchtende Gründe. Der eine verweist auf die alte Erfahrung, daß sich nur in den praktischen Handlungsfeldern moralischer und politischer Gemeinschaftspraxis die Urteilskraft und die Handlungsmotive ausbilden, die Grundlage aller politischen Tugenden sind. Der andere basiert auf der bestätigten Erkenntnis, daß sich die Motivation zu moralischem Handeln zuverlässig nur in der Praxis intakter Lebensformen ausbilden kann, die moralisches Handeln zu einer Angelegenheit gegenseitiger Anerkennung und alltäglicher Anschauung werden läßt.

Es ist eine offene Frage, ob die gegenwärtige Auflösung der übergreifenden sozialmoralischen Milieus und der überkommenen Formen moralischer Infrastruktur Vorboten des Verfalls der politischen Tugend selbst oder nur ihres tiefgreifenden Formwandels sind. Diese Frage ist auch deswegen offen, weil die empiri-

1 P. Lösche, M. Scholing (1986).
2 A. MacIntyre (1987).
3 A. Etzioni (1993).

schen Umfragedaten, die zu ihrer Klärung beitragen können, ein sicheres Urteil nicht zulassen. Die Daten beziehen sich, im besten und nur ausnahmsweise verfügbaren Fall, auf Längsschnittvergleiche kurzer Zeitspannen, aber nicht auf übergreifende Entwicklungszyklen, die dramatischen Verfallsdiagnosen über längere historische Fristen eine sichere empirische Erkenntnisbasis verleihen könnten.

*Tapferkeit*, *Gerechtigkeit* und *Einsicht* sind die Bürgertugenden, die Aristoteles hervorhebt. Sie bedingen einander, da Tapferkeit ohne Einsicht so wenig tugendhaft wäre wie Gerechtigkeit ohne Tapferkeit und Einsicht, denn sie könnte in diesem Falle nicht praktisch werden. Der Kanon der politischen Tugenden ist über die Zeiten auf verschiedene Weise gefaßt worden. Die Akzentsetzungen, die Namen und der Grad der Differenzierung der Tugenden hat je nach historischer Lage gewechselt. Von Aristoteles über Kant bis in die Gegenwart hat gleichwohl dieser zentrale Zusammenhang den Epochenbruch zur Moderne überdauert und benennt noch immer die subjektive Voraussetzung der Möglichkeit des politischen Lebens, wie es in der Idee einer demokratischen Republik gemeint ist. Heute sagen wir vielleicht *Gerechtigkeitssinn*, *Bürgermut* und *Urteilskraft*.[1] Es sind die kulturellen Grundlagen dieser Tugenden und der normative Gehalt des Gerechtigkeitsbegriffs, die sich grundlegend gewandelt haben. Mit den Umständen und Handlungssituationen, auf die sich die Tapferkeit bezieht, verändert sich auch deren Anspruch von Grund auf. Die Zivilcourage moderner Zeiten ist nicht dasselbe wie die Tapferkeit des Athener Bürgers, die sich jederzeit auf Schlachtfeldern zu bewähren hatten. Ein Gerechtigkeitssinn, der die Substanz der überlieferten Sittlichkeit aufnimmt, ist etwas anderes als die neuzeitliche Pflicht des Subjekts, die inhaltliche Fassung und Grundlegung eines nicht in den Traditionen auffindbaren Gerechtigkeitsbegriff überhaupt erst zu leisten und das Ergebnis dennoch als unbedingte Verpflichtung zu achten. Und eine politische Klugheit, die in der Fähigkeit besteht, überlieferte Bezüge der Sittlichkeit umsichtig auf wechselnde Situationen anzuwenden, unterscheidet sich von einer politischen Urteilsfähigkeit, die dem einzelnen selbst die Last der Anwendung moralischer Forderungen und politischer Maximen auf wechselnde Situationen in

---

[1] Oder wie bei J. Rawls: soziale Kooperation, gegenseitige Toleranz, Sinn für Gerechtigkeit und Rechtfertigung von Argumenten im Diskurs (1987), S. 17.

schwer überschaubaren Gesellschaften aufbürdet. Aber die Tugenden selbst erscheinen auch in der demokratischen Republik der Moderne, die ihre substantiellen Voraussetzungen fortwährend untergräbt, als die *subjektiven Bedingungen der Möglichkeit des Politischen.*

So beträchtlich die Differenzen im Verständnis der politischen Tugenden sind, ihr innerer Zusammenhang besteht in einem Anspruch, der immer dann, wenn es um die Belange einer Republik geht, auf dasselbe hinausläuft. Der moralische Sinn für Gerechtigkeit bedarf der Urteilsfähigkeit, um politisch zu werden, und des Bürgermuts, um praktische Geltung zu erlangen. Der Urteilsfähigkeit kommt die Leitfunktion zu, weil sie es ist, die entscheiden kann, was Gerechtigkeit im Hinblick auf praktische Belange zu bedeuten hat und wo auf welche Weise entschlossenes Handeln zur Durchsetzung der politischen Ziele geboten ist. Ihre Bedeutung wächst, wenn die Verhältnisse unübersichtlich werden und das politische Handeln in seinen Ansatzpunkten und Ergebnissen zweifelhaft wird.

In vormodernen Gesellschaften, in denen die Tugendkataloge andere waren, je nachdem was die legitimen Herrschaftsformen geboten, verschmolzen ebenso wie in der antiken Republik die Bindungsenergien, die tugendhaftes Handeln antrieben, und die Inhalte, auf die sie gerichtet waren, weil deren Geltung von der Zustimmung des einzelnen unabhängig und im Geflecht der sozialen Wechselbeziehungen der alltäglichen Lebenswelt immer schon verbindlich verkörpert waren. Sittliche Lebensformen wirkten wie eine umfassende Substanz, in die der einzelne gänzlich eingetaucht war. Aus ihr bezog er ungeschieden Motivation, Orientierung und Handlungsverpflichtung.

Solidarität ist nun der spannungsreiche und prekäre Nachfolgebegriff für die sozialen Bindungsenergien der sittlichen Lebensformen unter den Handlungs- und Geltungsbedingungen der Moderne. »Für ursprünglichere Entwicklungsstufen muß man sich soziale Bindungen wohl als ununterscheidbares Konglomerat aus Zwangsregelungen und Willkür, Gefühlen und Vorteilserwägungen, Austauschbeziehungen und Bestärkung von Ähnlichkeiten vorstellen. Erst mit fortschreitender Vergesellschaftung differenzieren sich Regelsysteme aus, die sich gegeneinander profilieren und soziale Bindungen von eigener, unverwechselbarer Identität hervorbringen: Macht, Markt, Gefühlsgemeinschaft. (...) Solidarität ist eine durch und durch moderne Art sozialer Bindung, insofern sie auf der freien Entscheidung des einzelnen beruht. Der einzelne hat nicht nur die Wahl, sich solidarisch oder nicht solidarisch zu verhalten, sondern auch die Wahl zwischen verschiedenen Solidaritäten. (...) Solidarität kann erst entstehen, nachdem Markttausch, bürokratische und politische Herrschaft und Liebe sich in ihren Eigenarten als moderne Sozialbindungen und Regelmechanismen gegeneinander ausdifferenziert haben. Sie nimmt Elemente dieser drei Typen sozialer Regelung auf und formt aus ihnen einen neuen, andersartigen Regelungsmechanismus.«[1]

Solidarität ahmt unter den modernen Handlungsbedingungen der individuellen Autonomie die Wirkungsweise der Sittlichkeit nur nach, soweit dies nun noch möglich ist. Sie mobilisiert unabhängig vom unmittelbaren individuellen Vorteil soziale Bindungsenergien für gemeinsame Ziele oder die Interesse anderer. Ob diese Energien gefördert werden, auf welche Ziele sie sich richten und auf welchen Bezugsradius sie sich erstrecken, wird zur Sache der Entscheidungen des autonomen Individuums. Solidarität wird in modernen Gesellschaften daher zur politischen Schlüsselressource. Da sie in ihrem Umfang und in ihrer Zielrichtung sich nur noch in dem Maße sozial entfaltet, wie sie durch das Nadelöhr der autonomen Entscheidungen der Einzelsubjekte hindurchgelangt, ist ihr Aufkommen prekär und ihre Leistung für die politische Integration der Gesellschaft heikel. Sie liegt jedoch als Energiequelle der Praxis politischer Tugenden zugrunde, wenn sie wirksam werden sollen. In vormodernen Zeiten, da ihre Wirksamkeit durch die von Hondrich angedeuteten Mischverhältnisse von Freiwilligkeit und Zwang, Moral und Gesetz, Nutzen und Gefolgschaft zuverlässig verfügbar war, mußte sie als Norm nicht eigens beschworen werden. In modernen Zeiten aber ist nicht nur ihre Richtung und ihr Wirkungskreis, sondern ihr Aufkommen selbst ungewiß geworden. Solidarität muß als soziale Bindungsenergie eigens thematisiert und *wie eine Tugend normativ beschworen* werden. Das markiert ihre eigentümliche Doppelrolle, zugleich als *Energie* vorausgesetzt zu werden, die die Praxis der politischen Tugenden ermöglicht, und selber wie eine der *Tugenden* begründet werden zu müssen.

Diese Doppelrolle der Solidarität kommt in der Funktion ideal-

1 Hondrich, a. a. O., S. 10 u. 16.

typisch zum Ausdruck, die Habermas ihr als soziale Steuerungsressource des verständigungsorientierten Handelns zumißt.[1] Der wesentliche Unterschied zwischen gesellschaftlicher Systemintegration durch Macht, Geld oder Recht und Sozialintegration durch verständigungsorientiertes Handeln besteht in den »Bindungswirkungen der Sprache«, sofern sie als Medium der Verständigung zur Geltung kommt. Verständigung und Solidarität sind bei Habermas als moralisches Gegenlager zu den strategischen Interaktionsformen weitgehend dasselbe. Solidarität als die Ressource gesellschaftlicher Integration, die auf zwangloser Verständigung über gemeinsame Interessen oder moralische Verbindlichkeiten besteht, spielt dabei eine widerspruchsvolle Doppelrolle. Einerseits betont Habermas in seinen jüngeren Schriften immer wieder ausdrücklich, daß die guten Gründe, die für die Befolgung ethischer Zielsetzungen oder moralischer Normen vom einzelnen angenommen werden, nicht schon unmittelbar dasselbe sind wie die Motive, die das Handeln für diese Ziele hervorbringen. Es müssen zusätzliche soziale Energien in »entgegenkommenden Lebensformen« der Gesellschaft verfügbar sein, aus denen sich die Motive des Handelns für wohlbegründete Ziele gewinnen lassen. Andererseits identifiziert er als die Quelle, die gleichzeitig Solidarität stiftet und doch auch zur Voraussetzung hat, wiederum das Geflecht der sprachvermittelten Verständigungsprozesse, also der Alltagspraxis zwangloser Übereinstimmung. Es scheint, daß er den sozialen Mechanismus des zwanglosen Zwangs der Überzeugungskraft von Argumenten in letzter Instanz doch auch als den Zündstoff betrachtet, aus dem die energiespendenden Funken der Solidarität sprühen müssen.

Damit belastet er den sozialen Verständigungszusammenhang mit einer doppelten Bürde. Zwar überzeugt das Argument, daß Solidarität dort, wo sie unter modernen Bedingungen als soziale Bindungsenergie Zielsetzung und Richtung erlangt, am ehesten durch sprachliche Verständigungsprozesse und die wechselseitigen Verpflichtungen, die alle dabei eingehen, Form und Kraft gewinnt. Offen bleibt dabei aber auch in Habermas' eigener Theorie, ob sie in solchen Prozessen als sozialpsychisches Faktum in ausreichendem Maße erzeugt werden kann, wenn die Motive des moralischen Handelns nicht ausschließlich aus den begründenden

1 Habermas (1992).

Argumenten, sondern aus vorausliegenden Energien eingespielter Lebensformen entspringen sollen. Dieser *Zirkelschluß* von den rationalen Gründen auf die psychischen Motive und von diesen auf jene ist nicht hermeneutisch. Er entspringt dem Wunsch, der »illokutiven« Dimension sprachlicher Verständigung nicht nur die Geltungskraft der Argumente, sondern, entgegen den eigenen Prämissen, auch noch die sozialen Bindungsenergien ihrer motivierenden Macht aufzusatteln, die anderweitig kaum zu gewinnen wäre.

Verständigungsorientiertes Handeln kann nicht die Rolle eines Garanten der sozial verankerten Geltung von Handlungsnormen und Tugenden übernehmen, die in vormodernen Zeiten Systeme der Sittlichkeit und die zugehörigen metaphysischen Formen ihrer Beglaubigung innehatte. Aber die Lebensformen und sozialen Handlungszusammenhänge, in denen die »Bindungswirkungen der Sprache« die Form der gültigen Handlungskoordination sind, dürfte immerhin als der beste Nährboden von Solidarität wirken, auf die sich autonome Individuen auch dann einlassen können, wenn es um Einschränkung der eigenen Interessen zugunsten berechtigter Interessen anderer geht. Sie ist daher Hoffnung und Chance einer Möglichkeit, aber kein Garant des Gelingens.

Wie eng der Zusammenhang von sozialer Praxis und individuellen Tugenden ist, zeigen nicht nur die Argumente aus den Traditionen der politischen Philosophie, sondern ebenso die Ergebnisse empirischer Sozialforschung. Aristoteles' nüchternes Urteil, »Gut und tugendhaft wird man durch drei Dinge, nämlich Anlage, Gewöhnung und Einsicht«, weist die fortgeltende Richtung.[1] Nichts anderes ist auch heute das Fazit der historischen Forschung, die die Umstände beleuchtet, unter denen altruistische Verhaltensformen in unterschiedlichen Gesellschaften gedeihen oder verkümmern.[2]

Politische Tugend ist vor allem eine Sache der Gelegenheit zur Einübung, zumal in den egalitären Massendemokratien, in denen sich ihre Zumutungen wahllos an jedermann richtet. Ihr Kern bleiben Urteilskraft und Bindungsfähigkeit. Urteilskraft hält den Schlüssel, denn sie ermöglicht angemessene Entscheidungen über die Bedingungen der eigenen politischen Beteiligung ebenso wie über Erfolg und Mißerfolg von Politik und Politikern, und sie

---

1 *Politik*, 1332a, 35.
2 M. Hunt (1992).

lenkt die Energien, das als richtig Beurteilte verbindlich zu praktizieren. Diese Fähigkeiten hängen mit Bildung und Information zusammen, aber sie werden durch sie nicht determiniert. Sie können treffsicher durch Praxiserfahrung entstehen und bestätigt werden. In einem ungeschmälerten Sinne ist politische Urteilskraft ohne eigene mitentscheidende Praxiserfahrung nicht zu gewinnen.

Damit öffnet sich in der Moderne der Raum für eine ungute Polarisierung, den Eintritt in eine *Abwärtsspirale* für jene, die das politische Geschehen nirgends mehr durchschauen und sich darum von ihm fernhalten, und in eine *Aufwärtsspirale* für die anderen, die sich selbstbewußt einmischen, ihre Urteilsfähigkeit entwickeln und sich mit praktisch bestätigtem Leistungsvertrauen um so selbstbewußter beteiligen. Solche Kreisläufe sind niemals hermetisch geschlossen, aber durch mehr als bloße Trampelpfade markiert. Der kausale Wechselbezug zwischen politischer Informiertheit, Leistungsvertrauen und Teilnahme ist einer der unangefochtenen Topoi der empirischen Politikforschung geblieben.[1]

Für Aristoteles war ein wichtiger Grund, warum er die Teilnahme an den legitimierenden Entscheidungen der Polis auf die beschränken wollte, die auch »regimefähig«, also nach den Regeln der Ämterbesetzung wieder einmal an der Ausübung öffentlicher Ämter beteiligt waren, vor allem dieses Wissen über die praktischen Voraussetzungen für die Ausbildung politischer Urteilskraft und Tugend. Er wußte, daß beide weder durch Unterricht und Wissen noch durch das betrachtende Interesse allein je zuverlässig erreicht werden könnten. Die enge Kausalbeziehung von Teilnahme und Tugend und nicht in erster Linie die Angst vor dem Mißbrauch der Ämter war das, was für ihn den Wert der Rotation der Ämter und den Ausschluß all derer aus der Vollbürgerschaft verlangte, die an ihr aus prinzipiellen Gründen nicht teilhaben konnten – oder durften, wie Frauen, Tagelöhner und Sklaven. Ein Recht zur Entscheidung über gute oder schlechte Regierung sollte nur dem zukommen, der nicht nur –, von Zeit zu Zeit – Gelegenheit erhielt, sich als guter Regent zu erweisen, sondern, *eben dadurch* auch die Voraussetzung erworben hatte, »gut regiert werden« zu können.[2]

Solange die Trennung von öffentlichem Amt und Staats- oder –

1 Vgl. schon R. A. Dahl (1961).
2 *Politik*, 1277a, 25.

erst recht – Schutzbürgerschaft prinzipiell war, also in der vorpolitischen Zeit, konnte sich die entscheidende Frage gar nicht stellen. Der selbstverständliche Dualismus von Folgebereitschaft und Führungsfähigkeit hatte immer auch die resignative Erwartung der Untertanen zur Folge, zwar möglichst gut regiert zu werden, im Zweifelsfall aber auch das Gegenteil hinnehmen zu müssen. Weder war im Ernst an Rollentausch zu denken, noch konnte sich bei den Untertanen ein Selbstbewußtsein ausbilden, selbst die Maßstäbe zu besitzen, um über die Führungsfähigkeit der Staatsmänner richten zu können. Noch Hegel hat mit diesem Argument demokratische Teilnahmewünsche und selbst die Ansprüche eines staatsbürgerlichen Räsonnements der Bürger zurückgewiesen.[1] Während Aristoteles, gerade um die Lebensform des Politischen stiften zu können, den Kreis der legitimationsberechtigten Staatsbürger auf diejenigen beschränken wollte, die jederzeit zu einem politischen Urteil auch aus der Perspektive politischer Führung befähigt waren, weil sie selbst diese Perspektive praktisch geteilt hatten und voraussichtlich demnächst wieder einmal zu teilen hätten, verpflichtete Hegel die Bürger, weil sie das zu dieser Zeit schon nicht mehr in ihrer Gesamtheit konnten, zu einer Art aufgeklärt wohlwollender Untertanenrolle. Immerhin könne ihnen zugemutet werden, die Differenz zwischen beiden Perspektiven zu erkennen und darum zu wissen, daß ihnen ein letztes Urteil über die Handlungserfolge der öffentlichen Amtsinhaber prinzipiell nicht zukomme.

Die modernen Massendemokratien befinden sich in einem Dilemma, weil sie *weder die Aristotelische noch die Hegelsche Strategie der Begrenzung der Staatsbürgerrolle* wählen können. Gleichwohl lebt in ihnen ein geheimes Wissen von der Berechtigung ihrer Prämissen fort, das sich der öffentlichen Thematisierung verweigert. Wenn alle ein Recht auf Anerkennung ihrer Person auch in den öffentlichen Dingen geltend machen dürfen – das ist das Sinnzentrum der Kultur der Moderne –, dann sind sie unvermeidlich auch der letzte Richter darüber, was als ein Problem gilt und was nicht, was als eine Lösung angesehen werden soll und was nicht, ganz gleich, ob sie am öffentlichen Diskurs und den Entscheidungen, die er nahelegt, selber teilnehmen oder sich aus eigener Entscheidung davon fernhalten.

---

[1] G. W. F. Hegel (1985), *Grundlinien der Philosophie des Rechts*, § 301.

Solange die Bürger die deklarierten Erfolge politischen Handelns nur aus der Zuschauerperspektive von Privatleuten betrachten, die alle Handlungsfolgen der politischen Amtsträger am Maßstab der Wahrung ihrer unvermittelten Eigeninteressen messen, ist auch erfolgreiches politisches Handeln um so weniger zu vermitteln, je mehr es auf Kompromisse, abstrakte Regelungen oder gar Opfer angelegt, also politisch ist. Das ist ein Dilemma, das sich von Fall zu Fall in politischen Legitimationskrisen manifestiert. Erst wenn eine hinreichend große Zahl von Bürgern durch eine eigene Praxis der Freiheit den Zumutungen der unvermeidlichen Einigungszwänge aus der Teilnehmerperspektive ausgesetzt ist oder es auf biographisch nachhaltige Weise einmal war, erst wenn sie also in der Handlungsperspektive selbst in die politisch unvermeidlichen Zwänge einer Vermittlungspraxis verstrickt ist, kann sich die Praxis der Freiheit mit der Fähigkeit zur Beurteilung von Handlungserfolgen nach allgemein anerkannten Maßstäben verbinden. Das ausschließliche Regiertwerden allein befähigt nicht zur Tugend des »Gut-Regiert-werdens«: »Der Regierte hat als Tugend nicht die Einsicht, sondern das richtige Meinen. Denn der Regierte ist wie ein Flötenfabrikant, der Regierende aber ist ein Flötenspieler, der das Instrument anwendet.«[1]

Der interne Zusammenhang zwischen der Fähigkeit zum politischen Perspektivwechsel und der öffentlichen Vermittlung von Handlungserfolgen hat einen zusätzlichen Grund auf der Durchsetzungsseite. Die Bürgertugend des aktiven und einsichtigen Mitvollzugs politischer Entscheidungen ist ja auch dafür ausschlaggebend, daß die Betroffenen in ihrem eigenen Handeln übernehmen und praktizieren, was beschlossen ist. Je komplexer moderne Gesellschaften werden, um so größer ist die Chance in allen gesellschaftlichen Teilsystemen und für den einzelnen Bürger, für sich selbst den größeren Gewinn aus Obstruktion, Unterlaufen oder Umdeuten der Zwecke von Politiken nicht erst im bewertenden Urteil zu gewinnen, sondern schon im Vollzug der eigenen Lebenspraxis. Diese in den Spielräumen der Umsetzung angelegte Mitentscheidungschance aber ist ebenso stumm wie wirkungsvoll. Jeder Versuch, politische Leistungsfähigkeit allein an den Kriterien dessen zu messen, was die politische Klasse im wirklichen oder vermeintlichen Auftrag des Publikums produziert hat, muß

1 Politik 1277b, 25.

wegen dieser *internen Verbindung von Teilnahme und Erfolgsbeurteilung* im Zweifelsfalle scheitern. Politischer Erfolg ist unter den Bedingungen der modernen Kultur unwiderruflich an die Fähigkeit des Politischen geknüpft, die beiden internen Verbindungen zwischen den politischen Handlungsperspektiven überzeugend zu organisieren. Das Politische ist in letzter Instanz nichts anderes als ihre gelungene Verknüpfung.

## Die Politik der Distanz und die Krise der Repräsentation

Das in der modernen Entkoppelung von Sittlichkeit und Automie begründete Dilemma der staatsbürgerlichen Tugend ist seit langem manifest. Es verschärft sich heute durch *vier* parallele Entwicklungen drastisch. *Sie beschreiben die Tiefendimension* der Politikverdrossenheit. *Zum einen* sperrt die auf den immer zahlreicher werdenden oberen Ebenen des politischen Systems fortschreitende Professionalisierung der Politik mit der Ausbildung einer politischen Klasse von Mandats- und Amtsträgern die Führungspersonen vom Perspektivwechsel in die Lebenserfahrung des Regiert-Werdens systematisch ab. Die politischen Laienrollen der Staatsbürger, die ihre zivilen Karrieren verfolgen, erlauben *zum anderen* wegen ihrer eigenen geringen Rückkehrchancen ebenso wie wegen der schwierigen Zugangsbedingungen zu den öffentlichen Rollen den Perspektivwechsel in die Erfahrungswelt des Mitregierens allenfalls noch in seltenen Ausnahmefällen. Gleichzeitig wird aber *drittens* der Kompromißdruck auf die großen politischen Entscheidungen um so größer und widerspruchsvoller, je vielfältiger die Einzelinteressen sind, deren Integration das Geschäft der Politik ist, und je schwächer die internen sozialen, kulturellen und ideologischen Integrationspotentiale werden, über die die Gesellschaft verfügt. Zu allem Überfluß reißt *viertens* auch noch der Faden zwischen den großen Entscheidungen und der Evidenz ihrer Folgen für den einzelnen Bürger in einer unübersichtlich gewordenen Welt des Politischen.

Während also aus objektiven Gründen die Notwendigkeit für die Ausbildung einer tragfähigen Bürgertugend wächst, den politischen Prozeß gleichzeitig aus beiden Handlungsperspektiven wahrzunehmen und zu beurteilen, schwinden, ebenfalls aus objektiven Gründen die tatsächlichen Voraussetzungen für ihre zuverlässige Ausbildung schnell und gründlich. Die *subjektiven Tugenden* der Urteilskraft sind gefordert wie nie zuvor, aber die *objektiven Chancen* ihrer Ausbildung verfallen durch dieselben Mechanismen, die sie fordern. Die internen Anschlußbedingungen des politischen Kreislaufs korrodieren an ihrer entscheidenden Nahtstelle. Das ist das Dilemma nicht der Politik, sondern des Politischen in der Moderne. Die Gelegenheiten zum Wechselbezug werden auf beiden Seiten selten. Weder geraten die politischen Akteure lebenswirklich in die Situation, Wirkung und Wahrnehmung ihrer Amtsführung nicht nur probeweise aus der Sicht der politischen Laien in den gesellschaftlichen Lebens- und Arbeitswelten erfahren zu müssen, noch die Bürger in die Lage, Voraussetzungen, Spielräume und Zwänge für die Umsetzung politischer Wünsche in politisches Handeln aus der Beteiligtenperspektive erleben und erleiden zu müssen. Eine sei es ehrfürchtige, sei es aufgeklärte generalisierte Folgebereitschaft der Bürger aber können die politischen Führungseliten in modernen Zeiten nirgends mehr erwarten. Das ist der *strukturelle Kern moderner Politikverdrossenheit,* über die vielen Tagesanlässe seiner skandalösen Manifestation hinaus.

Heute sind die Puffer, die für den altehrwürdigen Dualismus von Handlungsmacht und Urteilsfähigkeit einst ersonnen wurden, durch den Prozeß der Demokratisierung selbst wertlos geworden. Das Urteil der Bürger trifft hart, selbstbewußt und unvermittelt auf die politischen Integrationsversuche der politischen Führung, auch wenn der Maßstab ihres Urteils häufig kein politischer sein kann. So entsteht eine hartnäckige Frage aus den Zwängen enttäuschter politischer Praxis wie von selbst: *Können komplexe Massendemokratien ein funktionierendes Äquivalent für die Praktiken des institutionalisierten politischen Perspektivwechsels ausbilden?* Mit anderen Worten: Hat das Politische in ihnen noch eine reale Chance?

Für die zuverlässige Ausbildung politischer Urteilskraft sind Nähe und Beteiligung ausschlaggebend. Den politischen Prozeß in den Massendemokratien beherrscht aber in allen entscheidenden Arenen das *Gesetz der Distanz.*[1] Distanz von Bürgern und Politik bedeutet in der einen Richtung den *Abbruch politischer Eigenerfahrung* und in der anderen das *Verfügbarwerden einer abstrakten Politik als Projektionsfläche irrealer individueller*

1 M. Edelman (1988).

*Hoffnungen, Wünsche und Ängste.* Sie ist das Einfallstor ebenso für symbolische Politik wie für den »Terror der Intimität«, der an die Stelle der politischen Tugend die Maßstäbe des Privaten für sein Urteil über das politische Geschehen setzt.[1] Distanz erlaubt und verlangt den künstlichen Brückenschlag zwischen der Politik und dem eigenen Erleben der Bürger, der wegen dem Fehlen politischer Eigenerfahrung sich nur noch unpolitischer Mittel der Vermittlung bedienen kann. Während in vormodernen Gesellschaften die Distanz Bedingung der Legitimität politischer Macht war und darum als solche zelebriert werden konnte, sind die modernen Massendemokratien auf die Überwindung der realen Distanz zugunsten einer artifiziellen Scheinnähe angewiesen, weil nur die Illusion der Mitwirkung Legitimation verschafft.

Repräsentation wird unter diesen Umständen für das *normative* Selbstverständnis zentral. Sie wird aus *sozialen* Gründen zugleich massiv behindert. Die Ästhetisierung der Politik überbrückt die Abgründe und führt zu einer Scheinvertrautheit mit dem Abgesonderten, die die Maßstäbe und die Energien der politischen Tugend zugleich lähmt und den Verlust unkenntlich macht. Es entsteht eine politische Kultur, die die öffentlichen Rollen ausschließlich an den Maßstäben des Privaten mißt und auf diesem Wege das Politische zerstört. Die »Krise der Repräsentation« ist durch die strukturelle Selbstgenügsamkeit der politischen Klasse mitbedingt.[2] Sie ist aber in tieferen Schichten des sozialen Wandels angelegt. In der Gesellschaft selbst schreitet die Auffächerung in immer kleinere Interessengruppen und soziale Milieus mit massiven Tendenzen aversiver Ausgrenzung voran. Das sozialästhetische und sozialökonomische Spektrum der politischen Klasse reduziert sich auf einen immer kleineren Ausschnitt aus den gesellschaftlichen Lebenswelten. Für eine zunehmende Zahl von Bürgern schwindet daher die Chance des sozialen und ästhetischen Wiedererkennens ihrer selbst in ihren designierten Repräsentanten. Je fremder diese ihnen sozial werden, um so geringer ist die Bereitschaft zu einem generalisierten Vertrauen in sie und um so kritischer richtet sich das Urteil der Bürger auf das, was im einzelnen von ihnen öffentlich sichtbar wird. Das Gesetz der Distanz erzeugt in seiner sozialen und alltagsästhetischen Dimension eine *Dauerkrise der Repräsentation.*

1 R. Sennet (1986).
2 C. Leggewie (1992). In: G. Hofman, W. A. Perger (1992).

Die kurzschlüssige Einebnung des Unterschieds von Privatheit und Politik kann unter den Bedingungen der Distanz von Bürgern und politischem System auf der Ebene der politischen Kultur in beide Richtungen erfolgen. Sie kann als totalitäre Vereinnahmung des Privaten für die Politik geschehen oder als Herrschaft des Privaten über die Politik. In den Massendemokratien ist es die Versuchung der Privatheit, die das Politische gefährdet.[1] Der resignierte Rückzug des orientierungslosen und verunsicherten Subjekts in die intime Welt der überschaubaren, verläßlichen und verständlichen persönlichen Beziehungen führt die Verkehrung der Maßstäbe herbei, die das Ende der politischen Tugend bewirkt. Was im Refugium der privaten Welt verläßlich, gültig und wahrhaftig erscheint, wird aus der Distanz zum Maßstab der Beurteilung auch des öffentlichen Lebens und zerstört damit dessen eigene Gesetze. Politische Sachverhalte, das Treiben der Akteure, Strukturen, Regeln und Rollen des Politischen werden nicht mehr nach den Dimensionen des öffentlichen Raums vermessen, sondern nach Maßgabe privater Verkehrsformen zwischen vertrauten Personen gedeutet und beurteilt. Die Scheinnähe der Politik im Fernsehen bietet dafür die sinnliche Handhabe.

Diese Verengung des Öffentlichen auf die Maßeinheiten privater Personenverhältnisse, Handlungsformen und Bewertungsmaßstäbe entzivilisiert das öffentliche Leben, weil am Ende an den öffentlichen Akteuren nur noch das Motiv und die Lebensführung interessieren und nicht die politischen Handlungsziele und Aktionsformen. Dieser »Ideologie der Intimität« entspricht die Verachtung von allem, was an der Politik unpersönlich ist, der großen Organisationen, der Institutionen, der Rechts- und Verfahrensprozeduren, der Spielregeln. Sie gibt sich in Sprache und Anspruch jener Politik in der ersten Person zu erkennen, die schon mißtrauisch wird, wo sich Politik als Prozeß der Vermittlung, der Integration, des objektivierten Rollenspiels darstellt.

Cora Stephan hat beklagt, daß der Terror der Intimität in Deutschland zu einer schlechten »Verweiblichung« der Kultur der politischen Klasse geführt habe.[2] An die Stelle harter Entscheidungen, kompromißloser Positionen und einer kühlen Entscheidungssprache trete nun die Zurschaustellung von Gefühlen, Betroffenheit, Bekenntnissen zur Person, die allesamt mit dem, worum es im

1 Sennett, a. a. O..
2 C. Stephan (1993).

politischen Prozeß geht, nicht das geringste zu tun haben. Die auf zugleich peinliche und verkehrte Art »menschelnde« Atmosphäre, die so an die Stelle des Geschäfts tritt, das eigentlich das politische wäre, bringt diese Kritikerin mit einer Leitvokabel der politischen Kultur der achtziger Jahre, der »Streitkultur«, in Zusammenhang. Warum das, was den Streit gerade verdrängt, um die Einigkeit durch einen teils exhibitionistischen, teils bloß inszenierten Kult zur Schau gestellter Innerlichkeit fiktiv vor Augen zu führen, »politische Streitkultur« heißen sollte, ist allerdings weder in der Sache noch im Rückblick auf die Geschichte dieses Begriffs verständlich. Der Sachverhalt selbst aber, den Stephan schildert, ist aufschlußreich.

Das Interesse an der privaten Seite der öffentlichen Figuren nimmt unerträglich zu und wird von diesen – oft auch ungerufen – hemmungslos bedient. Der geringste Grund dafür dürfte indessen der Triumph weiblicher Ausdruckslogik in der Politik sein. Es sind ganz andere Motive, die dabei wirksam werden. Einige davon besitzen eine unwiderstehliche Macht.

*Erstens:* Wenn die politischen Sachverhalte selbst für den eingeweihten Beobachter nicht nur unübersichtlich, sondern auch undurchschaubar werden, liegt es für ihn nahe, sich an den alltäglich vertrauten Rest als Schlüssel zum ganzen zu halten, um nicht vollends den Kontakt zum politischen Geschehen zu verlieren. Vertraut aber erscheint allemal die menschliche Rückseite des politischen Spiegels, auch wenn gerade sie bei dem, worum es geht, wie nichts sonst Zerrbilder erzeugt.

Und wenn *zweitens* die klein gebrochenen politischen Fragen und die noch kleiner gebrochenen Antworten der Politik die Leidenschaften weder erregen noch aufnehmen können, die für das Spiel der Großen allemal auf Abruf bereitliegen, dann lassen sie sich eben ersatzweise vom privaten Schicksal der öffentlichen Figuren gleichzeitig bedienen und in Dienst nehmen. Das Stück selbst ist für solche Bedürfnisse des Publikums zu abstrakt, zu klein geworden, aber die Freuden und Leiden, die wahren und vermeintlichen Geheimnisse der öffentlichen Akteure laden es mit den wohlvertrauten Geheimnissen menschlicher Verstrickung, Intimität und Verletzlichkeit auf. Sie lassen auch am entrückten und dennoch als Schicksalsmacht erfahrenen Betrieb Spuren der Nähe, des Verständlichen, sogar der Intimität erkennen. *An die Stelle politischer Repräsentation tritt die private Vertretbarkeit im bloß noch Menschlichen.*

Gewichtiger für diesen Verfall der politischen Maßstäbe sind aber zwei weitere Gründe, die in einem eigentümlichen Widerspruch zueinander stehen und dennoch einander bedingen und nähren.

*Drittens:* Die Kultur der Politikvermittlung erzeugt durch die Wirkung der Medienfaktoren systematisch ein Bild der Politik, das Personalien vor Sachverhalte, Konflikte vor Argumente, Menschliches vor Thematisches, den Eklat, die Katastrophe vor das Grundlegende rückt. Sie trainiert mit den alltäglichen Wahrnehmungsmustern, auf die sie setzt, eben jene Neugier allein auf die private Seite der großen Akteure ein, auf die sie dann zur eigenen Rechtfertigung als empirische Publikumsnachfrage verweisen kann. Das ist die tiefer werdende Wunde, die das tägliche Geschäft des personalisierten politischen Infotainment der politischen Kultur schlägt.

*Viertens:* Wenn aber die politische Kultur des Landes, in dem die professionelle personality show an Stelle politischer Kommunikation die üppigsten Blüten treibt, der USA nämlich, zugleich die inquisitorische Neugier am privaten Leben der großen politischen Inszenierer am schamlosesten auf die Spitze treibt, dann wird darin auch etwas wie eine rationale Gegenreaktion des Publikums auf die symbolische Kriegsführung des Politiker-Mediensystems gegen die Urteilskraft der Bürger deutlich. Das voyeuristische Interesse am Intimleben der großen Akteure in der Welt symbolischer Politikinszenierung ist nämlich zwiespältig. Während es auf der einen Seite die Gesetze der Medienkommunikation einer distanzierten Politik nur konsequent vollstreckt, versucht es andererseits, sie mit ihren eigenen Mitteln umzudrehen. Denn was bleibt dem Publikum zur Beurteilung der Wahrhaftigkeit und des möglichen Realitätsgehalts der inszenierten Botschaften anderes übrig als die Frage nach der Wahrhaftigkeit der Inszenierer selbst? Wenn in ihrem Privatleben Widersprüche, Täuschungen, Verstellungen, Finten oder einfach Werte, Orientierungen und Interessen sichtbar werden, die mit denen der Betrachter gänzlich unvereinbar sind, dann gewinnt dieser wenigstens, indem er durchs Schlüsselloch blickt, eine Handhabe für die Beurteilung ihres öffentlichen Spiels.

Die Sucht nach dem Intimen bedient daher in der politischen Kultur der Medieninszenierungen auf listige Art beide widersprüchlichen Publikumsinteressen gleichermaßen, das voyeuristische Interesse am intimen Spektakel als Unterhaltung und das kritische Interessse an den wirklichen Motiven der professionellen Inszenierer als Ersatzkriterium für das abhandengekommene Politische.

## Der Wandel der politischen Ressourcen der Gesellschaft

Der Zerfall der großen sozialmoralischen Milieus mit ihrer integrativen Kraft andererseits, die einst die Vermittlung zwischen der überschaubaren Lebenswelt und der großen Politik geleistet hatten, begünstigt Spielarten der Ersatzvermittlung durch den Terror der Intimität und treibt andererseits das Mißtrauen gegen die Großorganisationen und Institutionen auch bei vielen voran, die in ihrem überschaubaren Lebensbereich durchaus politisch verantwortlich und engagiert handeln. Die gefügigen Vokabeln »Politikverdrossenheit«, »Demokratieverdrossenheit«, »Politikerverdrossenheit« oder »Parteienverdrossenheit«, mit denen das gestörte Verhältnis von Bürgern und großer Politik in letzter Zeit auf einen spektakulären Nenner gebracht worden ist, haben diesen ausschlaggebenden Zusammenhang systematisch verdunkelt. Sie haben, zumal im Zusammenspiel mit der Allerweltsvokabel »Individualisierung«, zur Klärung der Frage nach dem tatsächlichen Stand der Bürgertugenden, nach dem Schicksal von Urteilskraft, Solidaritätsbereitschaft, Gerechtigkeitssinn und Handlungsengagement nichts beigetragen, sondern, im ganzen gesehen, falsche Fährten gelegt.

Nach allem, was empirische Umfragedaten hergeben, scheint mit dem Zerfall der übergreifenden Milieus und ihrer subkulturellen Foren ein allgemeines *Schrumpfen der Reichweite und Spannkraft* der politischen Urteilskraft wie der Energien politischer Solidarität einherzugehen. Sie verschwinden nicht, aber sie ziehen sich in weiten Teilen des politisch sensibelsten Bereichs der Gesellschaft auf den persönlichen Nahbereich zurück und schließen das politische System im ganzen und seine Handlungsprogramme nicht mehr ohne weiteres mit ein. Empirische Untersuchungen über das Verhältnis von Bürger und Politik zeigen außer dem drastischen Schwund des Vertrauens in die bestehenden Institutionen und Großorganisationen vor allen zwei Tendenzen.[1] Es kann *zum*

1 E. Wiesendahl (1992).

*einen* keine Rede davon sein, daß das politische Interesse und die Bereitschaft zum Engagement als solche verschwinden, sie ändern aber ihre Form und Reichweite. *Zum anderen* ist zu registrieren, daß im Verhältnis von Bürgern und Politik sich mehrere gegenläufige Entwicklungen in der Gesellschaft spannungsreich durchkreuzen. Das läßt sich anhand einer Analyse der Motive für die Wahlenthaltung wie der Verteilung politischer Einstellungen in den unterschiedlichen sozialen Milieus der Gesellschaft der Bundesrepublik zeigen.[1]

Die Motive derer, die sich durch Wahlenthaltung oder Parteiaustritt in den letzten Jahren von der offiziellen Politik abgemeldet haben, sind höchst unterschiedlich. Sie lassen sich weder mit dem Schlagwort der Individualisierung noch mit dem der Entpolitisierung zutreffend beschreiben. In diesem Befund stimmen die meisten empirischen Untersuchungen überein.

Es gibt auch heute, wie immer schon, seit politische Teilnahme im Prinzip allen Staatsbürgern zugleich möglich gemacht und zugemutet wird, die »Unpolitischen«. Es ist die kleine Zahl derer, die nicht einmal zur Wahl gehen und von Politik nichts für sich und das Gemeinwesen, wie sie es sehen, erwarten. Der Anteil derjenigen unter ihnen ist klein, die ein egoistisches Selbstverständnis zu der Schlußfolgerung führt, Wahlen und andere Formen politischer Beteiligung, die ihnen keine erkennbaren persönlichen Vorteile bringen, lohnten die Mühe nicht. Größer ist in dieser Gruppe die Anzahl derjenigen, die aus Gleichgültigkeit oder mangelndem Interesse Politik gar nicht erst als Chance wahrnehmen, die sie in ihrem eigenen Interesse im Ernst betreffen kann. Und es gibt unter den »Unpolitischen« eine kleine Zahl von Saturierten, die in gesicherten wirtschaftlichen Verhältnissen leben, dabei das politische Geschehen durchaus mit Interesse verfolgen, aber so, wie die Dinge für sie selber liegen, keinen Anlaß zu eigenen Eingriffen in seinen Verlauf sehen.

Es gibt die »Verdrossenen«. Sie sind von den Unpolitischen zu unterscheiden, weil ihr ursprünglich politisches Beteiligungsinteresse erst durch Enttäuschungen einem Mißmut gegenüber allem gewichen ist, was mit Parteien, Politikern und dem politischen System, wie sie es erleben, zu tun hat. Sie wissen zwar, daß dies alles für sie und ihr eigenes Leben von unentrinnbarer Bedeutung

---

[1] Bei der Analyse der Wahlenthaltungsmotive stütze ich mich teilweise auf unveröffentlichtes Material des Marktforschungsinstituts Ueltzhöffer, Mannheim.

ist, erwarten aber nichts Gutes mehr davon und neigen zu Feindseligkeit gegen die offizielle Politik, verbunden mit der Weigerung, sich auf Argumente, Informationen und Details, die ihrer Einstellung entgegenstehen, überhaupt noch einzulassen. Schuldzuweisungen, Wut, Sündenbockdenken und nicht selten naive Heilserwartungen gewinnen bei ihnen die Oberhand. In ihren Reihen wächst der Nährboden heran für rechtsextremistische Agitatoren, die Ressentiments und Anti-Stimmungen für ihre eigenen Zwecke ausnützen, indem sie simple Patentlösungen für all das versprechen, was die Enttäuschten und Verwirrten plagt.

Unter den Nichtwählern überwiegt am Beginn der neunziger Jahre die Zahl der »Kritischen«. Sie gehen auf Distanz zu den Parlamentsparteien, ihren Repräsentanten und ihrer Art, Politik zu machen, ohne unpolitisch zu werden. Sie verweigern nur der Politik, wie sie heute ist, den Parteien, wie sie sie heute erleben, den Politikern, wie sie ihnen heute begegnen, die Gefolgschaft und suchen gleichzeitig und oft praktisch engagiert nach neuen, eigenen Wegen einer glaubwürdigeren und wirkungsvolleren Politik. Fast Dreiviertel der Nichtwähler in der Bundesrepublik teilen die Auffassung, in Bürgerinitiativen und anderen Formen »selbstbestimmter« Politik erreiche der einzelne weit mehr als mit seinem Stimmzettel. Repräsentative Politik durch Parteien und Führungspersonen, wie sie offiziell betrieben wird, gehe hingegen an den wirklichen Interessen von Bürgern und Gesellschaft systematisch vorbei. Diese Menschen sind nicht nur politisch im höchsten Maße interessiert, sie suchen das politische Engagement. Sie sind in Bürgerinitiativen und anderen Aktionsformen der Zivilgesellschaft zu treffen. Dem eingespielten Politikbetrieb aber trauen sie weder die Fähigkeit zu, ihr eigenes Engagement wirklich aufzunehmen, noch die Lösung der politischen Probleme, um die es nach ihrer Auffassung eigentlich geht.

Die Schlußfolgerungen aus diesen Befunden liegen nahe. Die »Unpolitischen« sind auch durch eine Reform der Politik selbst kaum zu erreichen. Die »Verdrossenen« könnten für das politische Leben zurückgewonnen werden, aber nur, wenn es der Politik gelingt, ihre sozialen und wirtschaftlichen Probleme wirkungsvoll und überzeugend zu lösen. Die »Kritischen« aber, die an Parteien und Politikern, nicht jedoch am Sinn basisnäherer Formen politischer Teilnahme zweifeln, können neu angesprochen und einbezogen werden, wenn sich die Politik der Parteien und der politischen Klasse und deren Art Politik zu machen, gründlich ändert.

Es bleibt die Frage, in welchem Maße das gelingen kann. Das Ausweichen auf die überschaubaren Formen basisnaher Politik ist nämlich in sich vieldeutig. Während die Befragten mehrheitlich zu erkennen geben, daß diese Engagementform für sie eher eine Alternative darstellt, die aus der Not offizieller Politikverkrustung geboren ist, spricht, zumal wenn die Forschungsergebnisse im ganzen betrachtet werden, viel für die Vermutung, daß es *auch* die Form der Großorganisation und die Unübersichtlichkeit des politischen Systems selber sind und nicht lediglich deren Verfallsform, was sie auf das kleinräumige Engagement in der erfahrbaren Nahwelt abdrängt. Kleine Gruppen und übersichtliche Aktionsfelder, in denen emotionale Nähe, Konsens in einzelnen Handlungszielen und die direkte Erfahrung des Handlungserfolgs noch möglich sind, erscheint der Mehrzahl der Kritischen, die sich vom politischen System, aber nicht von der Politik abwenden, als Alternative zu deren Defiziten. Urteilskraft und praktizierte Solidarität werden in ihrem Falle nicht durch Egoismus und privatistische Borniertheit abgelöst, sie schrumpfen aber unter dem Einfluß guter Gründe auf überschaubare Aktionsfelder zusammen. Der großen Politik wendet sich ihre Urteilskraft nur noch im ablehnenden Verdikt zu und ihre Solidaritätsbereitschaft nur noch als empörtes Gegenspiel.

Michael Vester und Peter von Oertzen sind in einer aufschlußreichen empirischen Studie über die Rolle der sozialen Milieus im gesellschaftlichen Wandel diesen Differenzierungen akribisch nachgegangen.[1] Nach ihren Befunden lassen sich drei große Lager politischer Mentalität in der Bundesrepublik am Beginn der neunziger Jahre unterscheiden: die »Reformorientierten«, die »Zufriedenen« und die »Deklassierten«. Sie sind auch in sich differenziert, teilen aber grundlegende politische Orientierungen gerade in den Fragen, die für die Ausbildung politischer Tugenden den Ausschlag geben.

Das »Lager der Reformorientierten« umfaßt nach ihren Kategorien gegenwärtig insgesamt 41 % der erwachsenen Bevölkerung in den alten Bundesländern. Es ist in sich vielgestaltig. Bei allen, die es umfaßt, überwiegt die Bereitschaft, sich, sei *es auch nur* in

---

[1] M. Vester, P. v. Oertzen u. a. (1993).

unkonventionellen Politikformen, zu engagieren, selbst wenn viele formell noch Mitglieder in Parteien und Gewerkschaften sind. Unkonventionelle Politikformen sind dabei im wesentlichen die kleinräumigen und punktuellen Engagementformen der Bürgerinitiative, der Projektgruppe, des Protests. Die »Sozial-Integrativen« unter ihnen (12,8%) orientieren ihr Engagement an Gemeinwohlideen, die auf die soziale Integration aller benachteiligten Gruppen – der Frauen, der Ausländer, der Arbeitnehmer und der sozial Schwachen – zielen. Die »Radikal-Demokraten«, der andere Teil der Reformorientierten (10,8%), wollen eine Politik, die Frauen und Ausländern Gerechtigkeit verschafft, begegnen den Ansprüchen der Arbeitnehmer und sozial Schwachen indessen mit geringem Interesse. Indifferent bis ablehnend, wenn auch nicht feindselig stehen die »Skeptisch-Distanzierten« (17,7%) all diesen Integrationsinteressen gegenüber. So sind das Vertrauen in die offiziellen politischen Institutionen und die Unterstützung für ein umfassendes Gemeinwohlkonzept im Lager der Reformorientierten, das zwei Fünftel der Gesellschaft repräsentiert, gemessen an den anderen Lagern, noch am deutlichsten ausgeprägt, aber auch in Teilen schon dünn geworden.

Im Lager der »Zufriedenen« findet sich ein Drittel der erwachsenen Bevölkerung. Hier versammeln sich jene, die ein ungeschmälertes Vertrauen in die Parteien, die politische Klasse und die vorherrschenden Politikformen mit einem hartnäckigen Interesse an der Erhaltung der bestehenden Verhältnisse verbinden, aber an Gemeinwohlkonzepten, die auf die soziale Integration der Benachteiligten gerichtet sind, wenig Interesse zeigen, ihnen in Teilen sogar ablehnend gegenüber stehen. Sie sehen für unkonventionelle Formen politischer Teilnahme keinen Anlaß.

Erschrecken muß, daß das »Lager des Ressentiments« nicht weniger als ein Viertel der Bevölkerung umfaßt. Seine Angehörigen empfinden die bestehenden Ungleichheiten und Ausgrenzungen als ungeliebtes Schicksal und verfallen entweder in fatalistische Passivität (13,4%) oder in eine aggressive Abwehrhaltung (13,8%) gegen die offizielle Politik und ihre Repräsentanten. Sie bilden einen leicht in Schwingungen zu versetzenden Resonanzboden für rechtsextremistische Agitation und Gewalt. Sie setzen in ein auf das Ganze bezogenes Gemeinwohlkonzept kein Vertrauen und zeigen an Projekten zur Verbesserung der Möglichkeiten politischer Teilhabe kein Interesse. Statt dessen gehen sie den Weg in frustrierte Apathie oder applaudieren aggressiven Attacken gegen das System und seine Repräsentanten.

Zahlen im Bereich der politischen Einstellungen und Handlungsstile, zumal in Zeiten raschen sozialen und kulturellen Wandels, sind immer anfechtbar und Meinungsäußerungen je nach dem Verständnis der gestellten Fragen für Deutungen offen.[1] Meinungen stehen als solchen weder die Gründe ihrer Entstehung noch die möglichen Bedingungen ihrer Veränderung auf die Stirn geschrieben. Zurückhaltung ist beim Versuch ihrer Deutung am Platze. Sechs Feststellungen zur politischen Differenzierung in der Gesellschaft legen die Ergebnisse dieser Studie bei aller Vorsicht nahe.

*Erstens:* Etwa vierzig Prozent der Menschen in unserer Gesellschaft, überwiegend aus den gehobenen und modernisierten sozialen Milieus, sind an Reformpolitik nach den sozialintegrativen Normen der Gerechtigkeit interessiert. Die meisten kann aufgrund ihrer Lage dabei kaum ein bloß egoistisches sozialökonomisches Interesse bewegen. Sie sind in unterschiedlichem Maße zu politischer Teilnahme bereit und viele von ihnen am ehesten in neuen, direkteren Formen eines kleinräumigen Engagements. Sie sind es, die dem herrschenden Politikbetrieb kritisch und in vielen Fällen auch enttäuscht gegenüberstehen, ohne sich von Politik abzuwenden.

*Zweitens:* Ein Drittel der Bevölkerung ist an der Erhaltung des Status quo ohne Konzessionen an die benachteiligten Gruppen und ohne Veränderungen der politischen Beteiligungs- und Entscheidungsformen interessiert. Es ist diese Gruppe, *auf die am ehesten das Prädikat des Wohlstandschauvinismus zutrifft, weil sie,* im Unterschied zu den Deklassierten, *über Wohlstand wirklich verfügen, ohne ihn teilen zu wollen.*

*Drittens:* Mehr als ein Viertel der Bevölkerung hat eine explosive Mischstimmung aus Ressentiment, Fatalismus gegen ungeliebte Verhältnisse und dem Unwillen zur Teilnahme an konventionellen oder unkonventionellen Formen der Politik ergriffen. Sie sinnen auf Patentlösungen ihrer Probleme, durchschauen das politische Geschehen kaum noch und werden anfällig für extremistische Parteien oder gewaltsame Formen politischer Konfrontation.

[1] A. Schedler (1993).

Das Resümee, das Vester und v. Oertzen aus all dem ziehen, ist auf Differenzierung bedacht: »Die Situation der benachteiligten Gruppen erinnert an die plebejischen Gemengelagen der vormodernen ›arbeitenden und armen Klassen‹. Die sich neu auftuenden sozialen Disparitäten sind dabei freilich nur teilweise als eine ›objektiv meßbare‹ ökonomische Verelendungs- oder Marginalisierungsschere, sondern hauptsächlich als Verletzung der Legitimitätsnormen sozialer Gerechtigkeit zu verstehen. Die Modernisierung der Sozialstruktur vermittelt also insgesamt die gespaltene Erfahrung zwischen ›Individualisierung‹ und ›Deklassierung‹: der Öffnung des sozialen Raumes in der sicheren Mitte und der privilegierten Spitze steht die Schließung für jene gegenüber, die in dieser Mitte ihre Sicherheiten verlieren oder gar in prekäre Lebensverhältnisse absteigen müssen.« Die Gesellschaft treibt infolgedessen immer tiefer in eine »Situation gespaltener Legitimität«.[1]

Auch eine zurückhaltende Deutung der spannungsreichen Daten, die diese Studie präsentiert, stützt weitergreifende Thesen zur empirischen Lage politischer Tugend in unserer Gesellschaft.

*Viertens:* Gerade in den am stärksten individualisierten sozialen Milieus ist auch das höchste Maß an solidarischem Engagement und das größte Interesse an einer gerechten Gemeinwohlpolitik anzutreffen. Es sind daher nicht die Prozesse sozialer Individualisierung an sich, die zu einer Korrosion der sozialen Solidaritätsbestände und zu einer Abkehr von gesellschaftlichen Gemeinwohlvorstellungen führen. Freilich garantiert die Zugehörigkeit zu den am stärksten individualisierten Milieus von sich aus nicht bereits Solidaritätsfähigkeit und Gemeinwohlorientierung. *Individualismus als sozialer Begriff fällt keineswegs mit der moralischen Kategorie des Egoismus oder der politischen Kategorie der Politikverdrossenheit zusammen.* Diese in den öffentlichen Debatten und halbinformierten kulturkritischen Deutungen gängige Gleichung widerspricht in ihrer geläufigen Form dem Stand empirischer Erkenntnis. Wirkliche Individualisierung macht die soziale Orientierung des politischen Verhaltens wahrscheinlicher.

*Fünftens:* Praktizierte Solidarität und politisches Engagement ziehen sich gerade auch bei denen, die sie noch in hohem Maße aufbringen, auf kleinräumige Erfahrungsbereiche und *raum-zeit-*

---

[1] A.a.O., S. 47.

*lich überschaubare Handlungsfelder* der Lebenswelt zurück. Skeptische Abwendung von den Großorganisationen und Institutionen des politischen Systems breitet sich aus. Die klassische Erfahrung, daß sich Handlungspraxis und politisch-moralische Orientierung wechselseitig hervorbringen und stabilisieren, bestätigt sich nach dem Zerfall der übergreifenden Ideologien und sozialmoralischen Milieus in der Schrumpfung der moralischen Horizonte und der Beteiligungspraxis vieler Engagierter auf das Maßverhältnis der direkten sozialen Erfahrbarkeit. Das Engagement sucht sich eher die kleine Initiative und die befristete unkonventionelle Beteiligungsform als die dauerhafte Bindung an anonym gewordene Großorganisationen, deren abstrakte Einheit durch substantielle Ideologien und Rituale verbindender Gemeinschaftskultur offenbar nicht mehr überzeugend hergestellt werden kann.

*Sechstens:* In den sozialen Milieus der unterschiedlichen Lebenslagen ist auf je unterschiedliche Weise die Verarbeitung der Erfahrung gesellschaftlicher Ungerechtigkeit für die Einstellung zur Politik von ausschlaggebender Bedeutung. Sie ist mehr als bloß ein Ausdruck des jeweils eigenen materiellen Betroffenseins von der ungerechten gesellschaftlichen Verteilung der Lebensgüter. Vorwiegend in den sozialen Milieus der mittleren gesellschaftlichen Lebenslagen findet sich eine saturierte Einstellung, die weder einen politischen Reformbedarf noch die Notwendigkeit einer eigenen politischen Teilnahme erkennen will. Gerade unter Angehörigen der gehobenen sozialen Milieus, die von der ökonomischen Modernisierung bislang profitierten und eher zu den Bevorzugten einer ungerechten gesellschaftlichen Verteilungspraxis zählen, ist hingegen eine aktive Reformmentalität am weitesten verbreitet, die nicht nur auf eine faire soziale Integration gerichtet ist, sondern durch ein eigenes politisches Engagement zu ihrer Durchsetzung auch beitragen möchte. Die in den unteren sozialen Lagen der Modernisierungsverlierer um sich greifenden Einstellungen enttäuschter Apathie und frustrierter Aggressivität sind offenbar Formen, in denen die Erfahrung vorenthaltener Gerechtigkeit verarbeitet wird. Die dabei entstehende Mentalität traut der Politik, so wie sie sie erlebt, die Fähigkeit zum fairen Chancenausgleich nicht mehr zu. Sie ist der Nährboden, auf dem demagogische Versuche der Instrumentalisierung politischer Verdrossenheit in Krisenzeiten rasch und verhängnisvoll gedeihen.

# Die Verweigerung der Anerkennung und ihre Folgen

Die Fähigkeit der Gesellschaft zur sozialen Integration und die Verbreitung politischer Tugenden bedingen einander. Denn es sind nicht allein die verweigerten materiellen Lebenschancen, sondern vielleicht mehr noch das enttäuschte sozial-anthropologische Grundbedürfnis nach Anerkennung, was Verweigerung, Empörung oder Revolte in dem Maße wahrscheinlich macht, wie die gesellschaftlich anerkannten Normen der Gerechtigkeit nachhaltig verletzt werden.[1] Dieses Grundbedürfnis sperrt sich dem Versuch, die Staatsbürgerrolle allein in den institutionalisierten Regeln, Normen und Verfahren für den Austrag von Konflikten zu fundieren oder die politische Praxis auf sie zu beschränken. Da andererseits in modernen Gesellschaften aber auch nicht mehr zu erwarten ist, daß sich alle Staatsbürger in derselben Form lebendiger Sittlichkeit aufgehoben fühlen, geraten sie auch in dieser Hinsicht in ein prinzipielles Dilemma. Sie können nicht mehr darauf bauen, durch die Wirkungskräfte eines von allen geteilten Guten integriert zu werden, und sie können nicht darauf hoffen, daß die sozial-integrativen Kräfte, die in den Prozessen der Rechtssetzung mobilisiert werden, den Zusammenhalt des ganzen gewährleisten.[2]

Wenn weder eine sittliche Einheit des Gemeinwesens in einem vorpolitischen Ethos vorausgesetzt werden kann, weil moderne Gesellschaften viele Ethiken hervorbringen, noch auf die integrative Kraft der formalen Prozeduren der Konfliktlösung und Rechtssetzung allein vertraut werden kann, weil sie dem Bedürfnis nach sozialer Anerkennung nicht in ausreichendem Maße Rechnung tragen, dann hängt die soziale Integration davon ab, ob die unterschiedlichen Ethiken sich in den für alle zentralen Fragen der Politik verständigen können. Denn der Versuch, gemeinsame Formen sittlichen Lebens unter modernen Verhältnissen zu erzwingen, endet im Totalitarismus. Und der Versuch, die Gesellschaft ohne Gemeinschaftsidee zusammenzuhalten, die allein Selbstschätzung durch Anerkennung ermöglicht, treibt in die soziale Anomie.

Unter diesen Bedingungen der Modernität bleibt nur der Weg, sich in öffentlichen Diskursen auf Modelle einer gerechten Gesell-

---

1 A. Honneth (1992).
2 Vgl. dazu vor allem die amerikanische Diskussion in: A. Honneth (1993).

schaft zu verständigen, auf die sich die Anhänger unterschiedlicher Ethiken und Lebensformen trotz aller Differenzen einigen können. J. Rawls hat dieses Modell der Staatsbürgerrolle auf der Grundlage eines »überlappenden Konsenses« beschrieben. Die Prinzipien der Gerechtigkeit werden dabei nicht lediglich als äußerliche Verfahrensregeln, sondern aus den moralischen Motiven der ethischen Gemeinschaften heraus anerkannt. Die verschiedenartigen Ethiken oder vielmehr die Menschen, die sie teilen, kommen darin überein, gleiche Rechte, Freiheiten und Lebenschancen als gemeinsame Werte in Geltung zu setzen. Der Staat, der sich zum Organ dieser Gerechtigkeitsidee macht, ist nicht nur ein gemeinsames Instrument, er wird zum gemeinsamen Gut. Das politische Leben mag für keinen der Bürger die sinngebende Verwirklichung seiner Vorstellung vom guten Leben sein, aber die politische Tugend gehört für die meisten zu dieser Vorstellung hinzu.[1]

Die Chance eines solchen Modells der Staatsbürgerrolle liegt vor allem darin, daß in ihr die Bedingungen einer gerechten Gesellschaft und das Interesse am sozialen Frieden konvergieren. Die »Kausalität des Schicksals«, wie Hegel das nannte, würde am Ende nämlich die Interessen aller durchkreuzen, wenn sie sich nicht auf soziale Lebensbedingungen einigen, die prinzipiell von allen anerkannt werden können. Unter den modernen Bedingungen einer gleichberechtigten und freien Teilnahme aller an der politischen Legitimation des Gemeinwesens ist nicht zu erwarten, daß der soziale Friede gesichert wäre, wenn die Einigung auf Grundsätze der Gerechtigkeit, die alle anerkennen können, und deren Umsetzung in praktischem politischen Handeln mißlingen. Ein beständiger öffentlicher Gemeinwohldiskurs wird zur Voraussetzung der sozialen Integration. Er fordert die einzelnen in ihrer Staatsbürgerrolle und schafft die Voraussetzungen dafür, daß die Motive zu ihrer Wahrnehmung nicht erlahmen. Dieser Gemeinwohldiskurs kann nur in seinem tatsächlichen Verlauf die konkreten Maßstäbe gerechter Verteilung sozialer Lebenschancen finden und fortentwickeln, weil nur in seiner wirklichen Praxis die Interessen und Gesichtspunkte in wechselnden Situationen zur Sprache gelangen, die der übergreifenden Idee der Gerechtigkeit lebenspraktische Geltung verleihen.[2]

1 Vgl. dazu die vorzügliche Darstellung von R. Forst in: A. Honneth (1992).
2 Das ist auch der Kern der Argumentation bei J. Habermas (1992).

M. Walzer und andere Kritiker haben aus der unüberbrückbaren Differenz zwischen der abstrakten Natur der Idee der Gerechtigkeit und ihrer jeweils anerkannten konkreten sozialen Gestalt den Schluß gezogen, daß letztlich doch nur auf die ethischen Überzeugungen einer eingelebten Lebensform Verlaß sei. Walzer erteilt dem Rawlsschen Konzept der Gerechtigkeit eine doppelt begründete Absage. Die Verteilung der sozialen Güter, um die es konkret stets gehe, sei in den verschiedenen Sphären der Gesellschaft ganz unterschiedlichen Gesetzen unterworfen, so daß von *einer* verbindlichen Norm sozialer Gerechtigkeit keine Rede sein könne. Und die Maßstäbe für die Bedeutung der Verteilung dieser Güter sei von Gesellschaft zu Gesellschaft so verschiedenartigen sozial-kulturellen Bedingungen unterworfen, daß gesellschaftsübergreifende Konzepte von Gerechtigkeit ins Leere liefen.

Walzers Argument, daß sich die Kriterien der Gerechtigkeit in den unterschiedlichen sozialen Sphären voneinander unterscheiden und die konkrete Form der Umsetzung gerechter Verteilungsnormen von Kultur zu Kultur eine andere ist, entspricht empirischer Erfahrung. Es begründet dennoch keinen prinzipiellen Relativismus, der die Idee der Gerechtigkeit in ihrer Rolle für die politische Integration des Gemeinwesens selbst entwertet. Während die Habermassche Diskurstheorie der Gerechtigkeit nur die Einrichtung fairer Prozeduren verlangt, die gewährleisten soll, daß die Interessen aller eine gleichberechtigte Chance der Anerkennung in den politischen Beratungen finden, bietet Rawls darüber hinaus ein inhaltliches Kriterium der Verteilung, das solchen Beratungen als Maßstab für die grundlegenden Gleichheiten und die Grenzen und Bedingungen legitimer Ungleichheiten dienen kann.

Ungleiche Verteilung bedarf nach Rawls der Rechtfertigung aus Gründen ursprünglicher Gleichheit. Sie muß sich auf ein für alle zustimmungsfähiges Maß beschränken und ist nur in genau dem Umfang und den Grenzen legitim, die erforderlich sind, um die am meisten Begünstigten zu Leistungen zu veranlassen, die auch den am wenigsten Begünstigten noch zusätzliche Freiheitschancen verschaffen, welche ohne diese Ungleichheiten nicht zu erwarten wären. Die Gleichheit der Rechte, der Würde aller einzelnen und ihres Zugangs zu den Chancen von Ausbildung und Ämtern darf dabei nicht gemindert werden.[1]

1 J. Rawls (1975).

Die Normen eines solchen Gerechtigkeitsverständnisses selbst sind universell, seine konkrete Praxis aber gerade um der Normen willen sozial, historisch und kulturell variabel. Die in konkrete Lebenswelten eingebetteten Bedürfnisse, die Zustimmung aller und der kulturell variable Sinn der Unterschiedsnorm geben den jeweils konkreten politischen Beratungen über politische Gerechtigkeit Form, Sinn und eine Richtung, aber niemals das Ergebnis vor.

Gewichtiger als die Differenzen und Grenzen der Entscheidbarkeit, die durch die Sphären der Gerechtigkeit bedingt sind, erscheinen freilich die grundlegenden Gemeinsamkeiten, die sich als »Stufen der Gerechtigkeit« beschreiben lassen. So ist die historische Errungenschaft der Gleichheit vor dem Gesetz eine grundlegende Stufe der Gerechtigkeit, die für alle dieselbe Bedeutung hat, sobald sie wirklich eingeführt ist. Ihr schließt sich die Stufe der gleichen politischen Teilnahme an, also die Gleichheit beim Erlassen der Gesetze. Diese führt zur Stufe des sozialen Würdeschutzes, also den sozialstaatlichen Anspruch jedes Staatsbürgers auf die Gewährleistung des kulturellen Existenzminimums, unabhängig von Verdienst oder Verschulden. Über dieses Niveau hinaus führt die Stufe der gerechten Verteilung der sozialen Lebenschancen, Bildungsmöglichkeiten, Einkommen und Sicherheiten einen weiteren Schritt an das Ideal der Gerechtigkeit heran. Eine asymptotische Annäherung können schließlich viele, immer kleinere, schwerer zu entwerfende und zu errichtenden Stufen leisten. Das Recht auf Gesundheit, soziale Anerkennung, die Freiheit von Angst als Bedingung der Möglichkeit, in gleicher Weise frei sein zu können, gehören dazu.

Die *drei grundlegenden Stufen* der Gerechtigkeit haben, wo sie mehr sind als Versprechen und Schein, für alle, in allen Kulturen dieselbe Schutzbedeutung. Sie sind klar zu beschreiben und eindeutig zu installieren. Jeder kann sich auf ihnen aus den Niederungen von Abhängigkeit, Demütigung, Willkür und Entwürdigung erheben. Die oberen Stufen, von der Gleichheit der Lebenschancen bis zur Freiheit von Angst, sind schwer zu beschreiben und labil in ihrer Architektur, denn sie hängen von Kultur, Geschichte und wechselhaften Erfahrungen ab. An ihnen wird immer zu basteln und zu revidieren sein, und auch der Grundsatzstreit wird nicht verstummen, ob sie tatsächlich weiter an das Ideal der Gerechtigkeit heran oder von ihm nur wieder hinwegführen.

Nicht alles an der Politik der Gerechtigkeit ist kulturell relativ. Nicht alles kann sinnvoll bestritten werden. Fatal und überflüssig ist die Konfusion, die entsteht, wenn die Offenheit bei der Bestimmung der obersten, gleichsam marginalen Abschnitte auf der Stufenleiter der Gerechtigkeit zu deren Wesen erklärt und damit die Gerechtigkeit selbst zu einer internen Angelegenheit einzelner Ethiken gemacht wird.

Die massivsten Verletzungen der Gerechtigkeit liegen überall auf der Welt klar zutage. Sie bestehen in offensichtlichen Verweigerungen sei es des Rechts, sei es der politischen Teilnahme, sei es – wie in unserer eigenen Gesellschaft – des Schutzes der gleichen Würde auf dem kulturell erreichten gesellschaftlichen Niveau. Entwürdigende Armut, Wohnungsnot, dauernde Arbeitslosigkeit, Diskriminierung breiten sich ungehindert aus. Diese handgreiflichen Verletzungen sind es und nicht die prekären Probleme der Feinsteuerung auf den obersten Stufen, die politische Apathie, Aggression, Extremismus, Distanz oder Revolte nähren. Schon länger sind darum auch hierzulande mehr als nur Anzeichen dieser dumpfen Formen der Gegenwehr zu erkennen.

Auch bei uns wird abermals verkannt, daß das Recht auf Arbeit nicht eine abgeleitete Größe aus der politischen Vorentscheidung für eine Wirtschaftsordnung ist, sondern aus guten Gründen als Menschenrecht gilt. Die Verweigerung sozialer Anerkennung, als welche Arbeitslosigkeit von den Betroffenen so gut wie stets empfunden wird, schlägt auch in einer konsumistisch verarmten Kultur mehr noch als die materielle Not, die sie erzeugt, in Empörung um. Sie kann, wie wir wissen, je nach dem Angebot an sozialen und politischen Ausdrucksformen von der inneren Verabschiedung vom Gemeinwesen bis zum hemmungslosen Kampf gegen seine Grundlagen führen. Erfahrungen liegen vor. Armut und Reichtum fallen heute aufs neue – und im krassen Gegensatz zum öffentlich deklarierten Selbstverständnis des Gemeinwesens – unvermittelt und sichtbar auseinander. Die Glaubwürdigkeit des sozialen Rechtsstaats verfällt. Die sozialanthropologischen Grundlagen der sozialen Integration werden von einer Politik verletzt, die wissen kann, daß sie ohne sie keinen Bestand hat.

Tendenzen lebensverachtender Entzivilisierung greifen in dieser Situation von zwei entgegengesetzten Seiten her nach dem kulturellen Herzen der Gesellschaft. Es mag statistisch umstritten sein, ob die Anzahl der Gewalttaten zunimmt, aber es ist offensichtlich, daß die Hemmungslosigkeit, Ziellosigkeit und Brutalität der Formen ihrer Äußerung seit kurzem erschreckend eskalieren. Am unteren Ende der Gesellschaft, bei den Verlierern der Modernisierung, scheint sie die besinnungslose Antwort auf die Erfahrung ausslogser Demütigung zu sein. Enzensberger beschreibt nicht ohne empirische Evidenz »Aussichten auf den Bürgerkrieg«, der nicht mehr in weiträumigen Fronten verläuft, die durch große Ideologien und gemeinsame Utopien einer neuen Herrschaft geformt sind, sondern durch die bloße Lust auf Gewalt, Demütigung anderer und kleine Beute.[1] »Bullying« wird mancherorts zum Schulsport. Wie sollen wir die Nachricht deuten, daß Düsseldorfer Skinheads am 15. Dezember 1993 in Dresden ihnen zufällig auf der Straße begegnende jugendliche Passanten zwangen, auf allen vieren vor ihnen zu kriechen, ihnen erst die Stiefel und dann einander zu küssen. Das kannten wir nur aus Berichten über Quälereien in KZs, die auf nichts anderes zielten als die äußerste Demütigung der anderen. Die Attacken der brutalisierten männlichen Jugendbanden gelten schon lange nicht mehr Opfern, die sich im nachhinein noch recht und schlecht als politische Gegner beschreiben lassen. Körperlich und geistig Behinderte, Homosexuelle und Alte werden ebenso zu ihren Opfern wie jeder zufällige Passant, wenn sie danach gelüstet.

Diese regressive Gewalt unterscheidet sich in der Barbarei ihrer Ausdrucksform, aber nicht in ihrer antizivilisatorischen Stoßrichtung vom *parasitären Vitalismus* der Yuppie-Kultur, der als soziales Recht nur anerkennt, was jeder sich im Ellenbogenkampf mit dem Nächsten zu nehmen weiß. In Teilen der Gewinnerseite und der Verliererseite gleichermaßen greift dieser Vitalismus aus zweiter Hand um sich, der Verständigung und soziale Normen nur als Ausrede der Schwäche verachtet und außer der Gewalt der eigenen Durchsetzungsmacht nichts mehr gelten lassen will. Während aber der Yuppie, der den Sozialhilfeempfänger verachtet, die strukturelle Gewalt des Modernisierungserfolgs für sich wirken läßt, greift der Deklassierte zu physischer Gewalt und Folter, um einmal mit den Fäusten durch die Erniedrigung des schwächsten Gegenspielers die Anerkennung zu erzwingen, die ihm gesellschaftlich versagt bleibt.

N. Elias hat den »Prozeß der Zivilisation« nicht als umumkehrbare Übernahme gesellschaftlicher Verhaltensnormen in das gene-

---

1 H. M. Enzensberger (1991).

tische Verhaltensprogramm der Individuen beschrieben. Er analysierte ihn als eine Verinnerlichung gesellschaftlicher Verhaltenszwänge unter der doppelten Voraussetzung der Monopolisierung staatlicher Macht und der Stabilisierung sozialer Kontrolle.[1] Wenn das staatliche Gewaltmonopol verfällt und die soziale Stabilisierung von Verhaltenserwartungen mißlingt, spricht wenig dafür, daß die Verinnerlichung zivilisierter Normen noch umfassend und zuverlässig gelingt. Auf diese Gefahr verweist die alarmierende These der »Entzivilisierung« moderner Gesellschaften zu Recht.[2] Wenn die Netzwerke einer Lebenswelt reißen, in denen zugleich die Chance der Anerkennung der eigenen Person durch verantwortliches Handeln, der Schutz vor Übergriffen und die Gemeinsamkeit der Überzeugung der persönlichen Würde aller begründet und im alltäglichen Verhalten stabilisiert werden, ist die Zivilisation gefährdet – wenn auch zwischen Auschwitz, Bosnien und Dresden in anderer Hinsicht Welten liegen, das lehren diese »Unfälle der modernen Zivilisation« je auf ihre Weise.

Verhängnisvoll ist in einer solchen Situation der Versuch, die gesellschaftliche Integration statt über den *einschließenden* Begriff der Gerechtigkeit über die immer *ausschließenden* Vokabeln des Nationalismus und der nationalen Identität erreichen zu wollen. In ihnen ist stets, so bescheiden sie sich am Anfang auch geben, die Entgegensetzung, die Privilegierung der Wir-Gruppe zentral. Unter solchen Bedingungen wird es immer schwieriger, die zivilisatorischen Standards zu halten.[3] Die »nationale Rhetorik« ist schon die entscheidende Konzession an den Geist der Ausschließung. Ist sie einmal gemacht, so sind die Bindungen gekappt, die verhindern könnten, daß die Ausgeschlossenen zum Freiwild für Wut und Enttäuschungen werden, die ja jederzeit im Spiele sind, wenn eine Gesellschaft es nicht wagt, ihren Zusammenhalt auf die Idee der Gerechtigkeit zu gründen und statt dessen ihr Heil in einem Merkmal des Zusammenhangs sucht, das nicht erworben werden kann, sondern bloß zugeschrieben ist.

Das Politische als Praxis der gleichen Freiheit verlangt die politische Tugend nicht als Lebenszweck, aber als einen der Zwecke im Leben. Ihre Ausbildung hängt von der Chance ab, sie und ihren Wert in den Zusammenhängen des praktischen Lebens zu erfah-

---

1 N. Elias (1991).
2 Vgl. H. P. Duerr (1988-1992) u. St. Breuer (1993).
3 P. Glotz (1991).

ren. Die Schaffung von Lebensformen, die ihr entgegenkommen, setzt politische Tugend voraus. Urteilsfähigkeit erwächst aus Teilnahme, die Motivation zur Teilnahme basiert auf Handlungserfolgen, und beide stehen in der prekären Balance von Lebensverhältnissen, in denen der einzelne Anerkennung erfährt und darum Verantwortung übernimmt. Diese Zusammenhänge sind gestört. Das Politische wäre verhindert, wenn sie endgültig reißen. Dann kann der Tendenz zu einer Entzivilisierung wenig entgegengesetzt werden, in der in unterschiedlichen Formen des parasitären Vitalismus jeder für sich selbst gegen die anderen die Anerkennung sucht, die er nach seinen Kräften und Privatideologien meint finden zu sollen.

# 6. Die Austreibung der politischen Moral
## Machiavellismus als Farce

Von Marx stammt die Beobachtung, daß sich die großen geschichtlichen Ereignisse zweimal zutragen, das erste Mal als Drama und das zweite Mal als Farce. Der historische Machiavellismus war der Versuch, dem Zerfall der sittlichen Einheit der Welt des Mittelalters die zur Perfektion vollendete Kunst der staatlichen Selbsterhaltung durch Macht entgegenzusetzen. So sollte wenigstens der innere Frieden erhalten und das Leid auf das durch wirklich beherrschte Techniken der Machtentfaltung bestimmte Maß zurückgeführt werden, nachdem Savonarola noch einmal der Stadt Florenz und ihrem Bürger Machiavelli vor Augen geführt hatte, wozu das Bemühen, eine versinkende Gestalt der Sittlichkeit den Bürgern durch den Terror der Tugend wieder aufzuzwingen, führt.[1] Im Drama der Moderne, nach Religionskriegen und Frühkapitalismus, Imperialismus und Auschwitz eine friedensstiftende Moral der Macht zu begründen, die nicht auf die sich immerfort vervielfältigenden sozialen Gestalten gelebter Ethiken und Anti-Ethiken, die im wesentlichen nicht übereinkommen können, relativ ist, ist der letzte Akt womöglich noch nicht aufgeführt. Aber es besteht, was den Stand des Gewissens der Öffentlichkeit anbelangt, wenn auch weit weniger zuverlässig in der Praxis, ein Einvernehmen. Die Forderung Kants, daß der gordische Knoten stets zugunsten der Moral durchzuhauen ist, wenn Politik und Moral sich widerspruchsvoll verwirren, gilt – immerhin – als ein tabuisiertes Kriterium der öffentlichen Debatte.

Das war die Grundlage der politischen Skandalgeschichte der Jahre 1992 und 1993, in deren Verlauf in irritierender Häufung Spitzenpolitiker wegen unzulässiger Bereicherung oder öffentlicher Lügen oder beidem an den Pranger kamen. In öffentlichen Ritualen wurde Entrüstung inszeniert, bei der man sich auch fragen konnte, ob sie denen, die den ersten Stein dabei warfen, nach Maßstäben der Wahrhaftigkeit gut zu Gesicht stand. Immerhin wurden in diesen Entrüstungsritualen auch die Maßstäbe in Erin-

---

1 Vgl. H. Münkler (1992).

nerung gerufen und aufs neue beschworen, denen sich Repräsentanten des öffentlichen Lebens stets gebeugt hatten. Auch wenn jeder weiß, daß keine anderen Menschen in die Politik gehen können als die, die eine Gesellschaft nun einmal hervorbringt, und auch wenn wir wissen, daß im Schlagschatten der Öffentlichkeit die dumpfen Motive nicht seltener sind, nur eben nicht an den Pranger geraten, macht es doch einen guten Sinn, die Normen des öffentlichen Lebens im Ritual des Skandals immer neu zu beschwören, damit nicht das Laster zur anerkannten Tugend des öffentlichen Lebens wird.

Da nichts mehr verläßlich zu gelten scheint, wurde in Debatten und Vortragszyklen allen Ernstes die Frage aufgeworfen: »Müssen Politiker ehrlich sein?« Die Politiker haben, soweit das erforderlich schien, Besserung gelobt. Dann kamen ihnen aber, ungerufen, Sozialwissenschaftler und Philosophen zu Hilfe, um das Tabu zu brechen und mit der Geste derer, die das Geheimnis der Macht durchschaut haben und sich nicht scheuen, dem Umgeheuer ins Antlitz zu schauen, zu erklären, die Öffentlichkeit solle endlich zur Kenntnis nehmen, daß der »Code« der Politik und der »Code« der Moral füreinander Fremdsprachen seien, die sich nicht ineinander übersetzen lassen. »Paradigm lost« heißt das bei Luhmann.[1] Daß die Politik damit auch für uns zur Fremdsprache geworden ist, liegt in der Natur der Sache. Nicht die politisch Handelnden reklamieren das Recht, von Moral entbunden zu werden, wofür dann öffentlich Rechenschaft zu geben wäre, sondern Sozialwissenschaftler tragen es ihnen mit dem Gestus der höheren Wahrheit an. Das ist die Farce.

Mit Bezug auf die unterschiedlichen gesellschaftlichen Funktionssysteme, einschließlich des politischen, das die verbindlichen Regeln für alle setzt, weist Luhmann, paradigmatisch für eine einflußreiche Strömung in den Sozialwissenschaften, den Anspruch der Moral auf politische Verbindlichkeit zurück. Er erhebt den Anspruch auf eine »höhere Amoralität der Politik«[2]: »Heute können wir (...) sehen und haben wir zu akzeptieren, daß die Werte der verschiedenen Funktionssysteme keine moralischen Werte sind. Wir würden keinen Sinn darin sehen, Eigentum im Unterschied zu Nichteigentum moralisch zu qualifizieren im Sinne von: das eine moralisch gut, das andere schlecht. Ebenso mit Regie-

---

[1] N. Luhmann (1990).
[2] Ders., in: P. Kemper (1993), S. 27.

rungsmacht und Opposition, krank/gesund, Wahrheit und Unwahrheit als Resultat von Forschung oder Siegen und Verlieren im Sport. Die Zwei-Werte-Codierung der Funktionssysteme läßt sich in keinem Fall mit dem Moralcode von gut/schlecht gleichsetzen, und damit entzieht sich auch die gesamte Selbstorganisation dieser Funktionssysteme einer moralischen Kontrolle. Ja, der Rückzug der Moral aus diesen Bereichen wird durch die Moral selbst gefordert und gedeckt.«[1]

Politiker, die das noch nicht begriffen haben und fortfahren, sich mit den Bürgern und ihresgleichen so zu verständigen, als ginge es bei ihrer politischen Praxis auch um moralische Fragen, wissen entweder nicht, was sie tun, oder sie tun wirklich das Falsche. »Wir beobachten eine strukturelle Nichtidentität des Moralcodes und des politischen Codes, einen Widerspruch zwischen der kommunikativen Praxis und den Funktionspostulaten einer Demokratie, zu der sie sich bekennen. Es gibt keine einfache Reduktion von Politik auf Moral – es sei denn in politischen Systemen, die politische Gegner moralisch disqualifizieren und sie mit diesem Argument aus der Politik entfernen.«[2]

Im Anschluß an Luhmanns theoretischen Versuch einer Entfernung des Moralischen aus der Politik, die sich von allen Motiven unabhängig macht und sozusagen bloß funktionszynisch verfährt, möchte N. Bolz zeigen, daß eine Politik, die weiß, was sie sein sollte, auch in ihren Motiven sich von der moralischen Zumutung ablösen muß: »Eine Ethik der Politik muß sich an ihrem Medium orientieren – also an gewaltgestützter Macht. Deshalb verstrickt sich Politik unvermeidlich in Gewebe ethisch bedenklicher Mittel. Der berühmte, aber oft naiv belächelte Satz, Macht sei an sich böse, hat also seinen guten Sinn: Gewalt verleiht der Politik einen Index des Bösen. (...) Die Emanzipation der Politik von der Moral ist also gerade die Bedingung für eine Ethik der Politik – das wird großartig belegt vom ursprünglichen Begriff des *politico*, den Machiavelli noch ausdrücklich als Gegenbegriff zu *corrotto*, als ›korrupt‹, gebrauchte.«[3] In der Konsequenz dieses revitalisierten Machiavellismus liegt das Fazit: »Deshalb hat das politische System vom Betrug als gewaltlosem Mittel nichts zu befürchten – allenfalls von der Rache der Betrogenen. Moralisten fällt es natür-

1 A.a.O., S. 32.
2 A.a.O., S. 37.
3 N. Bolz, in: P. Kemper (1993).

lich schwer, in der Lüge eine Form gewaltloser Konvention zu sehen. Als solche aber wird sie vor der Kontrastfolie des Politischen erkennbar: Angesichts von Gewalt als Mittel der Macht gewinnt die Lüge die Qualität der Verschonung.«[1]

Der Neo-Machiavellismus operiert auf zwei Ebenen. Luhmann beteuert, daß das politische System, wenn es einwandfrei funktioniert, einfach keine Verwendung mehr hat für Moral, es sei denn in irgendeinem ganz selbstverständlichen Sinne, der die Betrachtung nicht lohnt. Bolz erteilt den Politikern die Lizenz, mit Betrug und Lüge zu operieren, solange das den Einsatz von Gewalt verrringert und sie klug genug sind, möglicher Rache vorzubauen. Das sind keine Einzelstimmen. Mit Enzensberger möchte man meinen, diese Einmischung sei nichts anderes als ein Winkelzug im deutschen Indianerspiel von Macht und Geist, »bei dem auch dem Geduldigsten das Herz sinkt«.[2] Und das ist es wohl auch. Aber der Vorgang verdient Beachtung. Beide Male wird, nicht ohne Inanspruchnahme wissenschaftlicher Autorität, die das, bei Licht besehen, gar nicht hergeben kann, die aktuell heikelste Gefährdung des Politischen zu ihrem eigentlichen Wesen verklärt und die Skrupel von Politikern und Öffentlichkeit, ihr nachzugehen, als Kotau vor einer öffentlichen Meinung, die in der entscheidenden Frage nichts als naiv sei. Die Ohnmacht überbietet mit einer Geste letzten Durchschauens die Macht und gewinnt scheinbar Macht über sie. Ein Intellektuellentraum erfüllt sich. Zugleich tritt höhere Harmonie an die Stelle jenes unendlichen Konflikts von Anspruch und Realität, bei dem der Anspruch doch immer zu spät kommt.

In einer Zeit, wo auf der Kippe steht, ob das Politische vollends abdankt oder sich im politischen Leben zurückmeldet, ist der Bärendienst der hyperpolitischen Geste an einer defizitären Politik alles andere als ein Eintreten für politischen Realismus.

Der Politikanspruch der Moderne zielt auf gleiche Teilnahme und Zustimmung. Die neo-machiavellistische Geste treibt die Korrosion, der das Politische durch den Souveränitätsverlust des Staates und den Realitätsverlust der politischen Klassen ohnehin ausgesetzt ist, rhetorisch auf die Spitze und deklariert ihn zum Wesen einer Politik, die die letzten Illusionen überwunden hat. Diese Illusion aber ist das Politische selbst. Wo politische Gestal-

[1] A.a.O., S. 70.
[2] Enzensberger (1991), S. 207.

tungsmacht endgültig verloren und die Übereinstimmung von Bürgern und Politikern über die Maßstäbe des Handelns zerbricht, wird dem Politischen der Boden entzogen. Davor ist zu warnen, es sei denn, was zu vermuten steht, es handele sich im vorliegenden Falle, in dem sich der Geist zum Paten der Macht macht, um die von Enzensberger beschriebene Variante. »Unter hiesigen, also harmlosen Umständen führte das zu einer blühenden Rhetorik mit meist recht matten Resultaten.«[1]

---

[1] A.a.O., S. 208.

# IV.
Der Verfall der Lebenszentralität des Politischen

# 7. Erfahrungsverlust I
# Die politische Klasse in der Demokratie

So paradox es klingt, die politische Klasse ist ein Kind der Demokratie. Sie tritt ins Leben, wächst rasch und steht bald auf eigenen Beinen, wenn die Demokratisierung in komplexen Gesellschaften voranschreitet. Politik wird in dem Augenblick zum Beruf für viele, in dem die politischen Entscheidungsverhältnisse infolge hochdifferenzierter Probleme in der Gesellschaft ihrerseits so komplex werden, daß sie kompetent nur noch von professionellen Akteuren bewältigt werden können, die sich ganz dieser Aufgabe widmen. Das heißt aber nicht, daß Politik durch technokratische Herrschaft ersetzt würde. In diesem Falle wäre die Ausbildung einer politischen Klasse gerade überflüssig. *Politisch* ist die moderne Klasse derer, die regelmäßig am Prozeß staatlicher Entscheidungen teilnehmen, deswegen, weil sie über ihre Sachkenntnis auf den Politikfeldern hinaus, denen sich ihre Mitglieder jeweils für eine bestimmte Zeit verschreiben, zugleich auch professionelle Fähigkeiten auf der Ebene der legitimitätserzeugenden politischen Kommunikation entwickeln und von ihnen – nicht nur politisch – leben.[1]

Trotz eines noch nicht ganz erlahmten Abwehrkampfes der großen Mehrzahl der Gemeinten selbst hat sich der Begriff der »politischen Klasse« in Anlehnung an ältere Traditionen in der Politikwissenschaft eingebürgert.[2] Er muß freilich weiterhin gegen den verbreiteten Verdacht ankämpfen, durch die Anklänge an marxistische Begriffstraditionen einen moralischen Beigeschmack des Ausbeuterischen und Illegitimen zu besitzen. Das aber ist mit der aktuellen Prägung dieses Begriffs, von der hier ausgegangen wird, gerade nicht gemeint. Der Begriff selbst enthält keine Wertungen. Er soll vielmehr die grundlegenden Gemeinsamkeiten derer beschreiben, die regelmäßig an staatlichen Entscheidungen teilnehmen, für eine Zeit oder immer Politik als Beruf ausüben und im politischen Prozeß als kollekti-

---

1 H. D. Klingemann u. a. (1991), S. 31 f.
2 H. D. Klingemann u. a. (1991); D. Herzog (1990); Th. Leif u. a. (1992); K. v. Beyme (1993).

ver Akteur in einer relativ autonomen Rolle in Erscheinung treten.[1]

Genauere Analyse zeigt, daß die Ausbildung einer politischen Klasse als besondere soziale Formation und als politischer Entscheidungsträger mit großen Handlungsspielräumen Tendenzen der Verselbständigung und Entfremdung vom zivilen Bürgerleben vorantreibt. Ein solcher Befund rechtfertigt keine prinzipielle Kritik an der Existenz dieser Klasse oder der Legitimität ihres Handelns in der demokratischen Republik.

Die Entgrenzung der Politik, die im demokratischen Sozialstaat selbst angelegt ist, nämlich prinzipiell jeden Lebenssachverhalt in den Zuständigkeitsbereich der Politik zu rücken, führt zu jener unabschließbaren Vervielfältigung und Komplikation politischer Aufgaben, die ohne Dauerhaftigkeit und Professionalisierung der politischen Akteure gar nicht mehr mit Aussicht auf Erfolg bearbeitet werden könnten.[2] Die Ausbildung einer politischen Klasse mit der Tendenz der sozialen Verselbständigung ist daher keine Pathologie verfehlter demokratischer Praxis, sondern eine der Paradoxien der Modernisierung der Demokratie selbst.

Ihre politische Vermittlungs- und Entscheidungsfunktion kann die politische Klasse in komplexen Demokratien im Sinne der gesellschaftlichen Erwartungen an Politik nur erfüllen, wenn sie sich in bestimmtem Maße verselbständigt. »Sie muß sich zunächst (...) aus hochprofessionalisierten Politikmanagern rekrutieren, die zwar responsiv und kommunikativ, aber in relativer Unabhängigkeit von ihren interessensspezifischen Einflußgruppen und institutionellen Bezügen agieren.«[3] Politik wird zum Beruf, und mehr als das, Max Webers idealtypische Unterscheidung zwischen denen, die »für die Politik« leben können, und denen anderen, die »von der Politik« leben müssen, wird unscharf, denn in »Politik als Beruf« ist »Politik als Karriere angelegt wie in einem Schlangenei«.[4] Und das hat umfassende Folgen für das Schicksal der Politik und die Chancen des Politischen.

Politik als Beruf wird zum Normalfall für Mandatsträger auf Landes- und Bundesebene und – in indirekten Formen – selbst in der Kommune. Die Zahl der Berufspolitiker wächst, die, um

---

1 Klingemann, a.a.O.
2 U. Beck (1986), S. Benhabib (1991).
3 H. D. Klingemann, a.a.O., S. 33.
4 S. Leif, a.a.O., S. 466.

zu Erfolgen zu kommen, früh im Leben und ohne Berufserfahrungen in anderen Bereichen der Gesellschaft auf eine politische Karriere setzen. Das private Interesse am Berufserfolg verbindet sich auf spannungsreiche Weise mit dem Engagement für die öffentlichen Angelegenheiten. Individueller Berufserfolg und kollektive politische Erfolge geraten in eine delikate Beziehung zueinander, die keineswegs immer eine wechselseitiger Abhängigkeit sein muß. Dies und die schwierige Balance zwischen relativer Autonomie als Voraussetzung der Erfüllung der politischen Aufgaben auf der einen Seite und *gesellschaftlicher* Entfremdung zu den die Legitimation ihres Handelns spendenden Bürgern erweist sich in der Praxis als eine der folgenreichsten Gefährdungen des Politischen.

Es kann in diesem Zusammenhang außer Betracht bleiben, ob zur politischen Klasse außer den Bundestags- und Landtagsabgeordneten auch die Spitzenfunktionäre der Parteien und Verbände hinzuzurechnen sind oder nicht. Zwischen letzterem und den Mandatsträgern sind die Übergänge fließend. Die Planung politischer Karrieren als Beruf unterliegt dem riskanten Vorbehalt der Wiederwahl, und insofern kann der Gedanke einer Rückkehr ins zivile Berufsleben den modernen Berufspolitikern nie vollends fremd werden. Dieses Risiko schrumpft aber beträchtlich durch immer ausgedehntere, selbstverschaffte Anrechte auf Pension und durch Tendenzen der Oligarchiebildung.

Die politische Klasse teilt ein Berufsbild, eine gesellschaftliche Funktion und durch ihre – von ihr selbst bestimmte – Einkommensquelle auch ein gewichtiges sozialökonomisches Positionsinteresse. Sie bildet infolgedessen eine gemeinsame professionelle Kultur aus, die zu einem Kernstück der politischen Kultur der Gesellschaft wird. Diese Kultur ist durch die Standards politischer Professionalität bestimmt, die sich vom Politikverständnis der politischen »Laien«, also der Bürger, weit entfernt.

Was die politische Klasse im sozialen Sinne zur Klasse macht, ist ihre weitgehend gemeinsame, lebensbestimmende Sozialisation im Berufsweg, von den Anfängen in der eigenen Partei bis in die Praxis der Mandatsausübung hinein. Sie bildet aufgrund der Erfolgsbedingungen dieser Praxisfelder, über alle politischen Richtungsgrenzen und in gewissem Maße sogar über ihre starken hierarchischen Binnendifferenzierung hinweg, einen Grundbestand gemeinsamer Identitätsüberzeugungen und eine breite Palette übereinstimmender Kommunikations- und Handlungsgewohnheiten aus.

Eine empirische Untersuchung der Einstellungen, Lebensstile und Kommunikationsgewohnheiten der politischen Klasse würde wahrscheinlich ergeben, daß sie sich in einem bestimmten, eng begrenzten Spektrum der in der Gesellschaft vertretenen sozialen Milieus bewegt. Im Lichte einer solchen Untersuchung könnte dann erst Klarheit über die alltagsästhetische und lebensethische Binnendifferenzierung dieser Klasse geschaffen werden. Alle Beobachtungen, vor allem die der Defizite der gegenwärtigen politischen Kultur, sprechen aber dafür, daß die aus der professionellen Situation gespeisten Handlungsformen, Wahrnehmungsmuster und Kommunikationsstile auffällige Gemeinsamkeiten aufweisen. D. Herzog hat diese Gemeinsamkeiten auf den Begriff gebracht: »Gerade wegen seiner vielfältigen Karriere-Erfahrungen ist der Berufspolitiker modernen Typs ein ›Spezialist‹ für die Kommunikation in und zwischen den Organisationen, für politische Aushandlungsprozesse und für politische Entscheidungsvorgänge. Sein spezifisches, professionelles Wissen ist die Kenntnis der politisch relevanten Organisationen, der öffentlichen Verwaltungen, der Presse und der in diesen Bereichen einflußreichen Personen.«[1] Dieses Wissen erschöpft sich keineswegs in der speziellen Variante, wie man erfolgreich politische Gegner bekämpft. Als Grundfähigkeit der Mitglieder der politischen Klasse bewährt sich vielmehr eine allgemeine Kompetenz zur Vermittlung von Kommunikationen, weil das der Beschaffung ihrer eigenen Legitimation wie dem Erreichen von Handlungserfolgen gleichermaßen zugute kommt. Schon diese Grundkompetenz der Angehörigen der politischen Klasse birgt das Risiko einer systematischen Verengung der Perspektive auf die durchsetzungsfähigsten Verbände und Medien unter den Bedingungen der gerade in diesem Gewerbe stets überaus drängenden Zeit.

Die Rekrutierungsmuster und Sozialisationswege der politischen Klasse unterscheiden sich in den Parlamentsparteien, im Gegensatz zu früheren Zeiten, heute nicht mehr prinzipiell voneinander. Während die Sozialdemokratie durch den Zwang der Umstände, Verfolgung und Verfemung, schon nach der Reichstagswahl von 1920 unter ihren 113 Abgeordneten immerhin 87

---

[1] D. Herzog, a. a. O., S. 37.

Berufspolitiker zählte, nämlich Partei- und Verbandsfunktionäre, Parteiredakteure und Schriftsteller, bestanden die Abgeordneten der bürgerlichen Fraktionen damals ganz überwiegend aus Personen, die ihr Mandat nur in Ergänzung zu einem »bürgerlichen« Beruf ausübten. Dieser Typ des politischen Funktionärs als Kernmitglied der politischen Klasse ist heute in allen Parteien zum Normalfall geworden. Im neunten Deutschen Bundestag stellte er bei der CDU 28,6%, der SPD 26,3%, der CSU 23,1% und der FDP 20,4%.

Mitglied der politischen Klasse wird man durch eine früh einsetzende Parteikarriere, möglichst schon als Funktionär in der Jugendorganisation der Partei. Die Rückbindung der Mandatsträger an die Partei und die Wahrnehmung von Parteiführungsämtern neben dem Parlamentsmandat sind der gemeinsame Karriereweg in allen Parteien. Lokale Parteivorstandsämter behalten nach dem Erwerb des Mandats in der SPD 87%, der CDU 64%, der CSU 79% und der FDP 69% inne. »Cross-over-Karrieren« von Seiteneinsteigern ohne Parteivergangenheit in politische Führungsämter sind in der Bundesrepublik mit lediglich zehn Prozent seltener als in anderen westlichen Demokratien. Der Lebensweg der Angehörigen der politischen Klasse ist eng, einsinnig und einheitlich. Er führt an den typischen gesellschaftlichen Lebenslagen zielstrebig vorbei.

Die »Standard-Karriere« (Herzog) bestimmt weithin, und immer eindeutiger, das allgemeine Bild. Aus einem frühen politischen Beteiligungsinteresse wird schon bald nach dem ersten Berufsabschluß, zumeist einem Studium, auf dem Weg über Parteiämter und lokale Mandate der unwiderrufliche Weg in die Politik. Manches spricht für Herzogs Vermutung, daß der bislang eher kleine Teil »reiner politischer Karrieren«, die nach der ersten Ausbildung ohne jede zivile Berufserfahrung sofort in die politische Klasse führt, in Zukunft eine noch wachsende Bedeutung gewinnen wird.[1]

Dieser Sozialisationsweg umgeht Erfahrungen in den gesellschaftlichen Arbeitswelten zielstrebig. Ein Erleben der sozialen Wirklichkeit und dessen, was Politik in ihr und für sie bedeutet, kommt weder ursprünglich noch im Verlauf des beruflichen Weges dieses Politikertyps zustande. Er erwirbt zwar die Fähigkeit, bei seinen Kontaktversuchen mit der Gesellschaft durch geschicktes

---

[1] D. Herzog, a. a. O.

Kommunikationsverhalten Unterstützung zu sammeln. Die soziale Erfahrungsweise, die ihr zugehört, bleibt ihm gleichwohl verschlossen, denn sie erschließt sich nur denen ganz, für die sie unentrinnbarer Lebensernst ist. »Der Zustand der Bargeldlosigkeit« beispielsweise bleibt dieser Klasse nach der Beobachtung Enzensbergers völlig fremd. Das Abreißen der tiefer reichenden und dichter geflochtenen Fäden zwischen diesen Lebens- und Arbeitswelten und dem politischen Prozeß, wie er von der politischen Klasse betrieben wird, ist nicht nur ein Risiko, sondern zur Grundatmosphäre zeitgenössischer Politik geworden. Das trägt aus inneren und äußeren Gründen, solchen der Interessenvertretung und solchen der Wahrnehmung von Politik, zur *Krise der Repräsentation* bei.

Es ist die auf diesen Wegen geprägte politische Klasse, die die operative Politik formuliert und umsetzt, die politischen Führungsämter besetzt, den Stil der politischen Kommunikation und Politikvermittlung bestimmt und in entscheidender Weise darüber befindet, was als lösungsbedürftiges Problem öffentlich verhandelt wird und was nicht. Diese politischen Funktionen werden nahezu das Monopol der politischen Klasse, wenn, wie es hierzulande üblich ist, ein Personalaustausch zwischen wirtschaftlichen, wissenschaftlichen, kulturellen und politischen Eliten ausbleibt.

Was als Entscheidungsbedarf definiert wird, wie und wann darüber befunden wird und was aus den Entscheidungen in der Praxis schließlich wird, ist unter diesen Umständen und angesichts des institutionellen Rahmens, den das politische System vorgibt, daher vor allem Angelegenheit der politischen Klasse. Das kann eine große Chance sein. Ihre Legitimation und die Karrierechancen ihrer Mitglieder hängen ja am Ende auch davon ab, ob sie die Leistungen zustande bringen, die von den Bürgern erwartet werden. Nun schränken in wachsendem Maße drei Faktoren die Handlungschancen des politischen Systems ein, die mit diesem Statuserhaltungsinteresse der politischen Klasse in einen systematischen Widerspruch geraten.

(1) Angesichts des hohen Komplexitätsgrades und der immer weiter voranschreitenden Autonomie der gesellschaftlichen Teilsysteme sind die Möglichkeiten zur Durchsetzung politischer Alternativen und für eine zielgenaue Steuerung problemträchtiger gesellschaftlicher Entwicklung eingeschränkt.

(2) Die Rahmenbedingungen einer in beispiellosem Ausmaß in-

ternationalisierten Wirtschaft und die Entscheidungsmechanismen der privatkapitalistisch dominierten Marktwirtschaft engen in wichtigen Fragen wie der Vollbeschäftigung und dem Einkommensniveau die ohnedies geringen Entscheidungsräume empfindlich ein.

(3) Der zunehmende Übergang wesentlicher Entscheidungskompetenzen in fast allen wichtigen wirtschaftlichen und politischen Belangen auf internationale Arenen, zumal der Europäischen Union, verschärft die Restriktionen für die verbleibenden Handlungschancen der nationalstaatlichen Politik noch einmal.

Diese Restriktionen müßten nicht unter allen Umständen zu einem Vertrauensverlust der Bürger in die Politik führen. Die Handlungsbedingungen, denen sich die politische Klasse bei der Legitimationsbeschaffung unterworfen wähnt, führen aber zu diesem Ergebnis. Der Kluft zwischen dem, was Politiker meinen versprechen zu müssen, um dem Publikum Gründe für ihre Wahl zu liefern, und dem, was sie dann auf den zugeordneten Handlungsfeldern tatsächlich noch zustande bringen, wird immer größer. Es ist zwar zugespitzt, in diesem Zusammenhang von bloßen »Gestaltungsresten« zu reden, welche der Politik in der Gegenwart allein noch blieben.[1] Aber die Chance der grundlegenden Alternative, so wie sie einst im politischen Konkurrenzkampf der großen Ismen in Anspruch genommen worden war, und die Hoffnung auf rasche Klärung entscheidender politischer Fragen, so wie sie allenthalben verlangt wird, gehören unter diesen Umständen vergangenen Zeiten an.

Immerhin liegt es noch weitgehend in den Händen der politischen Klasse, ob die verbliebenen Spielräume genutzt, ausgeweitet oder ungenutzt bleiben, ob sie als Einfallstor für eine erweiterte Teilnahme gehandhabt werden oder ob das verblüffte Volk vollends zum Publikum für die symbolischen und realen Inszenierungen einer winzigen Politikerelite gemacht wird, die sich mit den Medien symbiotisch zur Produktion einer Welt der politischen Scheinhandlungen verbünden. Es liegt fast vollends in ihren Händen, ob sie über die realen Handlungsmöglichkeiten auch um den Preis der Ernüchterung über ihr Angebot und ihre Rolle aufklären oder im Interesse erfolgreicher Wahlkampagnen sich lieber auf Versprechungen einlassen, von denen sie wissen können, daß sie

---

[1] Vgl. U. Sarcinelli (1987).

nicht einzulösen sind. Der *Umgang mit dieser Chance* entscheidet über die Glaubwürdigkeit und den Erfolg des Handelns der politischen Klasse nach rechtfertigbaren Maßstäben. Auch unter Bedingungen drastisch reduzierter Handlungschancen ist die politische Klasse keineswegs nur Spielball übermächtiger Entwicklungen, denen sich entgegenzustemmen ihr etwa die Kraft fehlte. Denn es liegt bei ihr, ob sie zu wahrhaftigen Problemdefinitionen den Mut findet oder sich der Magie kurzlebiger Versprechungen ergibt.

Ein funktionierende politische Kultur in der Demokratie lebt von der situationsgerechten Balance zwischen divergenten Grundfunktionen politischen Denkens: der Fähigkeit zum Entwurf phantasievoller Alternativen zum Bestehenden und der Fähigkeit, große Entwürfe in operationalisierbare Schritte aufzulösen, die hier und jetzt getan werden können. Die erste Fähigkeit verlangt Empathie mit den Interessen, Erfahrungen, Ängsten, Lebensgefühlen und Hoffnungen der normalen Bürger und mit dem, was sie von der Politik erwarten. Sie kann sich im Grund nur dann spontan ausbilden, wenn die Politiker genötigt sind, die Welt auch aus deren Perspektive zu erfahren und zu sehen. Dieser Zwang zum Perspektivenwechsel oder doch zumindest zu einer dauerhaften, kommunikativ vermittelten Empathie mit dem alltäglichen Leben der Bürger ist infolge der typischen Sozialisationswege der politischen Klasse in die politische Kultur der Bundesrepublik jedoch kaum noch eingebaut. Sie muß in gegebener Lage immer erst mühsam simuliert werden.

Der andere Grund für die mangelhafte Ausbildung problemlösender politischer Phantasie ist in der professionalistischen Arbeitsteilung innerhalb der politischen Klasse selbst zu suchen. Prämiert wird eher die Anpassung, die »Klassensolidarität« im Rahmen des eingespielten Denkens und Handelns der eignen Bezugsgruppe. Zudem ist der Preis für ein Scheitern mit ungewöhnlichen Ideen oder Vorstößen für den Angehörigen der politischen Klasse der Gegenwart ungewöhnlich hoch. Es droht ja angesichts des oft beträchtlichen Status- und Einkommensgefälles zwischen den ursprünglichen Herkunftsberufen der meisten Politiker und dem der Politik nicht nur ein sozialer Absturz, sondern auch eine persönliche Kränkung, weil die Drohung des Scheiterns in der Politik in den Lebensentwurf von Berufspolitikern dieses Typs als normale Möglichkeit oft nicht mehr ohne schwere Lebenskrisen integriert werden kann. Politik als Beruf wird ja eben nicht mehr als eine wert- oder zweckrationale »Aufgabe« der Durchsetzung wohldefinierter Ziele gesehen, die auch einmal abgeschlossen werden kann. Sie ist ein karriereorientiertes Berufsfeld, auf dem versagt zu haben als bleibendes Stigma zu fürchten ist.

Unter diesen Umständen kann kaum die politische Klasse selbst als Quell politischer Innovation wirken. Die innovatorische Kraft des Protestes gegen bestehende Verhältnisse, eingeschlagene Entwicklungswege und das Verlangen nach neuen Zielen und neuen Wegen, die auf den Entwurf des Neuen abzielende Grundfunktion politischen Denkens und die Energien, die darauf drängen, wandern etwa aus in Bürgerbewegungen, die Mitgliederbasis der Parteien oder zu den provozierenden Antiparteien.

Es hängt in dieser Lage von der Kunst oder der Professionalität der politischen Klasse ab, ob solche Innovationsimpulse zur rechten Zeit in produktiver Form aufgegriffen werden, ihnen zur Mehrheitsfähigkeit verholfen wird und chancenreiche politische Handlungsprogramme aus ihnen entwickelt werden. Es geht also um Responsivität, auch wenn sie nicht um ihrer selbst willen, sondern aus Gründen der Positionssicherung der Politiker entwickelt wird.

Die Bedingungen der Sozialisation und der Professionalisierung der politischen Klasse führen wie von selbst zu professionellen Deformationen, die krisenträchtige Defizite der politischen Kultur zur Folge haben können. Eine besteht in der dominanten Ausrichtung ihrer Kommunikationspraxis und Kommunikationsfähigkeit auf die Repräsentanten der etablierten Organisationen und Institutionen, weil von ihnen der unmittelbarste Druck ausgeht. Eine andere ist die als überlebenswichtig eingeschätzte Orientierung am Widerschein des eigenen Wirkens in den Medien.[1] Die Ausrichtung an den Repräsentanten etablierter gesellschaftlicher Kräfte bedeutet eine systematische Vernachlässigung und Unterschätzung von Bürgerdialogen in den Lebenswelten der Menschen. Selten kommt es auf die Initiative der politischen Klasse zur Initiierung von Dialogen zwischen gesellschaftlichen Teilbereichen oder innovativer Kommunikationsformen, die neuen Bedürfnissen angemessen wären. Dieses Defizit erzeugt die Erfahrung wachsender Entfremdung zwischen Gesellschaft und politischer Klasse, die heute um sich greift.

---

[1] A.a.O.

Die Orientierung an den Medien wirft Probleme eigener Art auf. Sie höhlt einerseits die innerparteiliche Demokratie auf neuartige Weise aus und führt andererseits zur Absonderung einer kleinen Elite von Medienstars innerhalb der politischen Klasse selbst, die über gekonnte Medieninszenierungen um die Macht im Staate und um die Unterstützung ihrer Parteien konkurrieren. Da im Selbstverständnis der politischen Klasse die großen Wahlen letztlich durch Medienwirkungen entschieden werden, die einzelne herausgehobene Politikstars zu entfalten vermögen, richtet sich deren Verhalten und das der sie unterstützenden hauptamtlichen Apparate in immer ausschließlicherer Form auf die dafür notwendigen Voraussetzungen. Die hohe Kunst der symbolischen Politikinszenierung erscheint allen als Königsweg zur Macht. Wer auf ihm Erfolge vorweisen kann, wird, auch wenn die Inhalte seiner Politik Widerstreben auslösen, kaum noch ernsthaft angefochten. Unterstützung ist ihm – und sei es mit knirschenden Zähnen – als Folge des Medienerfolgs so gut wie immer sicher. Als Alternative erschiene ja einzig der Machtverzicht, den der Verlust des Medienglanzes angeblich unweigerlich nach sich zieht.

Die Kunst der symbolischen Inszenierung bis hin zur systematischen Verstellung wird aber keineswegs allein den Medienstars abverlangt. Sie droht zur Berufskrankheit der politischen Klasse im ganzen zu werden, denn sie drängt sich auch dem einfachen Mandatsträger häufig genug als Überlebensmittel in unbeherrschbaren Umständen auf. Seine Rolle ist ja prinzipiell widersprüchlich. Abgeordnete, die in Bonn oder einer Landeshauptstadt vielleicht als Fachleute für eines von zwei Dutzend maßgeblichen Themen anerkannt sind und ernsthaft Gehör finden, müssen in ihrem Wahlkreis und bei öffentlichen Gelegenheiten gleichwohl den Schein erzeugen, sie seien auf allen Gebieten kompetent. Dafür schließlich seien sie gewählt und das seien sie ihren Wählern schuldig. Es gehört ja nicht zu den anerkannten Regeln der politischen Kultur der Gesellschaft im ganzen und der politischen Klasse speziell, auch hin und wieder zu passen, wenn die Kompetenz für eine verantwortliche Äußerung fehlt. Ebensowenig hat es sich bisher einbürgern können, daß Landes- und Bundespolitiker öffentlich und wahrhaftig klarstellen, wie weit ihre Handlungsmacht im besten Fall reicht. Sie meinen aus Gründen der Konkurrenz untereinander, sich soviel Offenheit nicht leisten zu können, da der Konkurrent womöglich das Rennen macht, wenn er mehr in Aussicht stellt als man selbst. Die politische Klasse produziert infolge ihrer internen Konkurrenzbedingungen systematisch Versprechungen, die sie nicht einlösen kann.

Ein Widerspruch tut sich auf zwischen der Handlungsrationalität ihrer einzelnen Mitglieder und den Legitimationsbedingungen der Klasse als ganzer: *eine politische Rationalitätenfalle*. Die Flucht in symbolische Politik unter Ausnutzung der unbegrenzten Möglichkeiten, die die elektronischen Medien bieten, erscheint als Ausweg aus dieser Rationalitätenfalle. Sie bietet wenigstens im Zeithorizont der eigenen Karriere Aussicht auf die Versöhnung des Unversöhnlichen. Aus dem Blick gerät dann in der Not des Augenblicks, daß solches Verhalten längerfristig die Legitimation nicht nur der politischen Klasse im ganzen, sondern der Demokratie selbst untergräbt. In den Bedingungen der Legitimationsbeschaffung der politischen Klasse, so wie sie gegenwärtig gesehen und befolgt werden, ist ein Widerspruch zu den Bedingungen der politischen Legitimität der demokratischen Republik eingebaut. Er zersetzt den Geist des Politischen auf allen Seiten.

Politiker können die Widersprüche, die die Gesellschaft selbst hervorbringt, nicht überspringen. Vermitteln können sie nur zwischen den Bedürfnissen, Interessen und Werten, die die Gesellschaft erzeugt. Sie können sie zusammenführen, vorantreiben, bündeln und dadurch in Grenzen auch wandeln. Wenn allerdings Einzelinteressen sich als vermittlungsresistent erweisen, sei es weil sie äußerst machtgestützt auftreten – wie meistens die der großen Wirtschaft –, sei es weil sie egoistisch borniert gegen alle Argumente auf den eigenen Vorteil beharren – wie fast alles, was dem Besitzstand dient –, sei es weil ihnen der kurzfristige Gewinn lieber ist als die langfristige Sicherheit – wie fast stets, wenn es um ernsthafte Ökologiepolitik geht: dann findet das Handeln der politischen Klasse an der Gesellschaft selbst seine politische Grenze. Rasches Handeln und überzeugende Innovationskraft scheinen aus diesem Grund auch für eine entschiedene politische Klasse, wenn sie sich einer solchen Gesellschaft gegenübersieht, nur noch möglich, wenn *Krisen als Lehrmeister und Schubkraft* wirksam werden.

Die strukturelle Entfremdung zwischen politischer Klasse und Gesellschaft hat nicht nur eine Seite. Es gibt auch die Neigung in der Gesellschaft, die eigene politische Verantwortung in der Manier des umworbenen Kunden an die politische Klasse zu delegieren und dann auch das von ihr zu verlangen, was man nur selber zustande bringen könnte. Die politische Klasse, abgesondert, großsprecherisch, wie es scheint, und aus den Taschen ihrer Kunden gut bezahlt, lädt in einer Gesellschaft, in der fast alles, was das Leben ausmacht, als professionelle Dienstleistung zu kaufen ist, zu solchen Projektionen ein.[1] Das Politische wird bei dieser Arbeitsteilung zwischen den Mühlsteinen der unvermeidlichen Professionalisierung politischer Teilbereiche und einer auf sie bezogenen generalisierten *Kundenmentalität* der Gesellschaft zerrieben. Man verständigt sich nicht mehr politisch, man gibt Politik in Auftrag.

Die Spielräume für den Abbau der Defizite, die sich aus den sozialen Existenzbedingungen der politischen Klasse selbst ergeben, sind nicht groß. Die Verringerung der Kluft ist fast ausschließlich aus einer Erneuerung der politischen Kultur zu erhoffen. Sie erscheint nur denkbar als eine Reaktion der im eigenen Interesse jederzeit lernfähigen politischen Klasse auf veränderte Ansprüche einer kritischeren Öffentlichkeit. Diese können sich in einer lebendigeren partizipatorischen Rolle der Basis der großen Parteien und ihrer Öffnung für neue gesellschaftliche Einflüsse äußern oder in der Ausbreitung der wenig formalisierten projektbezogenen Bürgerdialoge, in denen nachhaltiger und frühzeitiger die nötigen Veränderungen angemahnt und ihre Umsetzung angebahnt werden können.

Vor allem aber käme es auf eine wachsamere Öffentlichkeit an, die durch politische Urteilskraft in der Lage ist, Politiker beim Wort zu nehmen, Selbstbegrenzungen zu honorieren und eine Arbeitsteilung zwischen der politischen Klasse und der politischen Gesellschaft zu entwickeln, die dem Anspruch des Politischen unter den gegebenen Bedingungen wenigstens entgegenkommt.

Das Paradox der Herausbildung einer politischen Klasse gerade als Folge der Vollendung politischer Demokratie in der Massengesellschaft wirkt als Mechanismus der strukturellen Entfremdung von Politik und Leben. Politik wird für die, deren Leben ihr gewidmet ist, auf eine äußerliche Art zum Lebensmittel, zum Mittel der Organisation eines bürgerlichen Berufslebens. Das Leben der Bürger aber wird ihnen fremd. Für die anderen, die politischen »Laien«, bleibt sie das Mittel, das von außen eingreift, um die

---

1 C. Leggewie, in: Hofman, Perger (1992).

Umstände zu gewährleisten, in denen sie ein Leben führen können, in dem für Politik kein Platz mehr ist. Politik und Leben entfernen sich nach beiden Richtungen voneinander, eine Doppelbewegung wechselseitiger Abstoßung zweier Elemente, die sich dabei gegenseitig Schubkraft verleihen.

# 8. Erfahrungsverlust II
# Kleines politisches Bestiarum
## (*Aus dem Tagebuch teilnehmender Beobachtung*)

Karl Heinz Bohrer hat in seinem *Bestiarium der »Unschuld vom Lande«* drei Politikertypen vorgeführt: »1. die Schaden vom deutschen Volke wenden; 2. die Zombies; 3. die guten Hirten«.¹ Er bringt sie mit Typen der Unfähigkeit zur »symbolischen Abbildung« einer öffentlichen Ethik in Verbindung, in der sich der Mangel an öffentlichem Stil, die Unfähigkeit zu politischer Ästhetik also, zeigt. Der »Instinkt für die ästhetische Kehrseite des Staates« ist ihnen gleichermaßen, wenn auch auf unterschiedliche Weise abhanden gekommen.² Der erste Typ vermag zwischen seiner öffentlichen Rolle und seiner privaten Gesinnung nicht zu unterscheiden; der zweite geht in seiner öffentlichen Rolle so auf, daß jenseits der Funktion kein lebendiger Mensch mehr sichtbar bleibt, der erkennen ließe, was ihn zu dem treibt, was er tut, und der dritte verkörpert die Unschuld vom Lande, die sich in ihrem notorisch schlechten Gewissen immer im Recht wähnt gegenüber allem, was geschieht.

Diese Typologie trifft einen wunden Punkt der politischen Kultur in der Mediengesellschaft. Die öffentlichen Rollen verselbständigen sich auf der einen Seite zu Artefakten der Inszenierungskunst, während sie andererseits auch wieder nach Belieben dementiert werden können, wenn sich ihre Spielmöglichkeiten erschöpft haben. Zwischen dem, was einer öffentlich sein will, und dem, was er privat ist, springen die Personen im polischen Geschäft nach dem Prinzip der eigenen politischen Nutzenmaximierung in immer neuen Stilbrüchen hin und her. Die zunehmende Unfähigkeit, zwischen den Maßstäben privater Beziehungen und denen der Wahrnehmung öffentlicher Rollen politisch und konsistent zu unterscheiden, gebiert viele Gestalten der Grenzverletzung nach der einen oder anderen Seite und Zwittergestalten, die weder auf der einen noch auf der anderen Seite Anker werfen können, vom Staatsmann, der sein Versagen mit dem Hinweis auf

1 K. H. Bohrer (1988), S. 32.
2 A.a.O., S. 33.

seine persönliche Redlichkeit entschuldigt, bis zum Alternativpolitiker, der öffentliches Handeln denunziert, wenn es die emotionale Nähe und ethische Verbindlichkeit privater Freundschaft vermissen läßt.

Das alles betrifft die *Darstellungsseite* von Politik. Sie ist für die öffentliche Kultur des Politischen ein gewichtiger Faktor. Wie aber steht es um die *Herstellungsseite* der Politik? Die Weltbilder des Politischen, die gemeinsames Steuerungszentrum des Handelns sind, treten auf der Darstellungsseite nicht unmittelbar hervor. Und doch sind sie, vielleicht gerade aus diesem Grund, für die Wirklichkeit des Politischen, und damit auch für seine Erscheinung, nicht in ihren einzelnen Inszenierungen, sondern in ihrer Qualität im ganzen äußerst konsequenzenreiche Wirkmächte.

Politische Typen auf der Herstellungsseite der Politik sind einerseits Produkte regelmäßiger Erfahrung mit der Politik, andererseits Produzenten von Erfahrungen, die andere mit dem Politischen machen. Das politische Leben sozialisiert auf je unterschiedliche Weise, je nach dem *Produktionsort,* an dem die Personen wirken. Der Produktionsort selbst scheint relativ unabhängig von der Anfangsmentalität ein unterschiedliches Verständnis von dem hervorzubringen, was jeweils für den Kern der Politik gehalten wird. Und das, was die Produzenten jeweils dafür halten, ist weder für den Produktionsvorgang noch für das Produkt eine Nebensache, auch wenn die Verpackungen überall im selben Glanz erstrahlen. Das, was die politischen Hersteller je an ihrem Platz und in ihrer Rolle tun oder wem und was sie Beifall spenden, wird in der Demokratie unvermeidlich zum Produktionsfaktor, da ja nicht nur das isolierte Endprodukt, sondern die Vollzüge der Produzenten und die Produktionsverfahren selbst ein guter Teil der Lieferung sind.

Drei unterscheidbare Produktionsorte der Politik vor allem sind es, die drei unterschiedliche Typen politischer Mentalität wenn nicht unentrinnbar erzeugen, so doch hartnäckig kultivieren. Sie sorgen dann auf ihrem Feld wiederum für die strukturelle Reproduktion der Atmosphäre, der sie selbst entspringen. Die Handlungskontexte und Mentalitäten an den typischen Produktionsorten der Politik stiften stabile mentale Traditionen.

Es gibt erstens die *bewußten* »Idealisten«. In der Lebenswelt, sobald und sofern Kommunikation handlungsorientiert und politisch wird, zumal in Bürgerinitiativen und an der Basis der politischen Parteien, kommt das Motiv ins Spiel, einzuklagen, was die legitimierenden Ideen des Gemeinwesens im ganzen und der jeweiligen politischen Organisation speziell verheißen. Es bildet sich ein Diskussionsklima, in dem die mögliche Macht dieser Ideen ernstgenommen und gegen ihre Degradierung in den politischen Handlungssystemen als Gegenmacht zur Geltung gebracht wird. Diese moralischen Interessen erscheinen solchen Politikern als die eigentliche Realität des Politischen und die Praxis in den Systemen nur als Formen ihrer Entwirklichung. Die bewußten »Idealisten« wollen diese Entwirklichung durch Kritik, Druck, Beteiligung und personelle Alternativen aufheben. Programme, die in ihnen proklamierten Projekte, Werte, Interessen, Normen sowie die moralische Integrität der Mandats- und Amtsinhaber, die auf sie verpflichtet sind, bilden Grundlage und Zielperspektive des Politikverständnisses an diesen Orten. Sie müssen es auch, weil an diesem Produktionsort nur auf diese Weise Macht und Einfluß als Handlungschancen zu gewinnen sind, denn es sind die Orte der primären politischen Legitimation. Die Neigung herrscht vor, alle Differenzen zur Norm als Defizite, Verfall, den öffentlichen Blicken sich entziehendes Spiel von privaten Interessen, Mächten und Figuren zu denunzieren, die sich als Fremdkörper in eine Welt des Politischen drängen, zu der sie von Rechts wegen nicht gehören.

Wenn es an diesem politischen Produktionsort auch viele Mitläufer gibt, die sich aufs Allgemeine lautstark nur berufen, um ihren privaten Nutzen zu mehren, so können sie sich doch dem Darstellungszwang der legitimierenden Ideen nicht entziehen, denn sie herrschen hier vor. Es muß ihnen an diesem Ort auch dann noch Tribut gezollt werden, wenn die eigenen Motive kleiner sind als die großen Ansprüche. So leben der Diskurs an diesem politischen Produktionsort und sein wie immer bescheidener Einfluß auf die große Politik vom Vorrang der legitimierenden Ideen und dem Interesse an ihrer Durchsetzung, was immer die Motive der an ihm Beteiligten sein mögen.

Klima und Erfolgsbedingungen für die Teilnahme an den politischen Diskursen dieses Produktionsortes, der als Scharnierstelle zwischen gesellschaftlicher Lebenswelt und politischem System wirkt, prämieren den Typ des moralisch-politischen Arguments durch den Erfolg, der im politischen Einflußspiel auf diesem Wege zu gewinnen ist. Auch auf diejenigen, die sich bei der Teilnahme am politischen Geschehen an dieser Stelle nicht wirklich von moralisch-politischen Interessen leiten lassen, wirkt der Zwang, dem vorherrschenden Argumentationstyp Tribut zu zollen. Von außen ist die Differenz zwischen *taktischen* Idealisten und *wirklichen* ja nicht wahrzunehmen. Die Gefahr des Abgleitens in eine realitätsferne Bekennermentalität, die von den Vermittlungsbedingungen politischen Handelns nichts wissen will, sei sie nun moralistisch verfestigt oder im Vertrauen auf Erfolge durch sie nur gespielt, ist immer gegenwärtig.

Der häufig geäußerte Verdacht, daß an diesem politischen Produktionsort am Ende nicht viel mehr gedeihe als solcher Moralismus, ist spekulativ. Oft dient er nur der Zerstörung der legitimationsstiftenden Basis aus der Perspektive einer Macht, die sich an diesem Ort nicht guten Gewissens meint sehen lassen zu dürfen. Das politische Weltbild, das an der Nahtstelle zwischen Lebenswelt und Politik in dieser Diskursform unterstellt und in der Diskurspraxis systematisch begünstigt wird, ist das einer legitimierenden Konzeption vom Gemeinwohl als eigentlicher Realität. Diese erscheint von hier aus in dem Maße entwirklicht zu werden, in dem die politische Willensbildung die Pyramiden der Macht des politischen Systems emporsteigt.

Es gibt zweitens die *gespaltenen* »Realisten«. Die politischen Produktionsorte Mandat und Amt kultivieren ein anderes Bild der Politik. Personen, die einerseits die Legitimationen ihres Amts oder Mandats noch in direkter Kommunikation mit jener »idealistischen« Basis sichern müssen, andererseits aber in einen politischen Handlungskreislauf eingeschlossen sind, in dem sie mit ihresgleichen, mit den Repräsentanten gesellschaftlicher Macht und mit den Vertretern bürokratischer Apparate Interessen, Handlungsstrategien und Handlungserfolge nach Gesetzen des politischen Tauschs aushandeln müssen, bilden oft eine gespaltene politische Mentalität aus. Sie kommen nicht umhin, der politischen Realität der legitimierenden Ideen Tribut zu zollen, weil sie in die Diskurse der Lebenswelt und der Basisorganisationen ihrer Parteien substantiell eingebunden bleiben. Zugleich erfahren sie täglich, daß in den strategischen Arenen des professionellen Politikgeschäfts, gleichsam hinter den Kulissen der öffentlichen Diskurse und aller rituellen Reverenz an die legitimierenden Diskurse ledig, Gesetze des politischen Tauschs gelten, in denen nur die Währungen von Macht, Amt, Gratifikation oder

Publizitätsvorteilen gelten, wie auch immer die Begleitrhetorik klingen mag.

Wie in jenem Cocteauschen Märchen von der Schönen und der Bestie müssen sie im Vollzug ihrer politischen Praxis fortwährend durch jenen Spiegel schreiten, dessen Vorderseite das schöne Bildnis von Argument und Ideal zeigt, dessen Rückseite aber allein die unbarmherzigen Regeln des politischen Tauschs meßbarer Positionsvorteile spiegelt. Sie können, in aller Regel, aus diesem risikoreichen Spiel der politischen Grenzgängerei, das Schizophrenie nahelegt, nicht ausbrechen, um sich in einem Akt befreiender Konsequenz sozusagen ein für allemal für die eine oder andere scheinbare Welt der Politik zu entscheiden. Zum politischen Tauschgeschäft finden sie ja nur Zutritt, sofern sie die Rückendeckung der legitimationsverleihenden Basis nicht verlieren, und Erfolge in Amt und Mandat, wo die Profis ganz unter sich sind, können sie nur vorweisen, wenn sie sich im politischen Tauschgeschäft behaupten. Allein dadurch können sie reale Erfolge aus dieser Welt in jener anderen vorweisen, um Legitimation zu erhalten, aber ohne die Transaktionen zu offenbaren, die sie möglich machen.

Das Selbstbewußtsein der Professionalität entspringt gerade diesem gespaltenen Bewußtsein, ohne an ihm zu zerbrechen. Solche Politiker müssen der Schönen und der Bestie gleichermaßen ungerührt ins Auge schauen können und den Sinn für die Liebe dabei nie ganz verlieren. Sie bewegen sich in beiden Welten, ohne ihnen ganz zuzugehören. Sie kennen die Rezepte, aus denen die Medizin gemischt ist, ohne darüber reden zu können, damit sie nicht ihrer Wirkung beraubt wird. In der Welt des politischen Tauschs macht sich lächerlich, wer sich auf die legitimierenden Ideen im Ernst beruft, um Handlungen zu veranlassen. In der Welt der legitimierenden Idee macht sich unmöglich, wer Tauschgeschäfte anbietet, um Legitimation zu gewinnen. »Realistisch« kann man diese Mentalität der politischen Grenzgänger nennen, weil sie in ihrem eigenen Selbstverständnis fähig und in der Lage ist, sich auf das ganze Universum der politischen Welten erfolgsorientiert einzulassen, ohne überall davon zu sprechen, welche Geheimnisse an anderer Stelle wirken. »Gespalten« ist dieser Realitätssinn, weil die Logiken dieser politischen Welten nicht miteinander verträglich sind.

Der Produktionsort von Politik, an dem die professionellen und halbprofessionellen Politiker wirken, die politische Klasse also, kultiviert ein gespalten realistisches Bild der Politik, in dem die Tauschgeschäfte der Macht und die legitimierenden Diskurse der Basis gleichermaßen als reale Mächte gesehen werden müssen, weil sie in der politischen Alltagspraxis als solche wirken. Schon an diesem Produktionsort kann durch eine nur leichte Verschiebung der Akzente der ambivalente Realismus in blanken Zynismus umschlagen, nämlich dann, wenn die legitimierenden Diskurse nur noch als Schauseite des eigentlichen Geschäfts betrachtet werden, das die Dinge bewegt, aber nur hinter den Kulissen erfolgreich ablaufen kann.

Es gibt natürlich drittens den *politischen »Zyniker«*. Er gedeiht aufs schönste am politischen Produktionsort der Spitzenämter hinter den öffentlichen Kulissen. Personen, die ihre Ämter und Funktionen nicht im Diskurs mit legitimierenden Basisgruppen behaupten müssen, sondern nur noch in die Geschäfte des politischen Tauschs oder der öffentlichkeitswirksamen Darstellung seiner Erfolge verstrickt sind, also gänzlich auf der Rückseite des Spiegels operieren, unterliegen der ständigen Verführung zu einem zynischen Bild der Politik. Die Veranlassung dazu wird übermächtig, soweit dieser Produktionsort zum intimen unbeteiligten Beobachtungsposten des beständigen leichtfüßigen Seitenwechsels der Mandats- und Amtsträger wird, wenn diese zuerst der Schönen und dann dem Biest mit der gleichen Ergebenheit zu huldigen scheinen. An diesem Produktionsort wirkt das Geschäft der gespaltenen Realisten nur noch wie schiere Bigotterie. Es erscheint ihnen, als stünde für diese unumstößlich fest, daß in Wahrheit allein die Regeln des politischen Tauschs die Welt bewegen, daß sie sich aber wegen der Illusionen der vielen auch am Geschäft der Legitimation nach moralisch-politischen Maßstäben beteiligen müssen, da vor diesen Foren die Wahrheit nicht gesagt werden kann.

In dieser intimen Beobachtersphäre drängt sich Zynismus beinahe auf, denn er erscheint als der konsequentere Realismus. Allein schon die Differenz zwischen der Art, wie die politischen Kontrahenten in den Parlamentsausschüssen gemeinsame Pakete geschnürt und ausgehandelt haben und sich dann im Plenum mit großem Pathos an den Kragen fahren, gibt dem Verdacht tägliche Nahrung, sie ließen nach draußen nur noch glauben, die großen Ziele bewegten sie wirklich, während sie tatsächlich von nichts anderes mehr überzeugt seien als den harten Münzen der Tauschgeschäfte der Macht, ihr eigenes Weiterkommen im Visier.

In letzter Zeit ist zu beobachten, daß das politische Weltbild der intimen Beobachter des politischen Geschäfts hinter dem Spiegel auch an den anderen Produktionsorten der Politik Freunde findet. In postmodernen Zeiten kann aus jeder Perspektive der Eindruck aufkommen, keiner glaube mehr, was er sage, aber alle müßten so tun als ob, damit die Geschäfte gedeihen.

# V.
# Die Preisgabe des politischen Raumes

# 9. Die Austreibung der politischen Wahrnehmungsfähigkeit
## Der schöne Staat

Der politische Raum ist in der Mediengesellschaft nicht durch gewaltsame Inbesitznahme bedroht, sondern durch eine kaum merkliche ästhetische Aushöhlung. Der Begriff des Ästhetischen ist so vieldeutig wie die Prozesse der Ästhetisierung. Diese Vieldeutigkeit eignet auch dem Verhältnis von Ästhetik und Politik. E. Vollrath hat im Anschluß an Hannah Arendt die Rekonstruktion des Politischen und der politischen Urteilskraft aus der Rückbesinnung auf die Eigenart der ästhetischen Urteilskraft erhofft, wie sie von Kant bestimmt worden ist.[1] Die Anrufung des Ästhetischen war seit den Anfängen der Moderne fast schon ein Ritual, das vollzogen wurde, wenn die Zerrissenheit der Gesellschaft zu stark und die Vernunft zu schwach schien, um ein gemeinsames Interesse der Menschen aneinander und an dem, was allen gemeinsam ist, auf anderem Wege noch erhoffen zu lassen.

Als Antwort auf Arendts Diagnose des Verfalls des Politischen hat Vollrath in einer philosophischen Tiefenbohrung den Versuch unternommen, die Übertragung der Erkenntnisstrukturen der ästhetischen Urteilskraft Kants auf das öffentliche Leben als einzige Möglichkeit zu erweisen, das Politische vor dem endgültigen Verfall zu bewahren. Ein neues »Wohlgefallen am Politischen«, ähnlich dem am Schönen, ist zu erwarten, wenn die Urteilskraft des einzelnen wie bei der Betrachtung der Kunst sich darauf besinnt, daß jeder auch am Dasein der Welt als dem Zwischen-Raum der menschlichen Freiheit dasselbe Interesse nehmen muß, weil es die Bedingung seines eigenen Daseins *in der Welt* ist.[2] Dieses gemeinsame Interesse darf, genau wie beim Kunst-Schönen, dem einzelnen nicht von außen als die Zumutung, seine eigentlichen Interessen zu verleugnen, aufgenötigt werden. Es ist vielmehr »in sich schon ein Interesse an dieser mit anderen gemeinsamen Welt«, nämlich der Welt des politischen Raumes, in dem Interessen in Freiheit verfolgt werden *können*. So wie im

[1] E. Vollrath (1977).
[2] A. a. O., S. 161.

Erkennen des Schönen die formale Zweckmäßigkeit der menschlichen Erkenntniskräfte sich spielerisch und lustvoll bewährt, so erkennt die politische Urteilskraft als »Idee der formalen Zweckmäßigkeit des Politischen« die »Möglichkeit der Übereinstimmung der Handlungen eines Einzelnen mit dem Handeln anderer«.[1]

Die Anleihe beim Ästhetischen erlaubt eine Allgemeinheit, die die Isolation des privat-egoistischen Interesses ebenso zwanglos vermeiden kann wie den Terror der Ansprüche objektiver Wahrheit und doch ein Interesse am Allgemeinen in Freiheit allgemeingültig zu begründen vermag. Das Ästhetische erscheint als Heilmittel gegen den Verfall des Politischen, aber nicht, indem es das Politische in sich aufsaugt oder sich selbst an seine Stelle setzt. Es löst sich vielmehr im Politischen gerade auf, indem es seine eigenen Tiefenstrukturen als Grundlagen wahrer Bürgergemeinschaft zur Geltung bringt und damit das Politische als Politisches stiftet. Das Ästhetische soll dem Politischen seine eigene Form von Allgemeinheit leihen, damit es als Praxis der Freiheit möglich wird. So hat, wie Vollrath zu erkennen gibt, auch Arendt selbst den Dienst gesehen, den die Ästhetik leisten kann, um das Politische vor dem endgültigen Verfall zu bewahren.[2]

Unter der Überschrift *Der Schöne Staat* hat M. Greiffenhagen jüngst die Frage der Ästhetisierung des Politischen auf eine andere Weise aufgeworfen.[3] Es geht um die Wechselbeziehungen zwischen der politischen Kultur und der politischen Architektur des Gemeinwesens. Das ist kein nebensächliches Thema. In den ästhetischen Manifestationen des Gemeinschaftslebens wird eine Tiefendimension seines Geistes zur Anschauung gebracht, die allen auch ohne Worte vielleicht mehr über seine politische Verfassung sagt als die Themen seiner politischen Diskurse. Die Agora ermöglichte in der Polis Athens als materielle Infrastruktur das politische Leben der fortwährenden öffentlichen Beratungen der Bürger über ihre gemeinsamen Angelegenheiten und sie symbolisierte sie gleichzeitig sinnlich monumental für die alltägliche Wahrnehmung aller.

Die *Infrastrukturfunktion* und die *Symbolfunktion* der ästhetischen Manifestationen des Gemeinschaftslebens entsprachen

1 A.a.O., S. 164f.
2 Vgl. auch M. Jay (1993), in: P. Kemper (1993a).
3 M. Greiffenhagen (1994).

einander und dem herrschenden Geist des Politischen. Ist es ein Zufall, wenn in der Hauptstadt des demokratisch verfaßten Indien die gewählten Repräsentanten des Volkes und seine obersten Amtsträger sich – oberhalb der Stadt und abgetrennt von ihrem alltäglichen Leben – hinter denselben einschüchternden Festungsmauern verschanzen, die einst von der Kolonialmacht erbaut worden waren, um Abstand und Macht, Herrschaft und Distanz sinnfällig auf das unterworfene Volk wirken zu lassen? Offenbar bringt die fortwirkende Fraglosigkeit eines solchen Arrangements noch immer etwas Gültiges zum Ausdruck. Sie spiegelt die Vormacht einer von älteren Traditionen zehrenden politischen Kultur über die Kulissen der Institutionen, und damit die Wahrheit über das Verhältnis von Bürgern und Staat genauer als alles, was die Verfassung des Landes dazu zu sagen hat: eine Wahrheit, die durch ihre sinnfällige Botschaft unterhalb der Kräfte wirksam wird, die in der öffentlichen Debatte über Themen und Personen, Zugehörigkeit und Versprechungen mobilisiert werden. Die Bürger, die keine sein dürfen, erfahren in der ästhetischen Vergegenständlichung ihres Staates mehr über sich und ihre Beziehung zur Herrschaft als in den öffentlichen Bekundungen, mit denen um ihre Loyalität geworben wird. Und so soll es wohl auch sein.

Die Geschichte des öffentlichen Bauens ist eine Abfolge wechselhafter Lektionen darüber, welche materielle Infrastruktur eine Politik brauchte, um sein zu können, was sie war. Sie zeigt uns ebenso, welche Symbole auf die Sinne wirken sollten, um unterhalb der Schwelle aller Verständigungsansprüche, gleichsam naturwüchsig wie eine Gegebenheit in der äußeren Welt, über den wahren Sitz der Macht und die tatsächliche Rolle der Bürger zu belehren. Aber so, daß die Belehrung zugleich eine Art Wohlgefallen über die Zustände an der Außenseite der Macht bei denen auslöste, die der Herrschaft unterworfen waren.

Die Nationalsozialisten haben diesen Zusammenhang, den sie durchschauten wie keine andere Partei in der Geschichte der Neuzeit, bewußt und ohne Hemmungen als Herrschaftsmittel eingesetzt. In einer die Postmoderne vorwegnehmenden schillernden Mischung aus Verfallenheit an die selbsterzeugte Illusion, die doch in ihrer Wirkungsweise auch jederzeit durchschaut war, und ihrer zynischen Anwendung zur Indienstnahme der anderen haben sie ihren schönen Staat als obszönes Gesamtkunstwerk in Szene gesetzt.[1] Er drängte die sozialen und politischen Konflikte hinter die ästhetischen Kulissen und konnte sich den Einsatz der rohen Gewalt für die Minderheiten vorbehalten, die der Faszination des schönen Scheins widerstanden – oder für die, die als rituelle Opfer der ästhetisch inszenierten Einheit ausersehen waren. Die Perfektion der ästhetischen Inszenierung mit allem, was die Technik dieser Zeit hergab, von den Massenornamenten fackelgekrönter Aufmärsche, den Imponierbauten in den Zentren der Macht, der Choreographie gemeinschaftsseliger Freizeitkultur für die schöne und starke Jugend und der Verdrängungsapparat für die Kriegsgreuel durch Illusionsfilm und Wunschkonzert bis hin zur beinahe physischen Suggestion der Führerstimme im Radio in der Intimität des eigenen Wohnzimmers, hat in einer für die Moderne vielleicht eher beispiel*gebenden* als beispiellosen Weise zur Massenwirksamkeit der Bilder von der Welt geführt, die die Herrschaft für das Gefolge ersonnen hatte. Das Weltbild der Nazis manifestierte sich vor allem in ihren Bildern von der Welt – den inszenierten ebenso wie den unterschlagenen.

Die Indienstnahme der Sinne gegen Freiheit und Menschenwürde konnte nur gelingen, weil sie auch ein wirkliches Interesse der Menschen zu befriedigen verstand, das für sie offenbar keine Nebensache war. Die hemmungslose und gekonnte Ausbeutung dieses Interesses am schönen Schein gegen die sozialen und politischen Interessen, die die Menschen auch hatten, war, selbst wenn man die Drohung mit blanker Vernichtungsgewalt bedenkt, die das Spiel mit den Sinnen als Trumpfkarte deckte, eine idealtypische Premiere der Möglichkeiten altehrwürdiger Circenses-Politik mit den Mitteln der avanciertesten Technik. Man ist versucht, von der Erfindung des Herrschaftsmittels »ästhetische Gewalt« durch die Nationalsozialisten zu sprechen, nicht im Hinblick auf die physische Vernichtungsgewalt, sondern gerade auf die Wirkungen der ästhetischen Inszenierung der Politik selbst. Nicht auszudenken, wenn sie auch noch das Fernsehen gehabt hätten.

Die politische Ästhetik hatte eine neue Qualität gewonnen. Es war ja keineswegs nur so, wie Hannah Arendt in ihrer Theorie totaler Herrschaft gezeigt hat, daß der öffentliche Raum durch die Ausschaltung von Differenz und Freiheit mit Gewalt brachgelegt und damit das Politische aus der Politik ausgetrieben wurde. Der

---

[1] P. Reichel (1991).

Raum blieb, aber es siedelte sich in ihm etwas ganz Neuartiges an: der schöne Staat, die Indienstnahme der Sinne für die Gewinnung von Zustimmung zur illegitimen Herrschaft. Die *Einstimmung der Sinne* trat an die Stelle der *Zustimmung der Geister*. Diese Einstimmung hat eine Herrschaft getragen, die darum die Gestalt einer Schreckensherrschaft nicht offen annehmen mußte. Der Anblick der Schreckensseite blieb denen vorbehalten, auf die die Blendung des ästhetischen Scheins nicht wirkte, und denen, die zu Fremden gemacht wurden, um den Einklang der völkischen Massenstimmung fingieren zu können.

Die Ästhetisierung der Politik wird zur Austreibung des Politischen, wenn sie nicht nur seinen Geist in sinnlich-gegenständlicher Weise repräsentiert, sondern den öffentlichen Raum, der die Verständigung über das allen Gemeinsame möglich machen soll, mit Bildern völlig ausstaffiert, die den Zutritt für Argumente blokkieren, ohne daß sie vermißt werden.

Der Begriff des Ästhetischen bleibt vieldeutig. W. Welsch hat im Rückblick auf seine Geschichte gezeigt, daß seine unterschiedlichen Verwendungen von der Wahrnehmungslehre bei den Griechen, über die Philosophie des Schönen bis zur Auffassung, es gehe dabei um eine Theorie der Kunst, nicht auf einen gemeinsamen Nenner zu bringen sind.[1] Sein eigener Begriff des Ästhetischen, der alles überwölben und eine Strukturanalyse der Postmoderne erlauben soll, ist weit und vage. Zu weit und zu vage, um informative Unterscheidungen des einzelnen zu gestatten. Wenn das Ästhetische in der Welt, wie Welsch vorschlägt, die Dimension der Konstruktion von Wirklichkeit meint, dann ist Ästhetik in modernen Zeiten, in denen offenbar geworden ist, daß wir nichts außerhalb der Netze unserer Konstruktionen zu fassen bekommen, am Ende alles, das Kunstwerk und der Diskurs, die Technik und der Staat, die Person und die Wahrnehmung der Natur. Alles ist nach diesem Begriff in konstruktivistischen Zeiten im allgemeinen ästhetisch und nichts im besonderen. Die Moderne wäre somit in einem unspezifischen Sinne an sich das ästhetische Zeitalter. Der Begriff des Ästhetischen verliert seine unterscheidende Kraft.

K. H. Bohrer hat in seinem Versuch über die *Ästhetik des Staates* den Begriff des Ästhetischen dagegen auf die Kunstform ver-

[1] W. Welsch (1993).

engt.[1] Er macht der bundesdeutschen Republik den Mangel politisch angemesssener Ästhetik zum Vorwurf und meint damit ihren schlechten politischen Stil. Er vermißt einen elaborierten Stil des öffentlichen Lebens, in dem das ästhetisch Schöne und das politisch Wahre konvergieren könnten. Nach seiner Auffassung verkörpert es sich in einer Haltung, die das Wesen öffentlicher Rollen im Unterschied zu bloß privater Moral anschaulich macht, sozusagen als Kunstform des republikanischen Geistes im Verhalten der Amtsträger sinnenfällig werden läßt. Das wäre eine Spielart politischer Ästhetik, durch die ein intakter Raum des Politischen seine Form gewinnt und die Rollen der Amtsträger zur ästhetischen Manifestation der öffentlichen Moral werden. Diese politische Ästhetik könnte den politischen Raum nicht konstituieren und sie würde ihn nicht kolonialisieren. Aber sie markiert die Bewegungen und die Spielzüge in ihm. Sie kann nicht zum Feind der Praxis der Freiheit werden und ist zugleich mehr als ein angenehmer Schein über dem eigentlichen Geschehen. Sie ist das Bewußtsein der Handelnden, in dem, was sie tun und wie sie es tun, immer auch den Geist des Gemeinwesens zu verkörpern. Das wäre wünschenswert. Die Ästhetisierung der Politik, die sich im Anschluß an die Kunst des schönen Staates der nationalsozialistischen Manipulateure auf leisen Sohlen vollzieht, geht tiefer und verläuft, nicht in ihren Mitteln, aber in ihren Wirkungen in die entgegengesetzte Richtung.

Eine Kritik der politischen Ästhetik heute, die die Austreibung der Urteilskraft durch den schönen Staat sichtbar machen will, muß auf einer mittleren Ebene der Begriffsbedeutung ansetzen. Es geht um die vielleicht bedeutsamste Transformation des Politischen im öffentlichen Raum der Gegenwart, und zwar ohne ein öffentliches Bewußtsein des Verlusts. Sie tritt im Brennglas einer Konzeption des Ästhetischen hervor, die ihre Aufmerksamkeit auf »Wahrnehmungen aller Art« richtet, zumal der Darstellung und Wirkungsweise konstruierter »Bildlichkeit in dieser medialen Welt«.[2] Es geht um die Übernahme von Hauptrollen durch inszenierte Bilder an den Orten des Gemeinschaftslebens, die eigentlich als öffentlicher Raum den Austausch von Argumenten ermöglichen sollen.

*Vier* einander bedingende und rückverstärkende Entwicklun-

1 K.H. Bohrer (1988).
2 Welsch (1991), S. 9, 15.

gen bewirken in ihrem Zusammenspiel eine Ästhetisierung der Politik, die nicht die Neubegründung, sondern die Austreibung der politischen Urteilskraft zur Folge hat. Dieses neue »Wohlgefallen am Politischen« vertreibt das Politische im Zeichen der Medienkultur kaum merklich, aber mit unwiderstehlicher Macht aus der politischen Arena. Die *Ästhetisierung der Lebenswelt* ist gleichzeitig die Quelle und zunehmend auch das Produkt der *Ästhetisierung der Politik* als Inszenierung des Scheins. Die *Ästhetisierung der Lebensweisen* schafft neue Formen der *sozialästhetischen Segmentierung* der Gesellschaft, die den sozialen Raum auf folgenreiche Weise zerklüften und den politischen Raum tendenziell schließen. Das schafft Barrieren der politischen Kommunikation, wodurch an die Stelle von politisierten Konflikten häufig der Abbruch kommunikativer Gemeinschaftserfahrungen, also politische Entfremdung tritt.

Politische Ästhetik beschreibt eine nach Umfang, Tiefenwirkung und Produktionsform neue Weise der Versinnlichung von Kommunikationsverhältnissen, Lebensweisen und Sozialbeziehungen. Sie eröffnet auch neue Chancen für umfassendere Welt- und Selbsterfahrung. In ihrer undurchschauten Realität schafft sie jedoch fürs erste vor allem ungewohnt hohe Risiken der Blendung, der Täuschung und durch ihre Tendenz zur Verdrängung des Diskurses wohlgefällige Formen der Entmündigung.

Der eine Kreislauf, der sich einspielt, ist der von der Ästhetisierung der Lebenswelt zur symbolischen Politik und von dieser zurück zur Lebenswelt. Als Ästhetisierung der Lebenswelt läßt sich der Trend zunehmender Bedeutung sinnlich-symbolischer Inszenierung zumal in ihrer bildlichen Form in den sozialen Kommunikationsgewohnheiten beschreiben. Kürzlich veröffentlichte ausgerechnet die »Stiftung Lesen«, offenbar ins Leben gerufen, um die Fähigkeit des Lesens gegen die Übermacht der Bilderwelt zu verteidigen, eine Geschichte des Nationalsozialismus als Comic. Die Bilder und ihre Sprechblasen sind in erster Linie den Schülern zugedacht, um sie dort zu packen, wohin sie ihre Gewohnheiten und Neigungen zu führen scheinen. Die gründlichen Begleittexte gelten vor allem den Lehrern, denen man sie noch zumuten mag und muß, um die Anschauung der Bilder so zu leiten, daß sie nicht von selber wirken. Das Projekt ist auf eine kennzeichnend widersprüchliche Weise gleichzeitig von dem Bewußtsein geleitet, daß der Zugang zu einem bedeutsamen Thema, wenn es noch auf ein Interesse treffen will, in der Welt der Bilder zu finden sei, und von dem Mißtrauen, daß dieser Zugang auf Abwege führt, wenn er nicht durch die Interventionen pädagogischer Mentoren gelenkt, kanalisiert, überwacht und, so gut es geht, in die Welt der sprachlichen Diskurse zurückgeholt wird. Ein Vorgang, der in seiner Konzession an die Macht der Bilder in der Lebenswelt und in seinem gleichzeitigen Unbehagen an ihr die Lage mit einem Streich enthüllt.[1]

Werbung und Fernsehen sind in ihren bildbeherrschten Kommunikationsformen zur gewohnheitsprägenden »Kulturmetapher« geworden.[2] Die »Sprache der Bilder« verdrängt die Rede und die Texte an allen Orten. Die Lebenswelt ist dabei, zu einer medialen Welt zu werden, in der die Ikonen des Fernsehens und der Werbung, nicht selten ununterscheidbar, die Rezeptionsgewohnheiten und -neigungen bestimmen und das dominierende Bild von der Welt erschaffen. Das Fernsehen und seine ikonische Bilderwelt wirkt nicht nur als ein Medium in der sozialen Welt, es prägt sie in ihrer Tiefe um.

Am radikalsten hat Baudrillard den modernen Zeiten des Bilderlebens die Diagnose gestellt.[3] Die Bilderwelt bestimmt nicht lediglich die Informations- und Kommunikationsgewohnheiten der Menschen. Sie wird in der Form ihrer unterhaltsamen, kontextlosen, scheinbar in jedem Augenblick ganz für sich selber sprechenden visuellen Logik zum Paradigma zugleich der Wahrnehmung und des Verständnisses der Welt im ganzen. Die Bilderwelt wird zum Weltbild. Visualität prägt den Charakter der sozialen Welt und wird das herrschende Medium ihrer Deutung, zugleich aber auch verbindliche Norm der Identifikation für den einzelnen. Die Sinneswahrnehmung der bildlichen Repräsentation leitet die Sinnwahrnehmung der sozialen Gegebenheiten.

Ästhetisierung der Wirklichkeit als Visualisierung der sozialen *Erlebnis- und Erkenntnisformen* hat in dieser Hinsicht vor allem zwei Bedeutungen. Die eine betrifft den Kreislauf der Bilder. In den sozialen Lebensformen und Reaktionsmustern scheinen sich die Bilder von Fernsehen und Werbung ebensosehr abzubilden, wie Werbung und Fernsehen wiederum als Abbilder einer Wirklichkeit auftreten, die mehr und mehr vom Imitationszwang, den ihre Bil-

1 Stiftung Lesen (1993).
2 N. Postman (1985).
3 J. Baudrillard (1978).

der erzeugen, erst geschaffen wird. Der doppelt inszenierte Kreislauf der Bilder ohne festen sozialen Boden verschafft den inszenierten Bildern, um die es dabei geht, eine soziale Eigenrealität. Die Ikonographie der Bilder und die Logik ihrer Bezugnahme aufeinander, ihre »Semantik« und ihre »Syntaktik« bestimmen als Grundgesetze der Visualisierung die Struktur von Informationen, Aussagen, Deutungen, Normen, Weltbildern, Vorbildern, der Wahrnehmung des Selbst und der anderen.

Die zweite Konsequenz dieser Ästhetisierung ist für die politische Kultur von weitreichender Bedeutung. Der Stil unterhaltsamer visueller Eindrücklichkeit verdrängt den Stil diskursiver Kommunikation aus den Zentren des Alltagslebens. Rationale Verständigung und kritischer Diskurs werden unattraktiv. Die stupende Wahrnehmung des Auges, die überraschend, eindrucksvoll, unterhaltsam und anspruchslos ist und gleichsam direkt und »wohlgefällig« unter die Haut geht, wird zum Paradigma des bevorzugten Erlebnisses und am Ende auch der Erlebnisfähigkeit – und mit ihr der Produktion von erlebnisfähigen Kommunikationsangeboten.

Das Ende der »Gutenberg-Galaxis«, von den einen warnend, den andern voller Einverständnis beschworen, enthält mit seiner Abwertung diskursiver Verständigungsformen zugleich das Credo der Postmoderne. Es markiert auch das Ende der großen Erzählungen, der diskursiven Ideologien, rationalen Weltbilder, der argumentativ zu erschließenden und zu kritisierenden Sinnkonstruktionen. Diese Ästhetisierung läßt auch die Sprache, wo sie in der Lebenswelt weiterwirkt, nicht unberührt. Diese wird verkürzt, verformt, fragmentiert, als wenn sie nur noch überzeugen könnte, wenn sie sich selbst dem herrschenden Stil kontextloser, sinnenfälliger Bildlichkeit anverwandeln kann. Wer oder was nach den Gesetzen solcher Wahrnehmungslogik erfolgreich sein will, muß den Eindruck über sich selbst, die Informationen und Wirkungen zur Person oder Sache, auf die er hinauswill, in der Art von Bildern plazieren, die auf der Stelle für sich selber stehen und wirken: einzeln, stark, ohne Kontinuität, Hintergrund, Zusammenhang und ohne argumentative Rede. Nur was sich einfügt in die unterhaltsame, sinnliche Bruchstückwelt, die sich ihre Zusammenhänge nach dem Gesetz maximaler Aufmerksamkeitswerte selber schafft, statt sie in der Welt aufzuspüren, wird wahrgenommen. Nicht der Wille zur Aufklärung und zur Begründung, sondern der Wille zur ästhetischen Regie wirkt im Hintergrund. Die Angst vor dem *zapping* bestimmt das Geschehen.

Es geht bei der Visualisierung der sozialen Kommunikationsgewohnheiten aber gar nicht einmal in erster Linie um die Gefahren, die Neil Postman in seinem Buch *Wir amüsieren uns zu Tode* beschworen hat. Die Vorherrschaft fotografischer Bildlichkeit hat weiterreichende Folgen für die Urteilskraft. Fotografische Bildlichkeit bewirkt den Verlust der Distanz zwischen den im Bild gebotenen Weltdeutungen und den Menschen, an die sie sich wenden. Durch ihre Infiltration in die alltägliche Lebenswelt und durch ihre scheinbar abbildrealistische Suggestion lassen die Bilder nicht erkennen, daß sie absichtsvoll inszenierte Kunstprodukte sind; sie wirken durch das Fernsehen im Wohnzimmer wie unvermittelte Elemente der objektiven Welt selbst. Die Regisseure verschwinden hinter den Bildern in viel radikalerer Weise, ohne Spuren zu hinterlassen, als je ein Autor hinter seinem Text oder ein Sprecher hinter seiner Rede verschwinden könnte. Die Urheberschaft der gemachten Bilder gerät aus dem Blick. Sie wirken wie Elemente in der objektiven Welt, auf die der Blick ganz unvermittelt fällt.

Sprachverständnis und Bildwahrnehmung haben nicht denselben anthropologischen Rang. Das Wort bedarf der Rechtfertigung durch viele Worte, die ihrerseits immer wieder nach Rechtfertigung verlangen. Sein Urheber ist in der Sprache stets gegenwärtig. Das Bild als Abbild ist seine eigene fraglose Beglaubigung, ein Stück realster Realität selbst, wie es scheint. Worte, erst recht Sätze, sind Konzeptionen, die immer mehr umfassen, als sich durch sinnliche Wahrnehmung jemals einlösen ließe. Bilder erscheinen als das konkrete einzelne, das keiner Erläuterung durch Zusammenhang bedarf, an dem sich vielmehr jede Behauptung über Zusammenhänge letztinstanzlich auszuweisen hat.

Abbilder treten auf, als kopiere sich die objektive Welt in der technischen Apparatur von selbst. Das Sagen wirkt unvermeidlich wie etwas, das zwischen uns und die Sachen tritt. Das Zeigen hingegen wirkt, als würde nur der Vorhang beiseite geschoben, der uns den Blick auf die Dinge verstellte. Dabei kann es gleichgültig sein, von wem. Beim Sprechen und Lesen kommt auch in unserer Wahrnehmung alles auf den Autor an, er bleibt als Urheber gegenwärtig. Beim Zeigen der Bilder spielt er keine Rolle, er scheint nicht dazuzugehören. Es kommt hinzu, daß Bildeindrücke länger und nachhaltiger im Gedächtnis wirken als Sprachinformationen.

St. Hall hat den Mediendiskurs als eine eigentümliche Kombination von zwei Diskursformen beschrieben.[1] In ihm verbinden sich visuelle und auditive Diskurselemente auf kennzeichnende Weise. Beide sind, so wie sie im Fernsehen Verwendung finden, *ikonische Zeichen* im Sinne von Ch. S. Peirce, weil sie *einige der Eigenarten der Dinge* besitzen, die sie repräsentieren.[2] Konfusion, in der Medientheorie so gut wie im Prozeß der realen Rezeption des Mediums, entsteht, sobald übersehen wird, daß auch im Diskurs des Fernsehens die visuelle Sprache ein Code ist und nicht die unmittelbare Repräsentanz der Dinge, die als Bilder erscheinen. Aber die ikonischen Codes funktionieren anders als sprachliche Zeichen in der Rede oder im Text. »Naturalismus« und »Realismus« – die offensichtliche Übereinstimmung der Darstellung mit der Sache oder dem dargestellten Begriff – ist das Ergebnis, die Wirkung einer bestimmten spezifischen Artikulation der Sprache des »Realen«. Sie ist das Ergebnis einer diskursiven Praxis.[3] Das Verbergen des Codes führt zu »ideologischen« Praktiken. Ikonische Zeichen sind extrem anfällig dafür, als natürliche Phänomene gelesen zu werden, weil ihre Codierung im Diskurs unsichtbar bleibt und ihre Eigenschaften wie Elemente von Realität gelesen werden. Der *essentialistische* Fehlschluß bei Lesen der Bilder vollzieht sich aber nicht als Irrtum in einer bewußten Deutungsreflexion, sondern als ein Wahrnehmungsreflex elementarer Art.

H. M. Kepplinger hat in einer Studie versucht, ihn empirisch zu fassen.[4] Parteigänger von bekannten Politikern, das ist sein Ergebnis, weisen herabsetzende *Texte* über ihre Favoriten mit Empörung zurück. Sie nehmen aber offensichtlich – und zu diesem Zweck fabrizierte – herabsetzende *Bilder* über sie kritiklos hin. Versuchspersonen reagieren auf Texte und Fotos stets signifikant unterschiedlich. »Während diese [die Fotos, Th. M.] überwiegend als fair beurteilt wurden, wurden die sehr ungünstigen Texte überwiegend als nicht ernst zu nehmen eingestuft. Dieser Sachverhalt

---

[1] St. Hall (1980).
[2] Hall stützt sich dabei auf die von Ch. S. Peirce eingeführte und von Ch. Morris systematisierte Unterscheidung von Zeichentypen im Rahmen einer allgemeinen semiotischen Theorie.
[3] Hall, a. a. O., S. 132.
[4] H. M. Kepplinger (1987).

ist vermutlich erneut auf die faktische Differenz von Aussage und Aussageobjekt und die vermeintliche Identität von Aufnahme und Aufnahmeobjekt zurückzuführen. Sie führt im ersten Fall, kaum jedoch im zweiten Fall zu Zweifeln am Wahrheitsgehalt oder der Angemessenheit der Botschaft.«[1]

Texte scheitern am Gesetz der kognitiven Dissonanz, wenn sie dem fixierten Vorwissen widersprechen. Fotos unterlaufen das Gesetz der kognitiven Dissonanz. Sie werden nicht als kritisierbare Geltungsansprüche wahrgenommen, sondern als nicht-kritisierbare Elemente der Realität selbst. Diese Differenz zwischen der Wahrnehmung von Texten, die mit Geltungsansprüchen konfrontiert werden, und Bildern, die die Kritik unterlaufen, weil Aufnahme und Aufnahmeobjekt eins zu sein scheinen, bezeichnet Kepplinger im Ergebnis seiner instruktiven Versuchsreihen als »essentialistischen Trugschluß«.[2] Ikonische Bildkommunikation produziert systematisch den essentialistischen Fehlschluß. Sie entzieht Behauptungen über die Welt, die in Bildform auftreten, der Geltungskritik.

Jede Bildbotschaft ist in Wahrheit ein Diskurs, konstruiert, codiert, fabriziert. Die Inszenierung eines interessegeleiteten Scheins von Wirklichkeit durch Bilder ist der Konstruktion diskursiver Deutungsangebote oder Ideologien überlegen. Solche Bildinszenierung muß nichts behaupten und ist in ihrer Aussage doch unwiderleglich. Sie kann zeigen, was nicht ist, ohne lügen zu müssen. Sie prägt sich der Erfahrung ein, auch wenn der Verstand später der Täuschung gewahr wird. Das Interesse, die Macht, das Weltbild des fremden Willens überreden nicht mehr, sie zeigen uns, oder vielmehr unseren Sinnen, nur noch ihre Welt. Die voranschreitende Vorherrschaft inszenierter Bilder in unserer Lebenswelt verändert die Kommunikationskultur der Gesellschaft und mit ihr die politische Kultur im Ganzen. Sie entzieht politische Vorgänge in doppelter Weise der Urteilskraft. Zum einen extern, indem sie die wohlgefälligen Bilder an die Stelle des mühseligeren Diskurses setzt. Zum andern aber auch intern, und das geht tiefer, indem sie ihre Behauptungen ikonisiert und sie damit der Geltungslogik der Urteilskraft schon unterschwellig entzieht.

1 A.a.O., S. 288.
2 A.a.O., S. 303.

## 10. Die Austreibung der politischen Urteilskraft Die Inszenierung des Scheins

Die Ästhetisierung der Politik nutzt die Chancen, die ihr die Ästhetisierung der Lebenswelt bietet, zur Inszenierung des Scheins. Placebo-Politik präsentiert sich als visuelle Schaupolitik.[1] Die Dominanz des Fernsehens in der öffentlichen Kommunikation hat eine Form der Ästhetisierung von Politik zum Alltagsphänomen gemacht, das als sinnenfällige Inszenierung von Scheinpolitik ein direkter Anschlag auf die Urteilskraft der Bürger ist.

Symbolische Politik in der Mediendemokratie ist symbolisches Handeln zu politischen Zwecken. Es kalkuliert die Herstellung von Politik im Hinblick auf die Wirkungsmacht der Nachrichtenfaktoren in einer Weise, daß sich das politische Produkt in der reinen Darstellung erschöpft, die die Vorstellungen der Bürger in Dienst nimmt. Symbolische Politik ist nicht das Handeln mit Symbolen, sondern das Handeln als Symbol. Es tritt in vielen Varianten auf. U. Sarcinelli hat am Beispiel von Wahlkämpfen das Repertoire vor allem sprachlich vermittelter symbolischer Politik vor Augen geführt.[2] Das Fernsehen nicht nur als Medium, sondern zumal als Kulturmetapher, verhilft einer Form symbolischer Politik zu Triumphen, die die Indienstnahme der Sinne für augenfälliges Scheinhandeln perfektioniert. Schaupolitik ist zu einer eignen, im Zeichen der enger gewordenen Korridore für reales Handeln dominierenden Form politischer Kommunikation geworden. Ihre Ausbreitung vertreibt das Politische aus der öffentlichen Arena ohne den leisesten Anflug von Zwang und Gewalt, aber mit unwiderstehlicher Kraft. Während Orwells negative Utopie selbstverschuldeter Unmündigkeit als Metapher für die totalitäre Austreibung des Politischen stand, wird Huxleys schwarze Utopie zum Paten des ästhetischen Angriffs auf das Politische.

Kein Zweifel, symbolische Politik hat es zu allen Zeiten gegeben, und die großen historischen Fälle beschäftigen bis heute die öffentliche Phantasie, von Pilatus' Handwaschung bis zu König Heinrichs Gang nach Canossa und ihren modernen Nachspielen.

1 Vgl. Edelman (1990), Sarcinelli (1987), Meyer (1992).
2 U. Sarcinelli, a. a. O.

Und lange vor dem Auftreten der elektronischen Massenmedien fanden systematisierte Versuche statt, falschen Ruhm durch die sinnenfällige Symbolisierung erfundener Handlungen einer ganzen Bevölkerung einprägsam und mit der Überzeugungsmacht ikonischer Zeichen vor Augen zu führen. Ein solcher Fall ist die Inszenierung einer Regentschaft durch Louis XIV. und seine findigen Helfer.

P. Burke hat in minuziöser Recherche das System bloßgelegt, das Louis Le Grand organisieren ließ, um den Mythos des Sonnenkönigs zu fabrizieren und landesweit in Form von Münzen, Triumphbögen und Standbildern visuell gegenwärtig werden zu lassen.[1] Angefangen von der Zeremonie des morgendlichen Sich-Erhebens vor geladenen Gästen, bis zur systematischen Organisation gelenkter und vereinheitlichter Geschichtsschreibung über wirkliche, halb- und ganzerfundene Taten und die grandiosen Gemälde, die den König als Freund der Götter und Nachfahr antiker Heroen porträtierten, bis hin zu einem beinahe flächendeckenden Netz von Ikonen in vielerlei Form, die im abgestimmten Gesamtplan der Regie auch den Provinzen vor Augen führen sollten, als was der Herrscher gesehen werden wollte, reichte das Netzwerk einer alle Sinne blendenden Inszenierung dieser Regentschaft als Mythos.

Burke vergleicht diese vormoderne Inszenierung mit den Selbstinszenierungen von Politik und Politikern im 20. Jahrhundert und findet frappierende Ähnlichkeiten. »Diese Ähnlichkeiten sind nicht zu übersehen. Sie erinnern uns nicht nur an die Bedeutung, die Rituale, Mythen und Symbole zu allen Zeiten in der Politik gehabt haben, sondern auch an die Kontinuität von bestimmten Mythen und Symbolen der abendländischen Gesellschaften (...). Am deutlichsten ist dieser Unterschied im Bereich der Technik. Ludwig wurde in der Öffentlichkeit mit Hilfe von Druckerzeugnissen, Statuen und Medaillen präsentiert, während die Herrscher im zwanzigsten Jahrhundert sich immer stärker auf Foto, Film, Radio und Fernsehen stützen. Die neuen elektronischen Medien produzieren neue Bedingungen.«[2] Wichtiger als der Stand der technischen Möglichkeiten erscheint ihm der Unterschied im Legitimations*modus*. Ludwig XIV. repräsentierte Gott und die Nation. Er brauchte das Volk nicht von der Legitimität seiner Herrschaft

1 P. Burke (1993).
2 A.a.O., S. 239.

zu überzeugen. Er konnte sie in überirdischem Glanz erstrahlen lassen, um die Wirkungen zu erzielen, die er brauchte. Seit der Durchsetzung der Massendemokratie hingegen wird das Volk zum Adressaten einer Propaganda, die die Legitimation zeitweiliger Herrschaft erst erzeugen muß. »Seitdem ist die Organisation der Überredung noch differenzierter und raffinierter geworden, vor allem in den Vereinigten Staaten, dank der Kombination aus Präsidialverfassung, demokratischen Wahlen und einem Interesse an neuen Kommunikationstechniken.«[1]

Es ist diese *Verbindung von demokratischem Legitimationsmodus, visuellen Kommunikationstechniken und Politik als Starsystem*, die das Wesen symbolischer Politik heute ausmacht und ihre Möglichkeiten und Wirkungen von Grund auf verändert.[2] Die Überredungstechniken sind auch in Demokratien, die sich nicht auf einen einzigen Staatsdarsteller an der Spitze konzentrieren können, sondern das Augenmerk auf ein vielgestaltiges Starsystem politischer Akteure zerstreuen müssen, dank des Standes der Visualisierungstechniken so raffiniert geworden, daß sie den Anteil von Rede beim Überreden auf Spurenreste reduzieren können. Die Funktion symbolischer Inszenierung hat sich von Grund auf geändert und ihre Wirkmöglichkeiten in beispielloser Weise perfektioniert. Eine neue Qualität strategischer Kommunikation ist möglich geworden.

Schaupolitik nimmt in der Mediengesellschaft in einem irritierenden Ausmaß die Form eines sinnlichen Scheins von wirklichem Handeln an, dem wirkliches Handeln immer weniger entspricht. Der »schöne Staat« ist ein Gemeinwesen, in dem Politiker unter Ausnutzung der Brückenköpfe der visuellen Medien in der Lebenswelt der Bürger eine Politik darstellen, die nicht stattfindet, einen Augenschein von politischem Geschehen erzeugen, der an die Stelle von Realhandlungen tritt und verdeckt, wo sie ausbleiben. Symbolische Politik ist eine strategische Form politischer Kommunikation, die nicht auf Verständigung zielt, sondern durch Sinnestäuschung Gefolgschaft produzieren will. Sie schlüpft trügerisch in die Rolle des Symbols, um wie jedes Symbol auf ein Nichtanwesendes zu verweisen.[3] Das andere, auf das sie zu verweisen scheint, das saubere Wasser im Falle der Rheinpassage von

1 A. a. O., S. 240.
2 Vgl. zu dieser Verbindung vor allem R. Schwartzenberg (1980).
3 Vgl. Edelman (1990).

Töpfer, die Fürsorge um die Arbeitsplätze im Osten, die Bundeskanzler Kohl mit seiner Anwesenheit bei den raren Betriebseinweihungen dort suggerieren wollte, existiert aber ausschließlich im Schein der Wahrnehmung der Symbolhandlung selbst. Der Kurzschluß von *Darstellung* und *Vorstellung* von Politik ersetzt ihre *Herstellung*.[1]

Zwar hat alles politische Handeln stets auch eine expressiv symbolische Seite und muß sie haben, damit das Gemeinwesen zusammenhält. Jedes neue Gesetz ist auch eine symbolische Beschwörung, und ein Gesetz, das etwas unter Strafe stellt, das es in der Praxis nicht zu verhindern vermag, ist nichts als symbolische Politik, nicht in jedem Falle jedoch ein Schaden. Symbolische Expressivität kann in Erlassen, Reden und Handlungen bestehen. Und wenn ihre Absicht und ihre Wirkung nicht auf Täuschung beruhen, sondern die Aufmerksamkeit bündeln, Motive wachrufen, Handeln anregen, so ist sie ein legitimes und nicht selten unverzichtbares Mittel der Politik, solange sie nicht selber die Stelle diskursiver Legitimation okkupiert.

Je größer die Widersprüche zwischen der illusionären Selbstdarstellung des souveränen Staates durch seine Repräsentanten und dem, was ihnen in den komplexen Gesellschaften der Gegenwart an Handlungschancen noch bleibt, um so größer ist die Verführung, die entlegitimierende Lücke durch eine inszenierte Schaupolitik zu schließen. Das Risiko, auf frischer Tat oder von der genauen Erinnerung ertappt zu werden, ist gering, denn die unmittelbare Erfahrung der Leistungen und Wirkungen des politischen Systems ist dem einzelnen durch die prinzipielle Distanz von großer Politik und Lebenswelt im Medienzeitalter nur noch von Fall zu Fall möglich. Symbolische Politik steht als Lückenbüßer des faktischen Souveränitätsverfalls wirksam und fintenreich zu Diensten. Für Luhmanns Systemtheorie ist gerade das die funktionale Antwort auf die neuartigen Probleme des politischen Systems. Aus der verfremdeten Perspektive des systemtheoretischen Blicks von ganz außen sind symbolische und reale Politik im ganzen gesehen nichts weiter als funktionale Äquivalente für die politische Integration des gesellschaftlichen Systems.

Der Unterschied für das Politische ist freilich ein Unterschied ums Ganze. An die Stelle von Verständigungshandeln, Urteils-

---

1 Vgl. Sarcinelli (1987).

kraft und Gemeinschaftspraxis setzt die Ästhetik symbolischer Politikinszenierung den in strategischer Absicht erzeugten Schein. Dieser Schein verhüllt wie ein undurchdringlicher Nebel alle klaren Konturen möglicher Verständigung im politischen Raum.

Schein läßt sich durch Sprache und durch Handeln erzeugen. Das Fernsehen gestattet seine systematische und allgegenwärtige Erzeugung als ikonische Scheinhandlung, weil die Scheinhandlung, der Gestus, die Selbstinszenierung der Person als Zeichen einige der realen Eigenschaften der Sache haben, für die sie zu stehen scheinen, auch wenn es sie als Realhandlung nicht gibt. Darin ähneln sie dem Kunstwerk, wie es in der Zeichentheorie von Ch. W. Morris beschrieben wird.[1] Diese Form der Ästhetisierung der Politik ist aber nicht die Versöhnung der Kunst mit der Politik, sondern die Instrumentalisierung künstlerischer Wirkungsgesetze für die Zerstörung des Politischen.

Die Ikonographie des Fernsehdiskurses lädt den Politiker, der sich in ihm behaupten will, zur mediengerechten Selbstinszenierung ein. Er kann sich gleichsam selbst zum Symbol machen. Sie bietet dem, der symbolische Inszenierungen im großen Stil beabsichtigt, eine unübertroffene Bühne, auf der jeder Kunstgriff wie ein Bericht aus dem Leben wirken kann, wenn sich einer darauf versteht. Ronald Reagan hat dies, während er sein Land sozial und ökonomisch ruinierte, in einer fortwährenden Glanzshow entschlossenen Handelns, wie es schien, idealtypisch demonstriert. Die vielen kleinen Bühnen hierzulande bleiben hinter diesem Maßstab zurück. Aber sie holen auf.

Indem symbolisch Politik auf die universelle Wirksamkeit der Nachrichtenfaktoren und das Interesse des Fernsehens an attraktiver Bildlichkeit setzt, die beide Seiten, Journalisten und Politiker, wenn auch aus unterschiedlichen Gründen, teilen, vollzieht sie sich regelmäßig in schwer entwirrbaren »Politiker-Medien-Symbiosen«.[2] Im medienzentrierten Wechselspiel zwischen Politikern und Medien sind beide füreinander imaginäre Realität, aber so, daß aus dieser gegenseitigen Realitätsunterstellung am Ende die Realität als Weltbild der Medien hervorgeht. R. Schwartzenberg fand für dieses Ritual dem anspielungsreichen Begriff des »Theater-Staats« (L'Etat Spectacle).[3]

1 Morris (1972), S. 97.
2 Sarcinelli (1987).
3 Schwartzenberg (1980).

Die Politiker wissen, daß sie das Geschehen und vornehmlich das Nichtgeschehen so inszenieren müssen, wie es die Medien brauchen, um es nach ihren Nachrichtenwertgesetzen zur Nachricht und damit zum Ereignis in der Welt promovieren zu können. Sie arbeiten den Medien in die Hände, ob nun mit der geeigneten Verpackung oder mit gut verpackten Luftnummern. Die Medien können dann, wenn das Ereignis oder das wie ein Ereignis verpackte Nicht-Ereignis ihnen mundgerecht dargereicht wird, in dem Bewußtsein zugreifen, nichts anderes zu tun, als über Ereignisse in der Welt zu berichten. Notfalls ist das Dementi, wenn die Scheinhandlung spektakulär enthüllt wurde, dann wieder eine Nachricht der bevorzugten Art. Die Mediengesetze und das Darstellungsinteresse der Politik verwachsen zu einem einheitlichen Syndrom. Es wird zum Ding an sich der Welt des ästhetischen Medienscheins, zum verborgenen Produktionszentrum ästhetischer Politik ohne jegliches Verschwörungsgeschehen.

Die zunehmende Verschmelzung der Herstellungsseite und der Darstellungsseite von Politik mit den Gesetzen der *Vorstellungsindustrie* ist alles andere als das Mantel- und Degen-Stück unserer Tage. Beide Seiten erreichen ihre je eigene Art von Erfolg dabei am besten gerade ohne jede Absprache und Planung. Der Symbiose liegt noch nicht einmal ein gemeinsames Interesse zugrunde. Die Nachrichtenfaktoren und die Macht der Bilder wirken wie eine unsichtbare Hand, die die ganz unterschiedlichen Interessen vieler in scheinbarer Harmonie vereinigt. Die Politiker gewinnen Öffentlichkeit als scheinbare oder wirkliche Bedingung ihrer Legitimation. Die Medien gewinnen Auflage und Einschaltquoten und, wenn sie ehrgeizig sind, auch Einfluß und Macht. Das Publikum gewinnt Unterhaltung und den Anschein von Orientierung, solange das Ganze eben gutgeht.

Natürlich ist auch symbolische Politik ein Diskurs mit zurechnungsfähigen Teilnehmern und kein Stimulus, auf den seine Adressaten reflexhaft positiv reagieren. Auch die Inszenierung symbolischer Politik als visueller Handlungsschein wirkt als eine besondere Art von ästhetischem Diskurs in der Bedeutung, die der Zeichentheorie diesen Begriff gegeben haben.[1] Für die Wirkung ist entscheidend, wie das Angebot gelesen wird. Dabei kommen die ganz unterschiedlichen Lesestrategien ins Spiel, die Hall und die

---

[1] Morris, a.a.O., S. 109f.

Kommunikationssoziologie beschrieben haben. Es ist daher eine gespaltene Reaktion des Publikums auf die Zumutungen der Inszenierung zu erwarten, aber mit einer durch den »essentialistischen Fehlschluß« erzeugten gleichsinnigen Basiswirkung. Die einen durchschauen das Spiel und wenden sich angewidert ab, die anderen verfallen dem Schein, solange dessen Widersprüche zur wirklichen Welt sie nicht in der eigenen sozialen Welt ihrer Lebensinteressen heimsuchen. Dann aber schlägt die Orientierungsillusion in Frustration und Aggression um und wendet sich gegen das undurchschaute Ganze. Die Anzeichen dafür sind auszumachen, sobald sich die soziale Krise hinter dem Schein symbolischer Tätigkeit nicht mehr verstecken läßt.

Symbolische Politik ist nicht nur Täuschung, dann hätte sie kaum Erfolg. Sie ist vor allem auch gesuchte Illusion und als solche die Nachfolgerin der großen Utopien an deren offensichtlichem Ende in kleiner, sinnlicher Münze. Sie ist dem ideologischen Moment der großen Utopien überlegen, denn sie muß sich nicht auf das prekäre Geschäft einlassen, mit Argumenten den Verstand hinters Licht zu führen. Sie kann sich auf die Blendung der Sinne verlassen. Und sie vertröstet nicht auf die Freuden ferner Visionen, sondern liefert das kleine Vergnügen der unterhaltsamen Visualisierung sogleich. Sie paßt zur postmodernen Stimmung.

Ästhetische Politik als symbolische Inszenierung produziert die Illusionen des Verstehens und der Teilhabe im privaten Winkel und erspart dem einzelnen die Konfrontation der Meinungen und das Sich-Einlassen auf die Welt der anderen. Sie erzeugt den Schein intimsten Dabeiseins in den Zentren der Macht und hält den einzelnen doch davon ab, das kleine Stück Einfluß zu suchen, das aktive Teilhabe noch verschaffen könnte. So wie die Medienwelt der unterhaltsamen Bilder im ganzen, so ist symbolische Politik eine scheinbar gewaltfreie, in Wahrheit aber machtvolle Austreibung des Politischen. Sie verbindet die Preisgabe der Mündigkeit mit anästhetisierendem Vergnügen. Sie trägt die Illusion des Öffentlichen ins Private, aber nur um den öffentlichen Raum durch den Privatismus der Vergnügungen der Wahrnehmung aus den Angeln zu heben.

## 10. Die Austreibung der politischen Wirklichkeit
## Kopernikanische Medienwelt

Die Sorge angesichts der desorientierenden Wirkungen der ikonischen Bilderlogik des Fernsehens und der auf sie gestützten symbolischen Politikinszenierung wird mit dem Verweis auf die unklaren Folgen des Medienangebots beschwichtigt. Die Beurteilung der Wirkungen des elektronischen Mediensystems auf die Lebenswelt und das politische System hat ihre eigene Tradition. Die Kontroversen halten in den Wissenschaften, die damit befaßt sind, bis heute an, auch wenn die Vielzahl empirischer Forschungsergebnisse unüberschaubar wird, die die Entscheidung über Schaden oder Nutzen herbeiführen möchten. Die empirische Medienwirkungsforschung hat einige der strittigen Fragen geklärt. Für die Hauptfragen wird, auch aus dem Milieu der empirischen Medienforschung selbst, eine Art weltanschauliche Deutung angeboten, die mitunter in seltsamem Mißverhältnis zu den empirischen Daten derselben Forschung steht.[1] Da das Fernsehen politisch nicht zur Disposition steht, ganz gleich, wie seine Folgen zu bewerten sind, haftet den »Realisten« anhaltender Kritik der Ruch philiströser Bilderstürmerei an.

Dabei liegt auf der Hand, daß eine so gewaltige Revolution des Alltagslebens und der Kommunikationsmöglichkeiten, wie sie durch den Triumphzug der elektronischen Medien vollzogen wurde, mehr als nur flüchtige Spuren in der gesellschaftlichen Kommunikationspraxis hinterlassen mußte. Mitte der siebziger Jahre hatte Michael J. Robinson mi seiner These von der *Videomalaise* die Behauptung aufgestellt und mit einigen empirischen Untersuchungen gestützt, daß die steigende Abhängigkeit der Amerikaner von der politischen Berichterstattung des Fernsehens zumindest bei denen, die sich überwiegend für ihre Informationen auf dieses Medium verlassen, politische Entfremdung hervorruft und bestärkt.[2] Die damit begründete Tradition der Kritik gipfelte in den achtziger Jahren in der kulturkritischen Medienphilosophie

---

1 Vgl. M. Kaase, W. R. Langenbucher (1986) und M. Kaase, W. Schulz (1989).
2 Vgl. in Holtz-Bacha (1990), S. 11 ff.

Neil Postmans. Sie sieht im Triumph des Fernsehens nicht nur bei den Intensivnutzern des Mediums, sondern, vermittelt durch dessen paradigmatische Wirkung, in der gesamten Kommunikationskultur eine Tendenz der radikalen Irrationalisierung durch die Vorherrschaft medialer Amüsiertechniken voranschreiten.

Diese gesellschaftlich kulturelle Deutung der Wirkungen des Systems der elektronischen Medien wird überraschenderweise auch von solchen Forschern mit dem Etikett einer bloßen »Kulturkritik« abgetan, die in ihrem Resümee der bisherigen empirischen Forschungsergebnisse in allen Punkten die skeptischen Diagnosen bestätigen. So geht M. Kaase zur »kulturkritischen« Position auf Distanz, indem er auf eigene Studien verweist, die belegen, daß auch nach der Vervielfältigung des Programmangebots durch die Einführung des Kabelfernsehens immer noch »für den Samstag und Sonntag durchweg 60 Prozent und 90 Prozent der interviewten Haushalte an(gaben), daß alle drei Hauptmahlzeiten gemeinsam eingenommen würden; selbst während der Woche würde zu rund 85 Prozent gemeinsam zu Abend gegessen. Hier liegen also strukturelle Verfestigungen der sozialen Lebensgestaltung vor, die jede einfache Unterstellung von desintegrativen Fernsehwirkungen (...) in Frage stellen müssen.«[1] Auch habe die Gesamtdauer der Sehzeiten nicht nennenswert zugenommen, wenngleich eine deutliche Verschiebung von den politischen Informationssendungen zu den *Unterhaltungssendungen* gemessen werden konnte. Üblich geworden ist der *Unterhaltungsslalom*, bei dem mittels ungeduldigem zapping die Zuschauer alle politischen Informationsangebote gekonnt umgehen und, sobald sich ein solches ankündigt, ohne Umwege ins nächste Unterhaltungsprogramm wechseln.

Der Wandel des sozialen Lebens durch das Fernsehen ist eine Sache, die empirischen Befunde, über die berichtet wird, sind eine andere, im politischen Ergebnis aber sind sie eindeutig. »Es gibt guten Grund zu der Annahme, daß hier die innere Logik des Mediums Fernsehen ihren Ausdruck in den Wahrnehmungen der Bürger gefunden hat.«[2] Die politische Berichterstattung in den immer stärker genutzten Privatfernsehanstalten ist stärker unterhaltungsorientiert und weniger informationshaltig als die des öffentlich-rechtlichen Fernsehens in der Bundesrepublik. »Politik

[1] M. Kaase, in: Kaase, Schulz (1989), S. 102.
[2] A. a. O., S. 110.

erscheint mehr in unterhaltendem Licht, wird stärker personalisiert, als dies ohnehin im Fernsehen schon immer der Fall war, wird konsensbetonter, gewinnt einen human touch, konzentriert sich auf die zentralen Akteure des Systems und entspricht damit noch weniger als bei den öffentlich-rechtlichen Rundfunkanstalten der prozessualen Komplexität und Realität von Politik. Mit einem Wort: Politik wird noch stärker als in der Vergangenheit vereinfacht und entpolitisiert.« Die Konsequenz liegt nahe: »So ist nicht auszuschließen, daß sich in Zukunft veränderte Politikdarstellung der Programmträger und veränderte Programmwahl der Zuschauer zu einer Art ›unheiliger Allianz‹ verbinden, mit dem möglichen Ergebnis einer noch weiteren Diskrepanz zwischen Bürgererwartungen an Politik und Realität des politischen Prozesses.«[1] Die Differenz zwischen den Befunden der empirischen Medienwirkungsforschung und der Diagnose der Kulturkritik der Medienwirkung liegt, das ist offenkundig, nicht in den Ergebnissen, sondern allenfalls in den Methoden, mit denen sie erreicht werden.

Es sind vor allem zwei ineinandergreifende Prozesse, die dieses für das Schicksal des Politischen verhängnisvolle Ergebnis herbeiführen: die fast monopolistische Macht der Medien, die Themen, über die berichtet wird, selbst auf die Tagesordnung zu setzen, und die Konstruktionsprinzipien von Realität in den Nachrichtenmedien. Beide Wirkungen sind umfassend erforscht mit eindeutigen Ergebnissen.

W. Schulz hatte in seiner aufschlußreichen Studie *Die Konstruktion der Realität in den Nachrichtenmedien* auf der Basis sorgfältiger empirischer Forschungen gezeigt, daß das Weltbild der Medien alles andere ist als *das* Bild von der Welt.[2]

Über den Nachrichtenwert von Ereignissen entscheiden allein die internen *Medienfaktoren*. Eine bestimmte Kombination von Medienfaktoren führt dazu, daß die Nachricht berichtenswert erscheint und damit zum Baustein des Bildes von der Welt wird, das die Medien konstruieren. Ereignisse, die den Maßstab der herrschenden Nachrichtenfaktoren nicht erfüllen, haben keinen Nachrichtenwert und treten im Weltbild der Medien daher auch nicht in Erscheinung. Die Nachrichtenfaktoren sind der Filter, durch den die Realität hindurch muß, um zur berichteten Realität

[1] A.a.O.
[2] W. Schulz (1990).

in den Medien zu werden. Und sie sind der Kitt, mit dem die fragmentierten Elemente der wirklichen Welt vom Medium zu ihrer besonderen Medienwelt zusammengefügt werden.

Schulz hat im Anschluß an ältere Forschungen von Johan Galtung und Mari Holmboe Ruge fünfzehn Nachrichtenfaktoren identifiziert, die die Rolle eines Gatekeepers zwischen der sozialen Welt und der Medienwelt spielen und in besonderen Kombinationen über die Prominenz einer Nachricht für die Medien entscheiden.[1] Zu ihnen gehören die kurze Dauer von Ereignissen, ihre räumliche, politische und kulturelle Nähe zum Betrachter, ihr Überraschungswert im Rahmen gewohnter Themen, ihre Konfliktstruktur, die Elemente Schaden, Erfolg, Kriminalität und der Grad der Personalisierung.

Diese Faktoren wirken in rückverstärkender Weise dreifach selektiv. Ereignisse werden als berichtenswert wahrgenommen, wenn sie mindestens einem von ihnen entgegenkommen. Das, was am Ereignis den Nachrichtenfaktoren entspricht, wird besonders betont, anderes wird abgewertet oder weggelassen. Und Ereignisse, die mehreren Faktoren entsprechen, haben einen gesteigerten Nachrichtenwert und werden in den Vordergrund der Berichterstattung gestellt. Eine Schlüsselrolle in diesem Prozeß spielen Ereignisse mit einer einfachen Struktur, einem Konflikt als Handlungszentrum, einem hohen Maß an Personalisierung und einem Bezug zum Gewohnten.

Schulze kommt in seiner Analyse mehrerer Printmedien, einiger Nachrichtenagenturen und einiger Rundfunk- und Fernsehsendungen zu einer differenzierten Bestätigung der Forschungsergebnisse von Galtung, »wonach der Nachrichtenwert eines Ereignisses zunimmt, je mehr der Nachrichtenfaktoren zutreffen. Tatsächlich kann man diese Aussage beschränken auf ein halbes Dutzend Faktoren: Komplexität, Thematisierung, persönlicher Einfluß, Ethnozentrismus, Negativismus und Erfolg. Je mehr dieser Faktoren auf ein Ereignis zutreffen, desto größer ist die Wahrscheinlichkeit, daß es von den Medien in auffälliger Weise herausgestellt wird. Dabei ist die relative Bedeutung der einzelnen Faktoren je nach Medium verschieden.«[2] Im Fernsehen spielen den technischen Gesetzen des Mediums entsprechend Personalisierung und die Verfügbarkeit von überraschendem Bildmaterial eine besondere

---

1 J. Galtung u. a. (1965).
2 Schulz, a. a. O., S. 106.

Rolle. Für die Erreichung des obersten Nachrichtenwerts qualifizieren noch Schaden und Erfolg.

Die Anwendung dieser Nachrichtenfaktoren wird in allen Medien und über alle persönlich-politischen Differenzen der Medienakteure hinweg von einem »nachrichtenjournalistischen Konsensus« regiert.[1] Der Selektions- und Interpretationsmechanismus der Nachrichtenfaktoren ist in allen Teilen des Mediensystems wirksam, er stellt etwas wie die *Logik der Massenkommunikation* auf der Produktionsseite dar.

Das Weltbild der Massenmedien, selbst der differenzierten Printmedien, beruht auf einer systematischen und gleichgerichteten Verzerrung der realen Ereignisse. Nur in den gehobenen Printmedien gibt es bei einzelnen Ereignissen, soweit sie wiederum die Nachrichtenfaktoren erfüllen, Darstellungen und Analysen, die sich von Fall zu Fall einmal der Komplexität des Geschehens annähern. Im übrigen wirkt der gesamte kompakte Mechanismus einer sich mehrfach rückverstärkenden Selektion und Interpretation in die vorbezeichnete Richtung. Die Welt, zumal die Welt des politischen Geschehens, ist in der Hauptsache das, was unsere Neugier reizt. Was Mühe macht oder andere angeht, andere Kulturen, Nationen, Regionen, bildet allenfalls einen blassen Hintergrund zum eigentlichen Geschehen. Politik erscheint simpel, überschaubar, von einzelnen Personen veranlaßt und geprägt, sozusagen künstlich familiarisiert und in seinen Wirkungszusammenhangen auf das verkürzt, was sich im Handumdrehen vollziehen, bewirken, überblicken und in die Perspektive von Personalverhältnissen rücken läßt.

Das Bild der Massenmedien von der Politik – das des Fernsehens in nochmals zugespitzter Weise – entpolitisiert die Politik auch dort systematisch, wo sie ausdrücklich thematisiert wird. Das Fernsehen stellt sie so dar, wie sie gerade nicht ist, und kultiviert Maßstäbe ihrer Beurteilung, die reale Politik nicht nur nicht erfüllen kann, sondern auch nicht erfüllen sollte, wenn sie ihrem eigenen Anspruch folgt. Das Fernsehen entpolitisiert in diesem Sinne auf zweifache Weise. Es verdirbt die Urteilskraft derer, die sich in ihm politisch informieren wollen, soweit die Logik seiner Berichterstattung auf sie wirkt. Und es entfremdet systematisch diejenigen, die im Unterhaltungsslalom ihren Weg an den Infor-

---

[1] A.a.O., S. 114.

mations- und Kultursendungen vorbei nehmen durch die beharrliche Entfremdung vom politischen Teil der Welt.

Schulze warnt selbst vor der »Gefahr des kollektiven Irrtums« über lebenswichtige politische Fragen in der medialen Öffentlichkeit, der durch die doppelt entpolitisierende Medienwirkung wahrscheinlich wird.[1] Die elektronischen Massenmedien vor allem wirken wie Fallen. Sie lassen nur die Wahl zwischen der systematischen *Entfremdung* derer, die sich in die entpolitisierenden Unterhaltungsprogramme flüchten, und der *Entpolitisierung* der Urteilskraft derer, die sich gerade durch die Teilnahme an politischen Sendungen auf dem laufenden halten wollen. Bei ihnen erzeugen sie Illusionen des Verstehens und der Informiertheit, die zwar durch die Sendungen des Mediums immer aufs neue bestätigt werden, aber an der politischen Realität selbst auf frustrierende Weise systematisch scheitern müssen.

Medienwirkungen entstehen freilich nicht nach Art eines mechanistischen Stimulus-response-Schemas, bei dem der Reiz schon die ganze Reaktion in sich birgt, die dann bei allen dieselbe ist. Sobald nach dem Vorschlag von Stuart Hall das Fernsehangebot wie die anderen Formen der Massenkommunikation als eine Form des Diskurses verstanden wird, zeigen sich zwei weitreichende Differenzierungen. Die eine folgt aus der einfachen Erfahrung, daß zum Gelingen eines Diskurses mindestens zwei gehören, die gemeinsam über Ergebnisse und Wirkungen bestimmen. Die andere begründet die Erwartung, daß jeder Diskurs, je nachdem, was einer in ihn hineinträgt, einen anderen Verlauf nehmen und andere Folgen haben wird. Dasselbe Angebot der Massenmedien kann, wenn es als Element eines Diskurses verstanden wird, nicht dieselben Folgen bei allen haben. Kulturelle und soziale Differenzen werden bei der Rezeption der Massenmedien wirksam und führen zu unterschiedlichen Wirkungen bei verschiedenen Rezipienten.

Das Diskursmodell der Medienkommunikation hat weitreichende Folgen. Sie deuten sich bei Hall an: »Aber die Zirkulation des Produkts [also dessen, was die Medien als Angebot erzeugen, Th. M.] so gut wie seine Verteilung an verschiedene Öffentlichkeiten findet in diskursiver Form statt. Wenn es einmal fertiggestellt ist, muß der Diskurs übersetzt werden – aufs neue umgeformt – in

---

[1] Schulze (1993), S. 23.

soziale Praktiken, wenn der Kreislauf sowohl vollständig als auch wirksam sein soll. Wenn keine ›Bedeutung‹ aufgenommen wird, kann es auch keinen ›Konsum‹ geben. Wenn die Bedeutung nicht praktisch artikuliert wird, wird sie auch nicht wirksam. Der Wert dieses Zugangs liegt in der Erkenntnis, daß zwar alle Momente bei der Artikulation für den Kreislauf als Ganzes notwendig sind, aber keines von ihnen das nächste Moment vollständig garantieren kann, durch das es artikuliert wird. Da jedes von ihnen seine eignen Modi und Existenzbedingungen hat, kann jedes seinen eignen Abbruch oder seine eigne Unterbrechung im ›Umwandlungsprozeß der Formen‹ bewirken, von dessen Kontinuität der Fluß wirksamer Produktion abhängt.«[1]

Die Produktion der Medien wirkt, wenn sie wirkt, erst in dem, was die Konsumenten je auf ihre eigene Weise daraus machen. Das vage Uses-and-gratifications-Modell, bei dem die Produktionen nichts als ein formloser Rohstoff für die Befriedigung der wohlverstandenen Bedürfnisse autonomer Konsumenten sein sollen, die wissen, was sie daraus machen wollen und genau nur das aus den Produktionen machen, verfehlt die Wirksamkeit des Fernsehens als Diskurs. Es ist in seiner undifferenzierten Autonomieunterstellung das verkehrte Spiegelbild des alten Stimulus-response-Modells der unbewußten Infusion der Medienproduktionen in die Adern der Rezipienten. Die Ergebnisse empirischer Medienwirkungsforschung belegen, soweit sie für die Beurteilung dieser Frage aussagekräftig sind, daß in Wahrheit mit einer folgenreich gespaltenen Öffentlichkeit zu rechnen ist.

Die unterschiedlichen Modelle zur Beschreibung dieser Spaltung überschneiden sich in wesentlicher Hinsicht. Sie setzen in verschiedenen Erfahrungsfeldern moderner Massenkommunikation an, analysieren aber aus unterschiedlicher Perspektive gleichermaßen Umfang, Zustandekommen und Eigenschaften der Spaltung des öffentlichen Publikums. Hall unterscheidet drei Rezeptionsweisen im Mediendiskurs. Das eine ist die »dominanthegemonic position«.[2] Diese Rezeptionsweise ist wirksam, wenn sich der Betrachter voll und ganz einem Programm unterwirft und es in genau den Formen decodiert, in denen es codiert worden ist. In diesem Falle kommt die Produktion mit eben den Bedeutungen und Wirkungen an, die ihr als Absicht zugrunde liegen. Das an-

1 Hall, a. a. O., S. 128 f.
2 A. a. O., S. 136.

dere ist die Rezeptionsweise des »negociated code«.¹ Sie liegt vor, wenn der Betrachter eine eigene Synthese herstellt aus dem, was die Sendung ist, und dem, was er selbst mit ihr anfangen möchte. Je nachdem, was er an eigener Vorstellung, Kenntnis, Kritikfähigkeit, Distanz mitbringt, macht er aus dem, was die Sendung selber will und anbietet, höchst unterschiedliches, indem er mitproduzierendes Subjekt wird. Er ist – in wechselndem Grade – für die Wirkungen des Fernsehdiskurses ebenso mitbestimmend wie das Medium selbst. Die dritte Rezeptionsweise nennt Hall »oppositional code«.² In diesem Falle entzieht sich der Betrachter aufgrund seines eigenen Bezugsrahmens den Wirkabsichten des Mediums völlig und nutzt sie auf seine eigene, gänzlich autonome Weise.

Es ist der Sache nach möglich, sich der Suggestion des Mediums zu entziehen und es gezielt zu nutzen, ohne sich seinen Botschaften zu unterwerfen. Offenbar decken sich die idealtypischen Alternativen, in individueller Kompetenz den Mediendiskurs selbstbestimmt nutzen zu können oder ihm machtlos unterworfen zu sein, mit der Hierarchie der beiden Medieneffekte, die M. L. Ray aus der Sicht der soziologischen Massenkommunikationsforschung unterschieden hat.³ Personen mit hoher politischer Beteiligung (high involvement) prüfen aufmerksam den informativen und argumentativen Gehalt der Medienbotschaft und erwägen ihn im Lichte rationaler Argumente. Ihr praktisches politisches Verhalten folgt der rational gebildeten Einstellung. Personen mit geringer politischer Beteiligung (low involvement) hingegen nehmen die Botschaft der Medien für wahr und orientieren ihr Verhalten an ihr. Erst im nachhinein rationalisieren sie es durch die Übernahme von Einstellungen, die dazu passen.

»Je nach dem Grad an persönlicher Beteiligung erfolgt die Rezeption politischer Kommunikation also verschieden. Im Falle geringer Beteiligung wird der Empfänger sich kaum von den Botschaften abschirmen oder Wahrnehmungsbarrieren ausbilden, sich aber auch mit den in den Aussagen vertretenen Positionen nicht intensiver auseinandersetzen. Es handelt sich dabei um passives Lernen, ein Lernen, das ohne Einstellungsbildung und ohne Beteiligung erfolgt. (...) Bei hoher Beteiligung dagegen wird der Empfänger Aussagen aufmerksam betrachten, manche davon se-

1 A.a.O., S. 137.
2 A.a.O., S. 138.
3 M.L. Ray (1973).

lektiv auswählen und diese sorgfältig beurteilen, um schließlich eine Meinung bzw. Einstellung dazu auszubilden. Das klassische Modell der begrenzten Effekte trifft daher ausschließlich auf diese Situation mit hoher Ich-Beteiligung zu.«[1]

Das Modell der begrenzten Effekte hatte zu Beginn der fünfziger Jahre in seiner von Paul Lazarsfeld entwickelten Fassung vermutet, daß die Wirkungen der elektronischen Medien auf jedermann äußerst eng begrenzt bleiben müssen, da die eigentliche Meinungsbildung der Menschen in den direkten Kontakten und Zwängen ihres unmittelbaren sozialen Umfelds, von Familie, Arbeitswelt und Nachbarschaft, geschieht. In diesem Modell erschien der Informationsfluß von den elektronischen Medien zum Publikum als zweistufig. Erst in der Vermittlung durch die Meinungsführer der jeweiligen Bezugsgruppen sollte er auf das breite Publikum im ganzen, gebrochen durch soziale Kommunikation, indirekt und abgeschwächt wirksam werden können. Ausschlaggebend für die Meinungsbildung des einzelnen schien nicht das Medium, sondern das, was die soziale Kommunikation in der Lebenswelt aus ihm macht.

Die neuere Forschung hat aber belegt, daß die Medienbotschaften ihre Empfänger überwiegend direkt erreichen. »Interpersonale Kommunikation schließt gewissermaßen an Massenkommunikation an, indem die Aussagen, Nachrichten und Themen, über die die Medien berichten, weiter interpretiert und bewertet werden. Viele Gespräche in der Alltagskommunikation haben einen Medienhintergrund.«[2] Nur für diejenigen, die nach Kommunikationsgelegenheiten in ihrer sozialen Lebenswelt suchen, die »discussants«, haben die direkten Gespräche für die eigene Meinungsbildung tatsächlich eine bedeutende Rolle. Sie beziehen lediglich die Themen und Informationen aus den Medien.

Das Bild vom öffentlichen Kommunikationsprozeß, das die neuere Forschung zeichnet, beschreibt den Informationsfluß als ein direktes Verhältnis von Medien und Publikum. Er führt zu den Austauschern und Meinungsführern, erreicht aber ebenso den inaktiven Teil des Publikums. Beeinflussungsprozesse im Rahmen interpersonaler Kommunikation vollziehen sich häufig im Austausch zwischen Meinungsgebern und -empfängern. Die klassische Meinungsführerschaft spielt ebenfalls noch ihre Rolle. Aber die

1 M. Schenk, in: Kaase/Schulz (1989), S. 190.
2 A.a.O., S. 410.

sogenannten Inaktiven schließen sich von interpersonaler Kommunikation weitgehend aus. Sie unterliegen daher direkt dem unvermittelten Einfluß des Mediums. Diese »non-discussants«, die über die Gegenwehr sozialer Kommunikation nicht verfügen, machten nach amerikanischen Untersuchungen Mitte der siebziger Jahre über die Hälfte des Publikums aus.[1]

Soziale Zusammenhänge stellen sich her, sobald diese Ergebnisse der Kommunikationsforschung mit den Befunden sozialmilieuorientierter Freizeitforschung in Verbindung gebracht werden. Die Sinus-Lebensweltforschung hat die soziale Gliederung der Bevölkerung der Bundesrepublik in neun Milieus beschrieben, die sich nach alltagsästhetischen Gemeinsamkeiten zusammenfinden.[2] Während beispielsweise im traditionslosen Arbeitermilieu die Freizeitaktivitäten – »Mit anderen Gespräche führen«, »Mich im sozialen Bereich engagieren«, »Politische Veranstaltungen besuchen« – so gut wie keine Rolle spielen, sind Fernsehen und Video die Freizeitbeschäftigung Nummer eins, gleichermaßen im Unterhaltungs- wie im Informations- und Kulturbereich. Ähnliche Werte erreichen das aufstiegsorientierte und das kleinbürgerliche Milieu. Mit geringen Verschiebungen gilt dasselbe für das hedonistische Milieu. Diese fernsehfixierten Milieus machen fast drei Viertel der Gesellschaft der Bundesrepublik aus.

Ein ganz anderes Bild ergibt sich in den drei »gehobenen« Milieus, fast unabhängig davon, in welchem Maße sie den modernen Wertwandel mitvollzogen haben und ob sie eher liberalen, konservativen oder linken politischen Positionen zuneigen. Im konservativ-gehobenen Milieu, im technokratisch-liberalen Milieu und im alternativen Milieu spielt Unterhaltungsfernsehen als Freizeitbeschäftigung eine deutlich untergeordnete Rolle verglichen mit dem Lesen von Büchern und sozialer Kommunikation. Diese drei Milieus machen etwa ein Fünftel der Bevölkerung der Bundesrepublik aus.

Alles spricht dafür, daß sich in den fernsehfixierten sozialen Milieus die große Mehrheit der »non-discussants« findet, die sich den Fernsehbotschaften unterwerfen, vornehmlich die Unterhaltungsprogramme wählen und nach dem Low-involvement-Modell deren direktem Einfluß unterliegen. Bei dieser großen, offenbar in jüngster Zeit eher anwachsenden sozialen Gruppe ist infolgedes-

1 Robinson 1976/77, in: Schenk a.a.O., S. 411.
2 Vgl. Flaig, Meyer, Uelthöffer (1993).

sen mit voranschreitender Entpolitisierung zu rechnen, solange keine Gegengifte wirksam werden.[1]

Die These von der Videomalaise ist nach alldem alles andere als abwegig. Sie ist gleichwohl in einer Hinsicht einzuschränken.[2] Der Zusammenhang zwischen politischer Entfremdung und überwiegender Fixierung auf den Konsum von Fernsehunterhaltung ist in den empirischen Untersuchungen eindeutig. Unzweifelhaft belegt werden kann mit den bisherigen Forschungsmethoden indessen nur der Zusammenhang selbst, nicht aber seine innere »Kausalitätsrichtung«.[3] Es wäre Sache langfristig angelegter Forschungsdesigns, die Wirkungsrichtung zwischen politischer Einstellung und Fernsehverhalten eindeutig zu klären. Holtz-Bacha vermutet nach ihren eigenen Forschungen eine Wechselwirkung. Die ohnehin schon Entpolitisierten und Entfremdeten flüchten in die Fernsehunterhaltung, die sie in ihrer Einstellung bestärkt, woraufhin sie wiederum nur in der Illusionswelt der Fernsehunterhaltung gleichzeitig zu einem Scheinverständnis der politischen Wirklichkeit gelangen und Gratifikation für ihre Entfremdung finden.[4] Fest steht der Zusammenhang selbst zwischen exzessiver Fernsehunterhaltung und politischer Entfremdung. Entfremdung ist dabei keineswegs eine nebulöse Kategorie aus dem Repertoire romantischer Politikillusionen. Sie liegt, bestimmbar und meßbar, vor, wenn Menschen sich machtlos fühlen gegenüber dem politischen Prozeß, dessen Entscheidungsabläufe für den einzelnen nicht mehr nachvollziehbar erscheinen, die politischen Akteure die anerkannten Entscheidungsregeln in den Augen des Publikums verletzen oder die politischen Normen und Ziele des Gemeinwesens vom Bürger nicht mehr als seine eigenen verstanden werden können – sämtlich Bedingungen, unter denen eine rationale Beurteilung des politischen Geschehens und erst recht ein sinnvolles eigenes politisches Engagement als ausgeschlossen erscheinen.[5]

Ob das Fernsehen nun sozial erzeugte Dispositionen zur politischen Entfremdung nur verstärkt und auf Dauer stellt oder sie selbst erst erzeugt, ist eine Frage, die beim heutigen Stand empiri-

---

1 Zur Dynamik der Entwicklung der sozialen Milieus vgl. Flaig, Uelthöffer (1993).
2 Vgl. Christina Holtz-Batcha, a. a. O.
3 A. a. O., S. 155.
4 A. a. O., S. 154 ff.
5 A. a. O., S. 22.

scher Medienwirkungsforschung nicht mit letzter wissenschaftlicher Sicherheit beantwortet werden kann. Daß es aber für quantitativ und qualitativ höchst gewichtige soziale Gruppen *mindestens eine dieser beiden entpolitisierenden Wirkungen* hat, unterliegt keinem vernünftigen Zweifel. Soziale Ungleichheiten, die zu ungleichen politischen Beteiligungskompetenzen führen, werden durch die Wirkungen des Fernsehens offensichtlich verstärkt. Es sind gerade die sozial am meisten benachteiligten Gruppen mit der geringeren Bildung und dem geringeren Einkommen, diejenigen also, die besondere Gründe für eine wachsame Beurteilung des politischen Geschehens, die genaue Unterscheidung der konkurrierenden politischen Akteure, ihre Programme und dem, was sie daraus machen, also ein massives Interesse an eigener aktiver Einmischung ins politische Geschehen hätten, denen es immer fremder wird.

Der Anteil des Fernsehens an der Lähmung der politischen Urteilsfähigkeit ist offenkundig. Auch die zurückhaltenden unter den sachkundigen Beobachtern werfen die Frage nach der Zukunft der Demokratie in einer fernsehbestimmten Gesellschaft auf, in der die politische Urteilskraft einer Mehrheit der Bürger mitsamt ihrer politischen Beteiligungsfähigkeit systematisch untergraben wird.[1]

Eine ungerufene Beschwichtigungswirkung muß es haben, wenn unter diesen Umständen und beim Stand, den die Medienwirkungsforschung zu ihrer Klärung beiträgt, die prinzipielle Differenz zwischen der Medienwelt und der sozialen Lebenswelt begrifflich eingeebnet wird, indem beide auf den gemeinsamen Nenner *sozialer Konstruktionen* verkürzt werden. Aus konstruktivistischer Sicht besteht kein prinzipieller Unterschied zwischen den Konstruktionsleistungen der primären sozialen Lebenswelt und denen des Mediensystems. Eine Welt an sich, die hinter den Konstruktionen menschlicher Erkenntnis zu entdecken wäre, ist seit Kants bewußtseinsphilosophischer Wende ohnehin kein sinnvoller Gedanke mehr. Aus dieser Sicht erscheint die Einebnung der Differenz zwischen der Weltbildproduktion in den Medien und derjenigen in Wissenschaft und Lebenswelt nur konsequent. Der Unterschied sei ohnehin nur einer des Gebrauchs und nicht der Wahrheit. Das Fernsehen trägt in dieser Sicht sozusagen nicht

[1] Vgl. M. Kaase, a. a. O.

mehr zur Urteilsbildung des einzelnen bei als jeder beliebige Gesprächspartner, der ihm in seiner Lebenswelt entgegentritt.[1] Überraschenderweise hat W. Schulz selbst, der wie kaum ein anderer zur Identifikation der medienspezifischen Faktoren der Weltbildproduktion beigetragen hat, den Vorschlag unterbreitet, nun in der Medientheorie vom »ptolemäischen« zum »kopernikanischen« Standpunkt überzuwechseln. Der ptolemäische Standpunkt beruhe auf zwei Prämissen. Die erste setze einen prinzipiellen Gegensatz zwischen Mediensystem und Gesellschaft voraus. Die zweite erhebe den Anspruch, die Nachrichtenmedien hätten »die Realität widerzuspiegeln«. Die Verfechter dieses Modells vermuteten »eine Art Konspiration hinter den Kulissen der Medien«. Sie zielten darum auf deren stärkere Kontrolle, »wenn nicht sogar auf Zensur«.[2]

Die kopernikanische Sicht des Mediensystems hingegen sehe in den Medien einen »integralen Bestandteil der Gesellschaft«. Sie sind, sagt Schulz mit Bezug auf die wissenssoziologische Theorie der sozialen Konstruktion der Wirklichkeit, nichts anderes als ein sozialer Akteur unter vielen, der wie die anderen, wenn auch auf seine eigene Weise, daran beteiligt ist, »die Stimuli und Ereignisse in der sozialen Welt zu selektieren, zu verarbeiten, zu interpretieren«.[3] Was aus ptolemäischer Sicht als politische Lähmungswirkung der Weltbildkonstruktion der Medien erscheint – ihre ganz besondere Selektivität, Unausgewogenheit, Brechung, Bewertung –, erscheint aus kopernikanischer Sicht gerade als die produktive gesellschaftliche Erkenntnisleitung des Mediensystems. Realität ist ja nicht als an sich seiende den Medienkonstruktionen vorausgesetzt, sondern ihrerseits nur ein Produkt von Konstruktionen, unter anderem auch derjenigen der Medien selbst. Eine solche »pragmatische Sicht« ziele nur auf den Beitrag der Medienrealität zum sozialen Handeln und nicht auf den fruchtlosen Vergleich ihrer Produkte mit der Wirklichkeit an sich.

Im Gegensatz zu einer radikal konstruktivistischen Sicht, die nur den Vergleich gleichwertiger Konstruktionen als Maßstab zuläßt, nimmt W. Schulz aber sein kopernikanisches Modell im entscheidenden Augenblick wieder soweit zurück, daß es seine scharfe Entgegensetzung zum ptolemäischen Modell einbüßt. Die

1 Vgl. S. J. Schmidt (1987), aber auch Schulze in: Kaase/Schulz (1989).
2 Schulze, a. a. O., S. 140.
3 A. a. O., S. 142.

Begriffswahl, die zwei aneinander ausschließende Paradigmen vermuten läßt, erscheint angesichts dieser Inkonsequenz an der entscheidenden Stelle gänzlich irreführend. Für das »kopernikanische« Modell macht er »zwei Quellen« der Realitätskonstruktion namhaft, einerseits die »›objektiv‹ vorfindbaren Ereignisse und ihre Merkmale« und andererseits die im Mediensystem angelegten Erfahrungen und Verarbeitungsregeln, die »Schemata, deren Anwendung zu den von Ptolemäus kritisierten Selektionen und Strukturierungen führt«.[1] Er räumt sogar ein, daß die besonderen Konstruktionen der Medien mit den Erfahrungen direkter Beobachter verglichen werden können, um festzustellen, in welchem Umfang das mediale Bild von der Welt jeweils nicht durch die Merkmale des tatsächlichen Geschehens, sondern von seinen eigenen Konstruktionsregeln erzeugt ist.

Unter diesen Umständen macht die prinzipielle Unterscheidung der zwei Weltbilder von den Medien aber keinen Sinn mehr. Wenn nämlich auch das kopernikanische Medienbild annimmt, daß ein prinzipieller Unterschied zwischen Ideal und Wirklichkeit von Realitätskonstruktionen festzustellen ist, der im Einzelfall auch überprüft werden kann, dann bleibt als einzige Differenz zwischen beiden Modellen die Frage nach dem ontologischen Status der unterschiedlichen sozialen Konstruktion der Wirklichkeit. Diese Frage allerdings mag auf sich beruhen, sobald konstatiert werden kann, daß zwischen der alltäglichen Konstruktion der Wirklichkeit in der sozialen Lebenswelt und der Konstruktion der sozialen Welt in den Medien prinzipielle Unterschiede mit Handlungsfolgen bestehen. Solche für das Weltverständnis und die Handlungsplanungen des einzelnen folgenreichen Unterschiede sind gerade von Schulze selbst auf empirischer Forschungsbasis markiert worden. Um sie allein geht es bei der Frage nach dem Schicksal der politischen Urteilskraft der Bürger in der Mediengesellschaft und nicht um die metaphysische Spekulation, ob soziale Konstruktion der Wirklichkeit ihrerseits für uns ein letztes ist oder nur eine Erscheinung des sozialen Dings an sich.

Wenn es sich aber in der Perspektive des Politischen darum handelt, die entpolitisierenden Wirkungen der medialen Weltbildproduktion und die Risiken »des kollektiven Irrtums«, die in ihr angelegt sind, durch praktische Maßnahmen zu verringern, dann

---

1 A.a.O.

führt die Begriffswahl bei der Gegenüberstellung der beiden Medienmodelle in die Irre, da sich ihre Erzeugnisse unter diesem Blickwinkel in der entscheidenden Hinsicht gerade nicht voneinander unterscheiden.[1] Die einzige Differenz von Belang liegt im Auge des Betrachters. Schulz plädiert für eine Art pragmatischen Realismus, der weiß, daß die Gesetze der spezifischen Medienselektivität für deren Weltbildproduktion konstitutiv sind und nicht durch ethische Appelle abbildrealistischer Orientierung übersprungen werden können. Eine Verhaltenskontrolle der medialen Weltbildproduzenten kann für eine realistische Einstellung nicht gegen deren Berufsnormen erfolgreich sein, sondern nur, wenn sie »nach Maßgabe der Berufsnormen« darauf abzielt, ihre Instrumentalisierung für partikuläre politische und soziale Zwecke zu unterbinden.[2]

Dem ist zuzustimmen, aber mit der ausdrücklichen Erinnerung, daß auch eine Verhaltenskontrolle »nach Maßgabe der Berufsnormen« nur Sinn macht, wenn die Medienkonstruktionen der Welt prinzipiell von der sozialen Konstruktion der Wirklichkeit unterscheidbar bleiben, also eine vollständige Relativität der kognitiven Konstruktionen nicht unterstellt wird.

Die Wirkungsweise des Fernsehens ist auch unter diesen Umständen prekär, da die allgemeine Erkenntnis, daß das Mediensystem zu einem Bestandteil des gesellschaftlichen Lebens geworden ist, nicht viel mehr über seine möglichen Wirkungen besagt als die Tatsache, daß der Drogengebrauch eine übliche Sozialpraxis ist, manchmal als Heilmittel, manchmal als Rauschmittel. Auf Art und Dosis kommt es an. Beim Fernsehen aber kommt es zusätzlich auf das Bewußtsein der Gesetze an, nach denen seine Botschaften konstruiert sind, wenn sie nicht wie eine Droge wirken sollen.

Die Medienfaktoren sind das Handwerkszeug der internen und der externen Medienakteure, der Journalisten und der Politiker gleichermaßen. Sie sind es, weil in ihnen ein vermutetes anthropologisches Interesse an einem bestimmten Typ von Informationen mit dem ökonomischen Interesse des Mediums, dem Leistungsethos des Journalisten und dem Darstellungsinteresse des Politi-

---

[1] Es ist daher erstaunlich, daß gerade Schulze diese begriffliche Unterscheidung der beiden Modelle einführen möchte, die seinen praktischen Absichten ohne theoretische Not kräftig widerstreitet. Vgl. (1993).
[2] Schulz, a. a. O., S. 145.

kers zusammenfällt. Insofern sind sie nicht willkürlich, vor allem dann nicht, wenn deutlich bleibt, daß ohne zuverlässige Regeln aus dem unüberschaubaren Chaos von berichteten und nichtberichteten Einzelereignissen strukturierte Nachrichten und damit überhaupt ein Bild von der Welt nicht zu gewinnen wären. Die Gefahr der Konstruktion medialer Welten aus der Wirksamkeit der Medienfaktoren beruht zum einen auf ihrer exzessiven Anwendung, zum anderen auf dem Schein, die Welt spiegele sich trotz alledem in der technischen Apparatur des Mediums nur wider. Sie beruht auch auf ihrer leichten Instrumentalisierbarkeit für partikuläre soziale und politische Interessen, die nicht selten zugleich im Interesse des Mediums selbst liegen, nämlich immer dann, wenn sie ihm helfen, ein erfolgreiches Bild von der Welt nach dem Maßstab seines eigenen Erfolgs mit minimalem Aufwand zu produzieren.

Das elektronische Mediensystem ist durch die Wirkungsweise seiner eigenen Apparatur und dadurch, daß sie als Bühne für die Urheber strategischer Kommunikation jederzeit offensteht, ein dauernder sozialstruktureller Angriff auf die politische Urteilsfähigkeit der Bürgerinnen und Bürger, dem die meisten – willig – unterliegen.

## 12. Verständigungsverlust I
## Der Verfall der politischen Sprache

Die Grenzen unserer politischen Sprache sind nicht die Grenzen unserer politischen Welt. Wir haben ja die politischen Bilder. Das Ende der »Gutenberg-Galaxis« ist aber das Ende der Einheit von Politik, Moral und Sprache, von der Aristoteles behauptet hatte, »die Gemeinsamkeit in diesen Dingen schafft das Haus und den Staat«.[1] Der »Kampf um Wörter« hat paradoxerweise die öffentliche Aufmerksamkeit gerade in der Zeit gefesselt, als die Bilder die Macht ergriffen.[2] Die Herrschaft der inszenierten Bilder entwertet den politischen Diskurs in seiner Rolle für die politische Urteilsbildung, aber sie muß sich ihre Macht mit einer politischen Sprache teilen, die ihrerseits zum Objekt strategischer Planung wird: die Besetzung politischer Begriffe.

V. Flusser hat vor Augen geführt, daß auch dort, wo die Sprache noch mächtig bleibt trotz der Vorherrschaft der Bilder, der Tribut, den sie dafür an jene durch Anverwandlung und Zurückstufung zu entrichten hat, hoch ist und sie selber zu etwas anderem macht. Gesprochene Sprache sei im Begriff, zum bloßen »Hintergrundgeräusch« zu verblassen, »wie wir das vom Tonfilm her kennen, bei dem Musik und noch mehr Sprechen Hilfsfunktionen sind, so daß vom stummen Film gesagt werden kann, er sei die eigentliche filmische ›Sprache‹«.[3] Das wird, so Flussers Urteil, die soziale Lage der Sprache im ganzen bestimmen. »In der nachalphabetischen Lage wird es keine mit Sprachbetreuung beauftragte Elite geben. Von allen Seiten her wird zwar auf die Leute eingeredet werden und in sie hinein wie nie zuvor, aber das Sprechen wird (wie etwa gegenwärtig die Codes der Gestik) nur helfen, die denominierenden Codes zu tragen. Das legt die Hypothese nahe, daß beim Aufkommen des Sprechens in unvorstellbarer Vergangenheit eine vorher reiche und schöpferische Gestik zu einem Hilfscode degradiert wurde, so wie derzeit das Sprechen daran ist, degradiert zu werden. Das berechtigt zu Pessimismus. Man wird in Zukunft so

---

[1] *Politik* 1253 a.
[2] M. Greiffenhagen (1972).
[3] V. Flusser (1992).

reden, wie die Neapolitaner gestikulieren. Angesichts der Kostbarkeit der Sprache ist das ein Unglück.«[1]

Zum Beleg für diese Tendenz muß man nicht auf die »Ehba, eh«-Rhetorik verweisen, die ihre Milieugrenzen noch nicht nach allen Seiten überwunden hat. Zwei Belege zur Illustration. Die Werbeexperten, die Ronald Reagan während seiner Amtszeit als amerikanischer Präsident berieten, vor allem D. Deaver, wußten, daß die Zeit reif war, für die Übertragung der Geheimnisse des Werbeerfolgs auf die Politik. Sie handelten immer, mit anhaltendem Erfolg, entsprechend ihrer professionellen Einsicht, daß die Sprache zum Hintergrundgeräusch wird, wo Bilder wirken. Das Bild erzählt die ganze Geschichte, egal was Ronald Reagan sagt. Sie verließen sich darauf, daß der sprachliche Teil der Botschaft in seinen Wirkmöglichkeiten die Grenze der Belanglosigkeit streift. Darum bedankten sie sich bei kritischen Journalisten, die in Textbeiträgen die Amtsführung des Präsidenten verrissen hatten, stets auch dann, wenn wenigstens die Bilder gut waren. Und die waren, weil auf sie hin die öffentlichen Inszenierungen konstruiert waren, bei diesem Präsidenten beinahe unvermeidlich gut.

Sprache übernimmt tendenziell die Statistenrolle in den Inszenierungen einer Bildersprache der Geste, des leerlaufenden Symbols, der Pose. Sie gerät in die Funktion der Sprechblase in Geschichten, deren Fortgang durch den Fortgang der Piktogramme bestimmt wird. Eine Sprache, die sich in dieser Rolle noch ein Stück Eigenmacht behaupten möchte, müßte die Bilder nach den Gesetzen ihrer eigenen Logik schlagen können. Sie muß so sein wie die Bilder sind, nur stärker. Sie muß also einen Eindruck erwecken, eine Emotion auflodern lassen, einen Konflikt inszenieren, eine Person beleuchten. Sie sollte das Argument vermeiden, die Erläuterung unterlassen, sich sorgfältige Begründungen verkneifen. Sie sollte nicht mit Geduld, sondern dem ungnädigen zapping rechnen, sobald die Unterhaltsamkeit nachläßt. Daran ist die Rhetorik orientiert, die sich in der eigentümlichen Bild-Sprache-Mischung der Talkshows behaupten kann. In ihnen gehen die Vorherrschaft der Bilder, die Reduktion der Politik auf das Persönliche und die Hilfsfunktion der Sprache genau die Verbindung ein, die der Logik der Fernsehkultur entspricht. Die Sprache trägt nicht mehr.

[1] A.a.O., S. 64.

Es kann kein Zufall sein, daß die großen Utopien und die Geltungskraft der formalen politischen Rede zu Beginn der siebziger Jahre gleichzeitig verfallen sind und die Aufmerksamkeit sich auf die Möglichkeiten willkürlicher semantischer Strategien durch die Besetzung politischer Begriffe zu richten begann. In der ersten Hälfte der siebziger Jahre läutete der Bericht des Club of Rom, *Die Grenzen des Wachstums*, das Ende der großen Fortschrittsutopien ein. Die verlassenen Schauplätze der utopischen Hoffnungen wurden von einer anti-utopischen Alternativbewegung besetzt, die das Recht des konkreten Subjekts gegen alle Zumutungen verteidigen wollte, die sich im Namen seiner Zukunftsinteressen an seinem gegenwärtigen Leben vergehen. Die großen sprachlichen Verheißungen erschienen mit einem Mal nicht nur leer, sondern verräterisch. War es nur ein Zufall, daß genau in dieser Zeit der damalige Generalsekretär der CDU, K. Biedenkopf, den Verlust der Macht seiner Partei mit der bloßen Manipulation der Wörter durch die politische Konkurrenz erklärte und seinerseits ankündigte, mit einer semantischen Gegenrevolution die Macht zurückzuerobern?

»Sprache, liebe Freunde, ist nicht nur ein Mittel der Kommunikation. Wie die Auseinandersetzung mit der Linken zeigt, ist Sprache auch ein wichtiges Mittel der Strategie. Was sich heute in unserem Land vollzieht, ist eine Revolution neuer Art. – Es ist die Revolution der Gesellschaft durch die Sprache. Die gewaltsame Besetzung der Zitadellen staatlicher Macht ist nicht länger Voraussetzung für eine revolutionäre Umwälzung der staatlichen Ordnung. Revolutionen finden heute auf andere Weise statt. Statt der Gebäude der Regierungen werden die Begriffe besetzt, mit denen sie regiert...«[1]

Die Deklaration des politischen Triumphs der Demokratisierungsvision W. Brandts zum semantischen Trick, das Wegbrechen der Grundlagen utopischer Handlungsenergien im Alltagsbewußtsein und das Mißtrauen gegen sprachgeprägte Politikentwürfe überhaupt, wie es in der Alternativbewegung rasch und erfolgreich um sich griff, begannen im selben historischen Augenblick das Verständnis von Sprache und Politik von Grund auf umzuprägen.

Die utopischen Fortschrittshoffnungen, die bis dahin als Hinter-

---

[1] 22. *Bundesparteitag der Christlich Demokratischen Union Deutschlands* (1973), S. 60.

grundmotiv der großen politischen Debatten gewirkt hatten, basierten auf anspruchsvollen Begründungszusammenhängen im Medium hochentwickelter Sprache. Das galt für die Harmonie-Idyllen des Liberalismus nicht weniger als für die der sozialistischen Tradition, wie weit sich die Varianten in den Voraussetzungen für die Einlösung des Versprechens auch auffächerten. Ihre Grundlage bildeten ideologische Weltbilder, die aus umfassenden Analysen und Deutungen, Interpretationen und Prognosen gefügt waren. In den großen Milieus der Mitte und der Linken, in denen die historischen Fortschrittsverheißungen bis in die siebziger Jahre das politische Denken und Handeln bestimmten, und erst recht in den zugehörigen radikalisierten Kleingruppen, die diesen Traditionen entstammten, hatte immer der Kommunikationsstil angestrengter Sprachlichkeit vorgeherrscht. Eine Sprache, die in Argumentationsanspruch und Redestil sich in die Nähe zum geschriebenen Text begab, wie ein Stück intellektueller Analyse auftrat, deren Pathos sich aus einer bestimmten Art wissenschaftsnaher Sachlichkeit wie von selbst hervordrängte, war das Dispositiv, an dem sich Erfolg zu orientieren hatte. Der Bezug auf Theorien und Theoretiker, die Nähe zum Buchwissen, legitimierte die politische Rede und verlieh ihr Autorität.

Dieser intellektuelle Redestil ist gleichzeitig mit der Verheißungskraft der großen Utopien gegenstandslos geworden. Sprache erscheint als Projektionsfläche strategischer Politikplanung und die Politik in der »Ersten-Person«, für die die unmittelbare Bedrohung von einzelnen und Gruppen durch ökologische Gefahren zum zentralen Politikum wurde, schuf sich einen Redestil, in dem die rhetorischen Gesetze der »Ersten-Person-Einzahl« zum Maßstab für Überzeugungskraft und Erfolg wurden. Das Mißtrauen gegen Sprache wurde radikal. In der offiziellen Politik erschien sie sozusagen als Hure, die ihre Gunst stets dem Meistbietenden gewährt. In der alternativen Politikszene wurde das politische Reden von Grund auf unter Verdacht gestellt. Auf den politischen Foren, die sich hier bildeten, überwiegend mit den alten Besatzungen des utopistischen Diskurses, herrschte mit einem Mal ein ganz anderer Ton. Der intellektuelle Sprachstil galt plötzlich als lebensfeindlich und unwahrhaftig, weil er mit dem Ungeist von Wissenschaft und Ideologie infiziert schien, die den überladenen Karren des Fortschritts in den Morast der tödlichen ökologischen Gefahren gezerrt hatten.

Sprache in der »Ersten Person-Einzahl« lebt weniger vom Argument als von der Glaubhaftigkeit individueller Betroffenheit. Expression schlägt immer Argumentation. Argumente gelten als Vehikel der Zivilisation, die auf Lebensfeindlichkeit programmiert ist. Betroffenheit nicht so sehr im Sinne der Warnung vor Wirkungen, die einen betreffen möchten, sondern im Sinne des Gefühls, das einen betroffen macht.

Diese Rhetorik trat als unvermittelte Negation der großen Begründungs- und Verheißungsdiskurse auf und bezog so, vermittelt durch sie, doch einen Teil ihrer Kraft für sich selbst. Nun machte sich als Komplize der Unheilsmächte und sozusagen als menschlich »unbetreffbar« verdächtig, wer noch im alten Stil des objektiven, durchformulierten Diskurses weiterredete. Eine bestimmte Art von stockender Rede, deren Semantik vom Ungefähren beherrscht war – »oder so« –, deren Syntax der Regel des zu frühen Abbruchs folgte, weil die Gefühle mächtiger waren als die toten Regeln der Sprache, und deren Pragmatik eine Gefühlsgemeinschaft voraussetzte, in der als moralisch unzurechnungsfähig galt, wer Distanz hielt, begann die politische Kommunikation zu beherrschen.

Das war nun gerade keine neue Streitkultur und es war auch nicht der Teil veränderten Kommunikationsverhaltens, der auf diesen Begriff Anspruch erhob. Es handelte sich vielmehr um eine Kultur des angemaßten Konsenses, in der sich die Dissensfeindlichkeit der deutschen politischen Kultur als moralische Gegenkultur etablierte, die das bessere Ganze zu repräsentieren meinte. Sie brachte eine Sprache hervor, die in ihrem Milieu bis heute wirkt. Sie lebt nicht von dem argumentativen Anspruch, anderes Denken zu überzeugen. Sie will sich nur den gleich Fühlenden zu erkennen geben. Die klassische Funktion öffentlicher Rede in der Republik, einen Gesichtspunkt stark zu machen, damit sich die Fronten klären und die Entscheidungen anbahnen können, gilt diesem Verständnis als Gipfelpunkt einer Entfremdung, die sich der Politik als Betrieb verschreibt, statt sich den Menschen, die sie erleiden, zuzuwenden. Sprache hat in diesem moralischen Milieu vornehmlich die Funktion der Unterscheidung, wenn nicht von Freund und Feind, so doch von Lebensfreund und Lebensfeind. Diese Sprache dient kaum als Medium lebendiger Debatten im öffentlichen Raum. Sie wirkt vielmehr als Schubkraft seiner Reprivatisierung.

Biedenkopf hatte aus seinem Verdacht gegen die Sprache der Reformpolitik zwei praktische Konsequenzen gezogen. Die eine bestand in einer massiven personalpolitischen Offensive. Wenn es letztlich nicht die Kraft der argumentativen Rede, sondern nur die strategische Besetzung der Wörter ist, was politisch wirkt, dann kommt alles auf die Gesinnung derer an, die die gesellschaftliche Macht der Benennung exekutieren. »Die Schaltstellen der politischen Sprache« müssen mit Leuten besetzt werden, die die Wörter so besetzen, wie es die politischen Strategien vorsehen. Es ging also um »Medien(personal)politik«.[1]

Die andere Konsequenz bestand in der Einsetzung einer »Arbeitsgruppe Semantik« in der CDU-Zentrale. Auch sie basierte auf dem Arbeitsprinzip vom Ende der argumentativen Rede in der Politik, denn sie erhoffte die Rückkehr zur Macht nicht vom Entwurf eines alternativen Diskurses, sondern von der semantischen Umpolung der Wörter. Ihr Ziel bestand darin, einzelne Signalwörter zu isolieren, ihnen entweder eine neue Konnotation zu unterschieben oder eine eingeführte Konnotation zu nutzen, um einem feststehenden Text einen evaluativen Beigeschmack zu verleihen, der an getestete Publikumsreaktionen anschließen konnte. Mit der »Mannheimer Erklärung« von 1975, die ohne Vorberatung in der Partei und ohne abschnittsweise Verhandlung, wie es in den Volksparteien bis dahin üblich war, verabschiedet wurde, war erstmals ein Text aus der Retorte semantischer Strategie verabschiedet, der ganz darauf setzte, daß einzelne Signalwörter und nicht der Gang der politischen Argumentation über die öffentliche Aufnahme eines Programmtextes entscheiden sollte. Die »Neue Soziale Frage« sollte der SPD den Anspruch auf soziale Kompetenz streitig machen und der CDU zuschreiben, ohne daß eine Debatte über die soziale Bilanz der gesellschaftlichen Entwicklung und der Politik der Parteien geführt wurde.

Semantische Politik setzt nicht auf die Macht der Diskurse, sondern die suggestive Kraft der Wörter. Sie setzt die Erfahrung voraus, daß es auf das, was Sprache *als Sprache* leisten kann, nicht mehr ankommt. An die Stelle des Arguments tritt der werbestrategisch geplante »sound bite«, das eine Signalwort, dessen emotionale und evaluative Konnotationen zum Vehikel für den Transport der einen Botschaft gemacht werden. »Ein sound bite ist mehr als

---

1 J. Klein, in: F. Liedtke u. a. (1991), S. 48.

ein gutes Schlagwort, es ist ein plastischer, illustrativer Begriff, eine Kurzbotschaft, die sich einprägt. Sound bite bezeichnet jene Botschaft, die ein Politiker oder eine Partei die Wähler lernen lassen will und die deshalb in vielen Reden und Statements, in Broschüren und Plakaten immer wiederholt wird.«[1]

Der Gebrauchssprache der politischen Klasse hat E. Eppler, Deutschlehrer und Berufspolitiker mit gleicher Leidenschaft, die Diagnose gestellt. Er identifiziert »die Krise der Politik im Spiegel der Sprache«.[2] Seine Mikroanalyse eines einzigen idealtypischen Satzes, der so oder ein wenig anders das Rückgrat vieler Politikerreden bildet, charakterisiert die ganze Lage. Ein Wortschwall ohne Ende, der sich vorzüglich dazu eignet, die alltägliche Praxis einer »politics without policy« im Sprachnebel des Unbegreifbaren zu verhüllen: »Ich gehe davon aus, daß die Entwicklung der Lage die Lösung der Probleme erleichtert, aber auch eine Herausforderung darstellt, denn die unverzichtbare (unabdingbare) Voraussetzung für die Akzeptanz unserer Politik ist es, daß wir den Bürgern nicht in die Tasche greifen, sondern uns durch gezielte Maßnahmen als Partei des Aufschwungs profilieren.«[3]

Die Sprache der Politiker ist nicht rhetorisch im klassischen Sinne. Sie ist nicht darauf aus, einsichtig zu machen, daß die von allen geteilten Selbstverständlichkeiten einer gemeinsamen sittlichen Lebenspraxis immer gerade das gebieten, was der Sprecher vorzuschlagen hat. Rhetorik räumt ihren Platz einem Sprachstil, bei dem sich der Sprecher hinter dem versteckt, was sich ohnehin vollzieht. Sprache wird anonym. Sie verwischt, was Absicht des Sprechers und was Gegebenheit ist, was als akzeptierte Bedingung und was als Änderungschance begriffen werden soll. Politiker »gehen davon aus, daß«. So wird ununterscheidbar, wo der Politiker, der das spricht, von dem berichtet, was von ihm – vielleicht leider – nur hingenommen werden muß, und dem, was er selbst vertreten und erreichen möchte.

Eine Sprache greift um sich, die auf doppeldeutige Weise alles im Griff zu haben scheint, ohne daß faßlich würde, wo sie nur resigniert und wo sie sich auflehnen will. Sprache wird selten eingesetzt, um präzise zu benennen, wo Zwänge wirken und wo die Handlungschancen zu finden sind und vor allem, welche Wider-

---

1 B. Hombach (1991), in: F. Liedtke u. a. (1991).
2 E. Eppler (1992).
3 A.a.O., S. 179f.

stände es zu überwinden gilt, wenn deklarierte Ziele erreicht werden sollen.

Eine solche Sprache des anonymen Sachzwangs, die am Ende alles offenläßt, in der Einverständnis, Zugeständnis und Resignation konvergieren, verdeckt Macht- und Einflußlosigkeit oder mangelnde Entschlußkraft und Risikofreude, indem sie in ritueller Form Verantwortung und Handlungsbereitschaft in einem nicht endenden Wortschwall vortäuscht. Die Schlupflöcher dafür, je nach dem Fortgang der Dinge die Ergebnisse als eigenen Erfolg reklamieren oder als unabwendbares Schicksal deklarieren zu können, sind in die Struktur einer solchen Politikersprache systematisch eingebaut. Sie spiegeln den, sei es wirklichen, sei es vermeintlichen, Vorrang des komplexen Systems vor der Handlungsmacht der Politik, Vorsicht und Phantasiescheu der politischen Klasse. Sie zeigt in den erstorbenen Routinen ihrer Anwendungsrituale, daß die Verbindungen zwischen Lebenswelt und politischem System dürftig geworden sind.

Das Mißtrauen gegenüber Politikerreden, großen Reden überhaupt, nährt sich aus Wurzeln, die tiefer reichen. Sloterdijks *Kritik der zynischen Vernunft* hat als das Signum unserer Zeit das systematische Auseinanderfallen von Diskurs und Handeln beschrieben.[1] Der Autor selbst konnte sich nicht recht entscheiden, ob dieser Zynismus, der in seiner Praxis ungerührt dementiert, was er in seinen Diskursen weiß und begründet, schon der falschen Logik der Diskurse oder erst dem inkonsequenten Dementi ihres Anspruchs entstammt. Mag die Kausalität des Zynismus auch fragwürdig bleiben, die Erfahrung, die der Beschreibung zugrunde liegt, trifft einen Nerv der gegenwärtigen Rolle nicht nur, aber zumal des öffentlichen Sprachgebrauchs. Große Reden und Gesten mit der Sprache sind wohlfeil und bei jeder Gelegenheit seriell reproduzierbar. Die Schreibstuben sind gut besetzt. Die Sprecher sind mit allen Wassern gewaschen und wissen, was gesagt werden muß, um Gehör zu finden. Die Verbindlichkeit der Sprachhandlungen verpufft oft im Augenblick, da sie ihren Dienst geleistet haben. Sprechen und Leben lösen sich voneinander.

Was einer redet und was einer tut, ist in der Unübersichtlichkeit der Verhältnisse, in denen das Gedächtnis durch die Eindrücklichkeiten der Augenblicke ersetzt zu werden droht, schwer auf

---

[1] P. Sloterdijk (1983).

Kongruenz zu prüfen. Die Skandalfälle des Verrats an eidesstattlichen Versprechen vom Prototyp des Bushschen »read my lips«, das den Wahlerfolg kaum überlebte, wirken in die gleiche Richtung. Auf das politische Reden, auf das öffentliche Wort wird nicht mehr viel gegeben, es sei denn, die Sache ist klar und es wird nicht mehr erwartet als eine Rede, die sich bei dieser Gelegenheit einmal hören lassen kann.

Vaclav Havel hat daran erinnert, wie gewaltig die Bedeutung noch von Nuancen eines öffentlichen Wortes sein konnte, solange der Kommunismus seine unumschränkte Macht zwar mit Gewalt erhielt, aber mit Worten legitimierte, an denen nicht gedeutet werden durfte, auch wenn die Gesetze der Verdrehung zutage lagen, auf denen ihr Geltungsanspruch beruhte.[1] Eine kleine Verschiebung im offiziellen Sprachgebrauch, das ungewohnte Wort eines Künstlers wurden überall auf die Goldwaage gelegt, weil sich in ihnen Veränderungen anzeigen konnten, die das Leben von jedermann betrafen oder ein von der Macht verkleistertes Stück der Welt wieder sichtbar werden ließ.

Die Entwertung der Sprache in den postmodernen Demokratien speist sich aus mehr als einer Quelle. Zwei Entwicklungen gefährden die Zentralität und das Gewicht der öffentlichen Sprache für das politische Leben zusätzlich: die *Ungleichzeitigkeit der politischen Semantik* und der *Verfall der politischen Rhetorik*. Politische Rhetorik, die ihren Namen verdient, die Kunst der überzeugungsfähigen öffentlichen Rede, lebt von Voraussetzungen, die sie nicht selbst herbeireden kann, wenn sie nicht in den Überzeugungen des Publikums gegenwärtig sind. Aristoteles beschreibt in seiner *Rhetorik* scheinbar abgelöst von aller Verbindlichkeit den Zweck der Rhetorik als Wissenschaft so: »Die Rhetorik stelle also das Vermögen dar, bei jedem Gegenstand das möglicherweise Glaubenerweckende zu erkennen.«[2] Er sieht in dieser Fähigkeit freilich kein freischwebendes Kunststück, das jedem gelingt, der die Kniffe beherrscht. Glaubhaft wird die gute Rede erst, wenn zwei Bedingungen erfüllt sind: Der Redner selbst muß als Charakter glaubhaft sein, und er muß sich auf eingelebte sittliche Gemeinsamkeiten stützen können, auf die er seine Argumente bezieht. »1. Das Wichtigste und Hauptsächlichste von allem aber in bezug auf das Vermögen, zu überreden und wohl zu

[1] V. Havel (1990).
[2] *Rhetorik*, 1355 b.

raten, besteht [darin], daß man alle Staatsverfassungen kennenlerne und sich die Sitten eines jeden Staates, seine Gesetze und seine Vorteile klarmache. 2. Denn alle werden überredet durch das, was Nutzen bringt. Nutzbringend ist aber das, was für den Staat das Heilbringende ist.«[1]

In den sittlichen Lebensformen der antiken Demokratie waren persönliches Interesse und das Interesse am Gemeinwohl eins. Darum mußte die Rede nicht hohl klingen, die politisches Handeln durch den Appell an den Nutzen des Publikums hervorrufen wollte.

Politische Rhetorik nach diesem Maßstab lebt davon, daß der Redner aus seiner eigenen Glaubwürdigkeit, die aus vorgängiger öffentlicher Praxis entspringt, auch seine Rede glaubwürdig und gewichtig zu machen versteht. Und sie lebt vom gemeinsamen Resonanzboden geteilter sittlicher Lebensformen, in denen sich eine Verbindung zwischen dem Nutzen des einzelnen und dem Wohl des Staates ergibt. Nicht im Sinne geteilter Lippenbekenntnisse zum Gemeinwohl, sondern einer substantiellen Einheit der persönlichen und der öffentlichen Interessen. Wo zum Glück des einzelnen die Tugend des Staatsbürgers keinen Beitrag mehr zu leisten vermag, verliert die politische Rhetorik ihre Substanz und wird zum bloßen Gerede. So groß die Differenzen zwischen beiden auch sein mögen, der Zusammenhang darf nicht reißen. »Da die Menschen nicht ein und dasselbe öffentlich und im geheimen loben, sondern öffentlich nur das Gerechte und das Treffliche am meisten loben, privat aber eher den Vorteil erstreben, ergibt sich ein weiterer [Topos] dadurch, daß man aufgrund dieses Verhaltens versucht, das eine von beidem zu folgern ...«[2] Wenn aber die Fäden zwischen dem Gerechten und dem privaten Nutzen gänzlich reißen, verliert die öffentliche Rede ihren Halt. Sie hat keinen Grund mehr unter sich und keinen Adressaten mehr vor sich. Sie kann, wenn sie noch Interesse wecken will, nur noch durch Unterhaltsamkeit gefallen oder sich dem privaten Nutzen andienen. Rhetorik verliert ihren politischen Charakter.

Die politische Sprache kann nicht allein das einigende Band einer Praxis des Politischen sein, wenn dessen Voraussetzungen und Elemente zerfallen. Die politische Sprache reflektiert den Zustand des öffentlichen Lebens und reproduziert ihn auf ihre Weise. Das

1 A.a.O., S. 1365b.
2 A.a.O., S. 1399a.

Dilemma unserer politischen Sprache verschärft sich durch irritierende *Ungleichzeitigkeiten in der Semantik* der politischen Begriffe. Es gibt Begriffe, an denen die Strategiezentralen der politischen Werbekommunikation festhalten, auch wenn sie wissen, daß sich ihr Inhalt längst verbraucht hat und das, was mit den Wörtern gesagt zu werden scheint, mit ihnen nicht mehr zu sagen ist. Dabei geht es nicht immer um die Semantik des einzelnen Wortes, sondern oft um Entgegensetzungen oder Konstellationen, die den alten Sinn, den die Wörter noch transportieren, lange verloren haben.[1]

Der hartnäckigste Fall dieser Art sind die Erkennungswörter der großen Ideologien Sozialismus, Liberalismus, Konservatismus – der Kommunismus hat sich aus dieser Konkurrenz ja abmelden müssen. Seit wenigstens zwei Jahrzehnten zeigt jede Inhaltsanalyse schon der Parteiprogramme, geschweige denn der realen Praxis der demokratischen Parteien in der Bundesrepublik, daß ihre politischen Differenzen zwar immer noch gewichtig sind, aber mit dem, was einst den Unterschied der großen Ideologien ausmachte, für den die alten Symbolwörter standen, immer weniger zu tun haben. Eine fatale Mischung aus einem Traditionalismus, der die Mitgliedschaft beieinander halten soll, und einem taktischen Kommunikationsverständnis, das Fundamentalalternativen auch dort inszenieren möchte, wo es um Akzentunterschiede geht, führt zu einem semantischen Eigenleben der Wörter ohne realen politischen Sinnbezug.

Die anderen Großbegriffe, die im Banne der ideologischen Symbolwörter einst real oder vermeintlich die großen politischen Richtungsunterschiede darstellten, werden von den Parteien noch immer gegeneinander in Stellung gebracht, als ginge es weiterhin um die Gegensätze, die vor einem reichlichen Jahrhundert die Frontlinien im gesellschaftspolitischen Kampf markierten. Für oder gegen die Freiheit, für oder gegen den Frieden, für oder gegen die Gerechtigkeit, so lauten die ritualisierten Parolen im Werbefeldzug der Parteien gegeneinander, obwohl jeder weiß, daß es in Wahrheit allein um Unterschiede im Verständnis von Freiheit, Frieden, Gerechtigkeit geht und schon lange nicht mehr um das schiere Für und Wider.

Die Kultivierung der falschen Fundamentalalternative ist nicht

[1] Für die einzelnen politischen Bedeutungskomponenten der politischen Begriffe vgl. J. Klein, a. a. O.

die Arbeit der Zuspitzung, durch die sich die Logik politischer Debatten legitim von den verständigungsorientierten Gesprächen in Wissenschaft und Lebenswelt unterscheidet. Sie ist eine Irreführung, die von dem, was in Wahrheit kontrovers ist, nur ablenkt und damit den politischen Streit verhindert. Und sie ist eine Dummheit, die zum Verhängnis wird, weil fast alle den Trug durchschauen. Sie wirkt am Ende nur als Zynismus und produziert Verdruß. Um so mehr, wenn nach den Gespensterschlachten der fundamentalistischen Semantiker, bei denen es um Gut oder Böse, Heil oder Unheil zu gehen schien, die Kontrahenten auf einmal formal oder in der Sache Koalitionen eingehen, die durch weitgehenden Konsens und raschen Kompromiß überraschen.

Solcher Sprachgebrauch fördert das Mißtrauen gegenüber Politik und die Entwertung ihrer Sprache. Schwieriger liegt der Fall bei einer Reihe von Schlüsselwörtern, die politischen Problemlagen, Wahrnehmungsweisen und gesellschaftlichen Konstellationen des 19. Jahrhunderts entspringen, denen aber seit längerem der Boden entzogen wurde, ohne daß sich Begriffe ausprägten, die der veränderten Lage gerecht würden. Dazu gehören Begriffspaare wie »Markt und Planung«, »Staat und Gesellschaft«, »Wirtschaft und Politik«, »privat und öffentlich«, »national und international«. Nicht als ob solchen Begriffspaaren gänzlich die Substanz abginge oder gar die alten Unterschiede nun einer gänzlichen Konvergenz des Bezeichneten gewichen wäre. Aber sie markieren in ihrer überkommenen Bedeutung, die im öffentlichen Sprachgebrauch ihren Geltungssinn bestimmt, Grenzziehungen, Entgegensetzungen, Programmparolen, die systematisch die politische Realität und die Differenz der tatsächlich zur Diskussion stehenden politischen Handlungsalternativen verzerren.

In umständlichen wissenschaftlichen Abhandlungen läßt sich zeigen, daß der Begriff des Staates zum Beispiel, wenn er denn noch Verwendung finden soll, gerade das nicht mehr bezeichnen kann, wofür er in den großen politischen Debatten in der Regel steht. Staat bezieht sich in den komplex verflochtenen Gegenwartsgesellschaften weder auf ein souveränes Handlungszentrum, vom dem her sich eine davon getrennte Gesellschaft steuern läßt, noch auf eine einheitliche Handlungsstruktur, und auch nicht auf einen klar identifizierbaren Handlungstyp. Das politische Handlungssystem der Gegenwart ist zum einen in sich unüberschaubar ausdifferenziert. Es ist zum anderen mit der Gesellschaft auf vielfache Weise unentwirrbar verflochten, und es verfügt über mannigfaltige Wege direkter und indirekter Einflußnahme auf vielen Gebieten, gepaart mit Einflußlosigkeit auf anderen. Die Transformation dessen, was vor hundert Jahren mit dem Substanzbegriff des Staats vielleicht einigermaßen zu Recht belegt war, in einen mit der Gesellschaft vielfältig intern verflochtenen Funktionszusammenhang, wird mit dem Begriff Staat zumal in den politischen Kontroversen systematisch verfehlt. Parolen wie »mehr« oder »weniger Staat« leben von einem semantischen Erbe, das durch die tatsächliche gesellschaftliche Entwicklung längst aufgezehrt ist.

Dasselbe gilt, in eher stärkerem Maße, für den Begriff des Marktes. Bei Licht besehen, gibt es in der Bundesrepublik nicht den geringsten Dissens darüber, daß die vermeintlich autonomen Entscheidungsspielräume der wirtschaftlichen Akteure in ein immer dichteres Netzwerk politischer, rechtlicher, sozialer und kultureller Vorgaben eingebunden sind und von einer unübersichtlichen Fülle politischer Vorleistungen, Begleitinterventionen und Ergebniskorrekturen abhängen, die prinzipiell nicht strittig sind. Die Akzentverschiebungen an der einen oder anderen Stelle, nach der einen oder anderen Richtung kommen in politischen Propagandaformeln wie »Markt oder Plan« in keiner Weise zum Ausdruck. Formeln dieser Art vergröbern die wirkliche Kontroverse nicht, sie zwängen sie in ein von den alten ideologischen Traditionen bereitetes Prokrustesbett, in dem sie bis zur Unkenntlichkeit entstellt werden.

Die politischen und wirtschaftlichen Krisen dieses Jahrhunderts, die heilsamen Zwänge des allgemeinen Wahlrechts und die beispiellose Ausdifferenzierung der nachindustriellen Gesellschaft haben zu einer Situation geführt, in der in einer Gesellschaft wie der Bundesrepublik in den Bereichen, die von den politischen Großbegriffen abgedeckt werden, der politische Konsens nahezu vollständig geworden ist. Die oft gewichtigen Differenzen, die bleiben oder von Fall zu Fall neu entstehen, kommen durch sie nicht zur Sprache. Eine Sprache aber, in der sie, zugespitzt, aber nicht entstellt, verkürzt, aber nicht verzerrt, vergröbert, aber nicht verfälscht, polemisch, aber nicht betrügerisch ihren öffentlichen Ausdruck finden könnten, hat sich nicht herausgebildet.

Der Glaube der Parteistrategen, allein die fundamentale Differenz motiviere die eigene Wählerschaft, allein die falsche Polarisierung mache Unterschiede kenntlich, hat zu einer Lage geführt, in der mit der Sprache von vorgestern die Probleme von heute und morgen debattiert werden. Das Ergebnis stellt sich unter diesen Umständen wie von selbst ein. Die interne Sprache der Politiker, da wo sie zur Sache kommen, und die Sprache, mit der sie die öffentlichen Debatten entfachen, entsprechen einander nicht mehr. Die Sprache der politischen Großbegriffe hat den Bezug zu den wirklichen und möglichen Handlungsalternativen in den Kernbereichen der Politik seit langem verloren. Der Eindruck breitet sich aus, daß es oft, allzuoft um das in Wahrheit gar nicht geht, was in den strategischen Kontroversen der Parteien und Verbände zur Debatte gestellt wird. Der Verdacht wird allgemein, daß diese Sprache ihre Informationskraft und ihre Wahrhaftigkeit eingebüßt hat und nur als Vorhang dient, hinter dem das eigentliche Geschäft getätigt wird. Das aber, worum es geht, will unter diesen Umständen nicht recht zur Sprache kommen.

Eine politische Sprache, in der sich Leben und Politik verbinden, in der die Interessen der Person und die Forderungen des Gemeinwohls verbunden sind, eine Sprache, die meint, was sie sagt, und der man es glaubt, die zeigt, was hingenommen werden muß, und kenntlich macht, was erreicht werden kann, die die Differenzen klar und verläßlich auf öffentliche Begriffe bringt, ist in unserem öffentlichen Leben nicht mehr eingebürgert.

## 13. Verständigungsverlust II
## Sozialästhetische Entfremdung

Die Geschichte der Politik in der Moderne war nie nur eine Geschichte von Klassenkämpfen, aber sie war bis an die Schwelle unseres Jahrhunderts vor allem die Geschichte des Kampfes der Unterklassen um die Anerkennung ihrer Mitglieder als gleichberechtigte Staatsbürger. Die legitimierende Grundidee der Moderne, die politische Gleichheit der Menschen als Glieder des Gemeinwesens, hat sich erst in langen Kämpfen durchgesetzt. Sie bestimmte mehr als ein Jahrhundert lang die politische Tagesordnung. Die politischen Kommunikationsverhältnisse waren infolgedessen übersichtlich. Da die Mehrheit von den Prozessen der politischen Willensbildung und von der Teilnahme am öffentlichen Diskurs durch ihre soziale Lage ausgeschlossen war, besetzten die Oberklassen die großen politischen Arenen nahezu exklusiv.

Nach der Erkämpfung der politischen Teilhaberechte durch die Unterklassen konnten am Streit um die großen Konfliktthemen der Nation die Repräsentanten aller Klassen teilnehmen, die Unterklassen aber schufen sich ihre eigenen politischen und kulturellen Foren für den Verkehr ihrer Mitglieder untereinander. Eine umfassende Subkultur – von der Wiege bis zu Bahre – entstand, eine eigene politische Welt.

R. M. Lepsius hat für das Deutschland des Kaiserreiches und der Weimarer Republik vier große sozial-moralische Milieus beschrieben, in denen sich die soziale, moralische und politische Sozialisation der meisten vollzog.[1] Mit der einzigen Ausnahme der konfessionellen Spaltung, die in Deutschland eine politische Rolle spielte, deckten sich in diesen sozial-moralischen Milieus sehr weitgehend der soziale Status, die religiös-kulturelle Orientierung und die politische Grundrichtung ihrer Mitglieder. Es war weniger die Alltagsästhetik als das kulturell-religiös-politische Klima, das diese Milieus zusammenhielt. Die Eliten aller Milieus begegneten einander in den politischen Arenen. Die Kommunikationsformen, der Geschmack, der Lebensstil, die Alltagsästhetik im

---

1 R. M. Lepsius (1973).

ganzen waren zuallererst eine Frage von unten und oben. Sie unterlagen ebenso wie die Konfession in dieser Zeit nicht der Wahl des Individuums, sondern waren sein soziales Schicksal. Der soziale Raum war im wesentlichen zwischen unten, oben und ganz oben gegliedert, der politische Raum durch die Interessen der Klassen und sozialen Gruppen und, in geringerem Maße, durch die kulturellen Werte und Praktiken der sozialmoralischen Milieus strukturiert.

Diese, den politischen Raum vorprägende soziale Konstellation hat sich tiefgehend gewandelt. Die Gesellschaft segmentiert sich zunehmend entlang *sozialästhetischer Trennlinien*. Diese neue Form einer alltagsästhetisch bestimmten Segmentierung der Gesellschaft hat weitreichende Folgen für das Kommunikationsverhalten und das Politikverständnis der Menschen in den verschiedenartigen Milieus. Das gefährdet die Chance der *diskursiven Einheit des politischen Raumes* auf neuartige Weise und stellt die Voraussetzung für die Organisation praktischer Verständigungsprozesse der Gesellschaft über das, was allen gemeinsam ist, gerade an dem historischen Zeitpunkt, zu dem die sozial-ökonomischen Schwellen ihre Bedeutung verlieren, auf überraschende Weise wieder in Frage.

Die sozialästhetische Segmentierung ist möglich geworden, weil die Ästhetisierung der Lebensweisen für die meisten eine Bedeutung gewonnen hat, die die sozialökonomischen Identifikationen und die Relevanz individualethischer Lebensentwürfe zu überragen beginnt. Sie ist eine Folge des Zerfalls der großen sozialmoralischen Milieus und treibt diesen weiter voran. Sie ist Produkt und Medium der sozialen Individualisierungsprozesse, die in der soziologischen Literatur als Haupttrend unserer Epoche beschrieben werden.[1]

W. F. Haug hatte in seiner *Kritik der Warenästhetik* schon zu Beginn der siebziger Jahre die Mechanismen beschrieben, mittels deren sich die Befriedigung individueller Bedürfnisse in der durch Werbung propagierten Massenprodukte auf das Konsumieren des ästhetischen Scheins der Waren verlagert, den die Werbebilder ihnen anheften.[2] Wer ein bestimmtes Waschmittel benutzt, konsumiert mit der Ware anscheinend zugleich den Familienfrieden, den weiße Hemden beim Gatten und bunte Farben bei den Kin-

---

[1] Z. B. von U. Beck (1986).
[2] W. F. Haug (1980).

dern vermitteln, und dieser ist auf die richtige Wahl der guten Mutter in der unübersichtlichen Warenwelt zurückzuführen. Wer eine bestimmte Kaffeesorte anbietet, präsentiert seinen Gästen in der eigenen Illusion, und vielleicht noch in der der anderen, die sie mit ihm teilen, überlegenen Geschmack. Mit dem Getränk werden der eigene distinkte Geschmack dokumentiert und das soziale Prestige, das der Anbieter gerne hätte. Wer eine bestimmte Zigarettenmarke raucht, die sich in ihrem Gebrauchswert in nichts von den anderen Marken unterscheidet, sonnt sich dabei in einer Stimmung nobler Weltläufigkeit oder begibt sich aus der alltäglichen Langeweile als ganz anderer Kerl in die Romantik entlegener Oasen und sehnsuchtsgetriebener Abenteuer.

Die vom Werbeschein glorifizierten Waren werden aus Gebrauchsgegenständen in der Praxis einer sozialethischen Lebensführung, der die Sinngehalte und weltanschaulichen Orientierungen zunehmend abhanden kommen, selber zu Modellen eines sinnhaften Lebensstils. Häufiger als je zuvor stiften sie selbst personale Identität. Indem die Waren mit inszenierten Zeichen sinnreich verknüpft werden, übernimmt neben ihrem Tausch- und Gebrauchswert ihr sinnstiftender Illusionswert eine Schlüsselrolle bei der Bedürfnis- und Selbstdefinition vieler Menschen.

Diese Entwicklung ist durch die eindringliche Prägekraft der Fernsehbilder so weit vorangeschritten, daß die ästhetischen Symbole der Lebensführung aus *Ornamenten* des Alltagslebens zu dessen *Bausteinen* werden. Das gilt für die Darstellung der eigenen Lebensführung nach außen, aber offensichtlich auch in zunehmenden Maße nach innen, für die Antwort auf die Frage, wer man selbst ist.

Wo ethische Formen des Lebensentwurfs verblassen, übernimmt das alltagsästhetische Bild, das einer von sich entwerfen möchte, die Funktion sinnstiftender Normen, denen er folgen will. Der von der Bildlichkeit ausgehende Imitationszwang füllt die soziale Leerstelle, die das Verblassen der orientierenden Weltbilder hinterläßt. Zu diesen Bildern gehören soziale Situationen, Abläufe und Tätigkeiten als Elemente des Gesamtbilds. Es strukturiert große Teile des selbstbestimmten Handelns im ganzen.

Das gilt für die unterschiedlichen sozialen Milieus offenbar in unterschiedlichem Ausmaß und jedenfalls auf höchst verschiedene Weise. Diese Unterschiede – unter anderem – markieren die Grenzen zwischen den sozialen Milieus, in die sich die Gesellschaft heute auffächert. Die kollektiven Lebensphilosophien – soweit dieses Wort hierfür überhaupt angebracht ist – nehmen die veräußerten Kultbilder auf und werden zu Leitbildern kollektiver Lebensentwürfe. Ausdrücklichkeit und Eindrücklichkeit, der Wunsch, die eigene Lebensführung in alltagsästhetischen Symbolen und Zeichen zum Ausdruck zu bringen, und die Übernahme der äußeren Zeichen und Symbole, die an Waren, Verhaltensritualen, Aufenthaltsorten, Formen individueller Selbststilisierung, von der Frisur über die Brille, die Kleidung bis hin zu Gestik und Sprache haften, können indentitätsstiftende Kraft für die Menschen gewinnen, weil in das vorgeführte Design divergente »Lebensphilosophien« demonstrativ hineingelegt worden sind. Das Geheimnis der unwiderstehlichen sozialen Macht solcher Selbststilisierung aber ist die stabilisierende Kraft der Unterscheidung.

In einem bescheidenen Umfang spielte derlei immer seine Rolle, mit dem grundlegenden Unterschied freilich, daß einer im Mittelalter noch wegen Hoffart an den Pranger geriet oder für das Überschreiten der Kleidervorschriften seines Standes Körperstrafen zu erleiden hatte. Der soziale Status sollte unzweideutig am Habitus zu erkennen sein. »Kleider machen Leute« war der Ausdruck der Geltungsrichtung dieser Symbolisierung vom sozialen Sein zum ästhetischen Schein als dessen Erkennungszeichen. Nun hat sich unter dem Druck von Individualisierung und Pluralisierung die Richtung dieser Kausalität vom Schein zum Sein verkehrt. Der Schein erzeugt das Sein, zumindest das, was einer sein möchte. Drei Ursachen vor allem treiben diese Prozesse sozialer Tiefenästhetisierung voran.

*Erstens* erlaubt die Lockerung der ehedem gebieterischen Knappheit im größten Teil der Unterschichten mittlerweile auch ihnen eine Konsumwahl über die reine Existenzsicherung hinaus. In der Freizeit stehen auch ihnen zahlreiche unterschiedliche Möglichkeiten offen.

*Zweitens* haben sich die traditionellen Zwänge der Lebensführung und der sozialen Rollenanpassung rasch und gründlich aufgelöst. Der einzelne kann, in den Grenzen seiner materiellen Möglichkeiten, wählen, welchen der angebotenen Lebensentwürfe er, und sei es probeweise, übernehmen möchte. Soziale Sanktionen verlieren ihre Gewalt, und zwingende Überzeugungen weichen einem Bewußtsein der Beliebigkeit.

*Drittens* verblassen auch die großen Weltbilder zügig. Sie können, soweit sie sich in Schrumpfform in Erinnerung halten, keine andere Glaubwürdigkeit mehr in Anspruch nehmen als die der Argumente, die sie ins Feld führen, und der Vorzüge von Lebensformen, die sich mit ihnen verbinden lassen.

Die wechselseitige Rückverstärkung im Prozeß der Selbstentfaltung dieser gleichzeitigen Entwicklungen verschafft dem wenigstens sinnlich noch Faßbaren und von Vertröstungen und Deutungen Unabhängigem, eben der sinnlichen Symbolstruktur der Elemente alltäglicher Bedürfnisbefriedigung und sozialen Kommunikation, überzeugendes Gewicht. Die sehnsuchtsvollen kollektiven Überhöhungen bleiben an den alltagsästhetischen Zeichen gleichwohl haften. Wahrnehmungen werden dadurch für die Bestimmung der eigenen Identität, die Zuschreibung der Identität anderer und die Deutung der sozialen Welt bedeutsam wie nie zuvor. Soziale Vorgänge eines »begriffslosen Erkennens«, die Bourdieu beschrieben hat, gewinnen für den sozialen Raum strukturbildende Macht.[1] Es sind diese milieuspezifischen Lebensformen, die auch für die sozialen und politischen Kommunikationsformen, die einer sucht oder denen sich einer entzieht, oft ausschlaggebende Bedeutung gewinnen.

Die Ästhetisierung der Lebensweise bewirkt, daß die westlichen Wohlstandsgesellschaften sich in neuartigen Mustern entlang der Scheidelinie alltagsästhetischer Lebensweisen segmentieren. Soziale Milieus sind Lebensstilgemeinschaften, in denen sich Menschen wiedererkennen, die starke Vorlieben und Abneigungen in der Lebensführung, im Ausdruck der eigenen Person, in ihren Gewohnheiten, in ihrer Sicht der Dinge, ihren Kommunikationsgewohnheiten teilen. Dies geschieht mittels eines Systems ästhetischer Zeichen, das einerseits für jeden deutlich wahrnehmbar ist und für das sich andererseits so gut wie jeder im Kontakt mit anderen vorrangig interessiert, um sich im sonst verwirrend vielfältigen und unübersichtlichen Raum der sozialen Beziehungen zu orientieren.

Die neuere, empirisch orientierte Sozialforschung ist sich seit den für diese Sicht bahnbrechenden Arbeiten Bourdieus über die beiden diesen Befund im wesentlichen markierenden Sachverhalte weitgehend einig.[2] Der eine Sachverhalt ist, daß die Wahrnehmbar-

---

1 P. Bourdieu (1982), S. 734.
2 Vgl. für eine Darstellung der verbleibenden Streitfragen Flaig, Meyer, Ueltzhöffer (1993), S. 26f.

keit und die Wahrnehmung von Lebensstilen in sinnlich ausdrucksvollen Zeichensystemen der Präsentation, des Verhaltens und der typischen Umgebung von Personen deren soziale Zuordnung bestimmen. Der andere Sachverhalt besagt, daß die handlungsbestimmenden Großgruppen heute in ihren inneren Zuneigungen füreinander und äußeren Abneigungen gegeneinander in ausschlaggebender Weise von diesen sinnenfälligen Zeichensystemen bestimmt werden. Dabei können typische Tätigkeiten ebenso als ästhetisches Zeichen dienen wie Kleidung, Wohneinrichtung oder Redestil.

G. Schulze hat gezeigt, daß die alltagsästhetischen Zeichensysteme ihre soziale Brisanz gewinnen, indem sie neben der Orientierungsfunktion für den einzelnen zwei weitere Aufgaben erfüllen. Sie symbolisieren eine Lebensphilosophie im ganzen. In ihnen kommt zum Ausdruck, welche »grundlegenden Wertvorstellungen, zentralen Problemdefinitionen, handlungsleitenden Wissensmuster über Natur und Jenseits, Mensch und Gesellschaft« den einzelnen bewegen.[1] Sie sind nicht eine beliebige Oberfläche eines in sich ruhenden Wesens. Sie sind der signalhafte Ausdruck des Wesens, wo nicht gar das ganze Wesen selbst. Und sie dienen, eben darum, der Distinktion, der Abgrenzung von anderen mit ihren anderen Lebensstilen und Lebensphilosophien. Wie idealtypisch am Beispiel der beiden sozialen Milieus der Hedonisten und der Kleinbürger im Sinus-Milieumodell sichtbar wird, reichen diese auf Abgrenzung angelegten Unterschiede im Lebensstil bis hin zur aversiven Entgegensetzung in nahezu jeder sozial bedeutsamen Hinsicht.[2]

Im persönlichen Stil kommen immer gleichzeitig die Zuordnung des einzelnen zu einer sozialen Gruppe und die gepflegte Distanzierung von den andern zum Ausdruck. »Distinktion ist immer ›anti‹, sie setzt voraus, daß man sich von den anderen ein Bild macht, das als Vermeidungsimperativ in die eigene Alltagsästhetik umgesetzt wird. (...) Zwischen den Zeilen des Frühlingsgedichts finden wir eine andere Botschaft: die negative, distinktive Sinngebung der Verachtung des Gewöhnlichen, Brutalen, Schlampigen, Materiellen, Unsauberen, Unbeherrschten.«[3] Die für die modernen Sozialmilieus grundlegenden Stilgemein-

1 G. Schulz (1992), S. 111.
2 Vgl. Flaig, Meyer, Ueltzhöffer (1993), S. 51 ff.
3 G. Schulz, a. a. O.

schaften sind »Glaubensgemeinschaften«. Ein alltagsästhetischer Stilwandel wird von der sozialen Umwelt als »normative Konversion« empfunden und sanktioniert, als habe einer die Religion gewechselt.

In einem bestimmten Sinne treten die alltagsästhetischen Differenzierungsmuster das Erbe der klassischen sozialen Konflikte an, denn sie symbolisieren tiefreichende Differenzen in der Weltsicht von Individuen und Gruppen und den Interessen, die mit ihnen verbunden sind. Es wäre daher eine verhängnisvolle Unterschätzung, die ein verengtes Verständnis des Begriffs »Ästhetik« nahelegen kann, in den sozialästhetischen Differenzierungen der Gegenwartsgesellschaft nichts anderes zu sehen als die Aufteilung der Gesellschaft in Geschmackskoalitionen wie die zwischen Kaffeetrinkern und Teetrinkern. Ihre Brisanz behielten die Differenzen immerhin auch dann, wenn die Sozialmilieus nicht als Nachfolger der sozialen Klassen, sondern nur als Spielgemeinschaften in den Wettbewerben der postmodernen Gesellschaft gesehen würden, die nicht anderes verbindet oder trennt als das Trikot, das sie sich für *dieses* Spiel einmal übergestreift haben.

In der Soziologie besteht zwar weitgehende Einigkeit in der Beschreibung des Sachverhalts und auch in wichtigen Teilen der Diagnose. In einem Punkt hält aber die Kontroverse aber. Es ist umstritten, ob die nach alltagsästhetischen Abgrenzungskriterien erfolgende Segmentierung der sozialen Milieus in der Gegenwart nur der modernste Ausdruck der kapitalistischen Klassengesellschaft ist, wie Bourdieu es sah, ob sie eine neue Form der Pluralisierung der im Kern fortbestehenden Klassengesellschaft darstellt, wie Peter von Oertzen und Michael Vester meinen, ob sie eine neue gesellschaftliche Formation herbeigeführt hat, in der die soziale Lage, die ethischen Orientierungen und die alltagsästhetischen Lebensstile gleichermaßen zur Ausbildung gegeneinander sich abgrenzender Großgruppen beitragen, wie es die Analysen von Stefan Hradil und das Milieumodell des Sinus-Instituts nahelegen, oder ob es sich um eine postmoderne Gesellschaftsformation handelt, die auch die letzten Brücken zu den sozioökonomischen Determinanten sozialer Schichtung abgebrochen hat und die ästhetische »Beziehungswahl« des Individuums zwischen gleichrangigen horizontalen Sozialmilieus vollends an die Stelle jeder Art von »Beziehungsvorgabe« durch sozialökonomische Muster treten läßt. Das jedenfalls ist die

Pointe von G. Schulzes Konzept und Begriff der »Erlebnisgesellschaft«.[1]

Übereinstimmend wird in diesen konkurrierenden Deutungen der sozialästhetischen Segmentierung festgestellt, daß der soziale Raum in den sich modernisierenden Gesellschaften der Gegenwart in hohem Maße und in vervielfältigter Form durch alltagsästhetische Symbolwelten strukturiert ist. Zu ihnen zählen vor allem die *Kommunikationsverhältnisse* und die Position der einzelnen Gruppen im öffentlichen Raum.[2]

Soziale Milieus sind in ihren Beziehungen zueinander durch ihre realen Kommunikationsverhältnisse gekennzeichnet. Es handelt sich immer um Gruppen mit erhöhter Binnenkommunikation und mit einer ausgeprägten Haltung der Kommunikationsvermeidung gegenüber den anderen. Die Mitglieder sozialer Milieus suchen, sobald sie die Wahl haben, Alltagssituationen auf, in denen Kommunikationsmöglichkeiten mit ihresgleichen zu erwarten sind, und sie meiden, wo es geht, Situationen, in denen sie den Kommunikationszumutungen von Angehörigen anderer Milieus ausgesetzt wären, offenbar um so bemühter, je weiter die anderen im alltagsästhetischen Raum von ihnen entfernt sind. Diese Abschließung des sozialen Raumes durch hohe Kommunikationsbarrieren hat für die politische Kommunikationskultur und die Verfassung des öffentlichen Raumes fatale Folgen. Sie durchkreuzen die gesellschaftsgeschichtliche Tendenz der Moderne zur relativen sozialökonomischen Annäherung und belasten die realen Kommunikationsverhältnisse im demokratischen Rechtsstaat mit unerwarteten neuen Risiken.

Zu den sozialökonomischen Konflikten, die seit der Mitte der siebziger Jahre von den neuen politischen Themen der Risikogesellschaft überlagert werden, tritt unter diesen Umständen eine neue soziopolitische Scheidelinie hinzu. Sie hat zwei für das Schicksal des Politischen hochbedeutsame Folgen. Alltagsästhetische Ansprüche auf die Gestaltung von Arbeits- und Lebenswelt, Stadt und Natur, Verkehr und Kultur werden zu einem gewichtigen *Konfliktthema*, während sich gleichzeitig die *Möglichkeiten diskursiver Verständigung* zwischen den Sozialmilieus in mehr als einer Hinsicht verringern. Zum einen treten im Verhältnis zwischen ihnen in erheblichem Maße Entfremdung, Vermeidung und

1 A.a.O., S. 34 ff.
2 Vgl. zum folgenden vor allem Flaig, Meyer, Ueltzhöfer (1993).

Abwendung an die Stelle von Konflikt. Zum anderen werden sie sich in ihren alltäglichen Kommunikationsgewohnheiten, -normen und -bedürfnissen – von Milieu zu Milieu freilich in wechselnden Graden – so fremd, daß Gemeinschaftserfahrungen und spontane *Kommunikationssituationen* zwischen ihnen unwahrscheinlich werden. Dadurch wird auch das gezielte Bemühen, gemeinsame Kommunikationschancen zwischen ihnen zu organisieren – etwa durch Partei- oder Bildungsveranstaltungen – durchkreuzt. Zusätzlich driften auch noch die Erwartungen an den Kommunikationsstil der politischen Akteure und die Bedeutung von Fernsehen und direkter sozialer Kommunikation für das Informationsverhalten der Angehörigen unterschiedlicher Milieus auseinander. Die Herstellung verbindender Kommunikationsverhältnisse für die gemeinsame Beratung der Fragen, die alle angehen, wird durch neuartige Hindernisse blockiert. Im Maße, wie die rechtlichen und später auch die sozialökonomischen Zutrittsbarrieren zum öffentlichen Raum gesenkt werden konnten, wachsen nun kommunikationsästhetische Barrieren nach.

Mit folgenreicher Geräuschlosigkeit treten Entfremdung, das Erlahmen oder gar der Abbruch von Kommunikationsverhältnissen und die Schwächung des wie immer konfliktreichen Interesses aneinander zu den alten sozialökonomischen Konfliktlinien hinzu oder an deren Stelle. Sozialökonomische Konflikte machen sich im Gegensatz zu Entfremdung lautstark geltend und drängen in das Zentrum der öffentlichen Aufmerksamkeit. Sie bewirken die Thematisierung ihrer Ursachen, Inhalte und Folgen wie von selbst und fordern politisches Handeln heraus. Die neue Form sozialästhetischer Entfremdung hat entgegengesetzte Folgen. Sie zertrennt wirkliche oder mögliche soziale und politische Kommunikations- und Lebenszusammenhänge, ohne daß dieser Sachverhalt selbst auffällig wird und politisches Handeln auf den Plan ruft. Eine stumme Segmentierung der Gesellschaft, die vielfältige Störung sozialer und politischer Kommunikationsverhältnisse ist die Konsequenz. Sie ist möglicherweise folgenreicher und politischer Bearbeitung unzugänglicher, als die sozialökonomischen Konflikte in der Demokratie es je waren.

Für die Ausbildung eines öffentlichen Raumes, in dem sich dem Anspruch nach alle über die alle betreffenden Angelegenheiten miteinander verständigen können, hat diese Schließung schwerwiegende Beeinträchtigungen zur Folge. »Für die Konstitution sozialer Milieus haben Gestaltvorstellungen zentrale Bedeutung: Sie definieren milieuspezifische Normalität, regulieren die Richtung der Anpassung von Existenzformen, sind Kriterien stilbezogener Sanktionen, begünstigen milieuinterne Binnenkommunikation und wirken als Hindernis für die Aufnahme milieu-überschreitender Beziehungen.«[1]

Für die politische Kultur hat die sozialästhetische Segmentierung, wie sie sich in der Bundesrepublik vollzogen hat, kommunikationsstörende Folgen in mehreren Dimensionen. Die eine ist die Entfremdung in den sozialen und politischen Kommunikationspraktiken unterschiedlicher Milieus. Wie die empirischen Untersuchungen des Sinus-Instituts belegen, sind die Neigungen, politische Veranstaltungen zu besuchen, soziale Kommunikation im engeren oder weiteren sozialen Umfeld zu suchen oder sich statt dessen dem Fernsehen zu überlassen, milieuspezifisch höchst unterschiedlich ausgeprägt. Das Politikverständnis der Milieus entfernt sich infolgedessen voneinander. Beide Differenzen verringern schon heute die Chance, auf politischem Wege Kommunikationsgelegenheiten zu organisieren, die bei den Angehörigen unterschiedlicher Milieus, selbst solchen, bei denen annähernd gleiche soziale und ökonomische oder moralische Interessen zu vermuten sind, gleichermaßen Interesse finden.

Statt dessen spielt sich eine der Milieusegmentierung entsprechende hochgradige Zerklüftung der politischen Kommunikationskultur ein. Der politische Raum zerfällt in Klein- und Kleinstgruppen, zwischen denen die Fäden verständigungsorientierten Handelns reißen. Die großen politischen Parteien sind die Hauptbetroffenen. Die SPD zum Beispiel rätselt seit einem Jahrzehnt, wie es ihr gelingen könnte, die Veranstaltungen ihrer Ortsvereine so zu organisieren, daß die Angehörigen der Milieus, um die es ihr geht, Interesse oder sogar Spaß an ihrem Kommunikationsangebot fänden. Wie müßte, so wird in immer neuen Anläufen gerätselt, eine Kommunikationskultur beschaffen sein, die Arbeiter aus dem *traditionslosen Arbeitermilieu*, für die Fernseh- und Videovergnügen der Maßstab gelungener Freizeit ist, Angehörige des *traditionellen Arbeitermilieus*, die noch unter dem Einfluß von Überlieferungen der alten Arbeiterbewegung stehen, *Kleinbürger* mit ihrer Harmonie- und Ordnungswelt und dem

---

[1] G. Schulz, a. a. O., S. 17.

Wunsch nach klarer Führung, Vertreter des *technokratisch-liberalen Milieus* mit ihrem Verlangen nach emotionsfreier Effizienz und schließlich *Hedonisten* mit ihrer Kultur gepflegter Sinnlichkeit und des Vergnügens um jeden Preis zusammenführt, so daß sie sich gemeinsam ertragen und auf Kommunikationsverhältnisse verständigen könnten, die auf sie alle anziehend und erfolgversprechend wirken?

Die Antwort steht aus. Was bleibt, ist das Auseinanderfallen der Kommunikationskulturen. Der soziale Raum ist blockiert, und mit ihm der politische. Es ist die interne Aufspaltung der realen Kommunikationsverhältnisse selbst durch eine folgenreiche soziale Entwicklung, die gegenwärtig den politischen Raum blockiert und nicht mehr Gewalt oder ihre Androhung. Das entscheidende kommunikative Gegengewicht zur Dominanz eines entpolitisierenden Medieneinflusses, der politische Diskurs in möglichst vielen Organisationen, Netzwerken und Parteien, ist seinerseits durch eine neuartige soziale Störung der Kommunikationsverhältnisse behindert. Die Chance, daß sich Bürgerinnen und Bürger auf gemeinsamen Foren der Verständigung, des Erfahrungsaustauschs, des Diskurses, der politischen Willensbildung treffen, um Politik wieder politisch werden zu lassen, wird paradoxerweise durch Barrieren neuer Art blockiert. Die sozialästhetische Segmentierung produziert Labyrinthe, die aus der Alltagswelt ins öffentliche Leben hinüberreichen, so daß die Beteiligten auch dort kontaktlos aneinander vorbeiirren, statt sich zu begegnen.

## 14. Die Austreibung der politischen Verständigungsfähigkeit
## Die Rückkehr des Absoluten

Öffentlichkeit, ein politischer Raum, der die Verständigung der Bürger über das, was allen gemeinsam ist, möglich macht, wird auch durch die unverhoffte Rückkehr des Absoluten in die Politik gestört, selbst wenn dies zunächst noch auf selbst kleine Gruppen beschränkt scheint, die aber Einfluß auf die Kultur des ganzen gewinnen können.[1] Der fundamentalistische Rückfall aus den Zumutungen der Moderne in die selbstgemachten Gewißheiten einer künstlich inszenierten Vormoderne erscheint überall in der Welt großen und kleinen Gruppen, religiösen und profanen Geistern als der verzweifelte Ausbruch aus den Krisen einer übermütig gewordenen modernen Zivilisation oder den Widersprüchen beim Versuch ihrer Einführung.[2]

Fundamentalismus ist der selbstverschuldete Ausgang des Menschen aus den Zumutungen des Selberdenkens, der Eigenverantwortung, der Begründungspflicht, der Unsicherheit und der Offenheit aller Geltungsansprüche, Herrschaftslegitimationen und Lebensformen, denen Denken und Leben durch Aufklärung und Moderne unumkehrbar ausgesetzt sind, in die Sicherheit und Geschlossenheit selbsterkorener absoluter Fundamente. Vor ihnen soll dann wieder alles Fragen haltmachen, damit sie absoluten Halt geben können. Vor ihnen soll wieder alles andere relativ werden, damit sie der Relativierung entzogen bleiben. Wer sich nicht auf ihren Boden stellt, soll keine Rücksicht mehr verdienen für seine Argumente, Zweifel, Interessen und Rechte.[3]

Situationen, die auf diese Weise fundamentalistisch gedeutet und politisiert werden, sind so vielfältig und unterschiedlich wie die Ungleichzeitigkeiten und kulturellen Traditionen der Gesellschaften, die den unaufhaltsamen Modernisierungsprozeß eingeleitet haben. Je nach dem Zeitpunkt des fundamentalistischen Rückfalls im Verlaufe der Modernisierung und der Nähe einer

---

1 Vgl. dazu informativ G. Kepel (1991).
2 Th. Meyer (1989).
3 A.a.O., S. 157.

Kultur zu ihren vormodernen Traditionen, je nach der Art der Modernisierungswidersprüche und den Traditionen der politischen Kultur entwickelt sich die fundamentalistische Feindschaft gegen die Moderne in je eigener Form, Vehemenz und Bedrohlichkeit.

Fundamentalismus ist das gleichursprüngliche Gegenprinzip zu den Prinzipien der Offenheit und der Ungewißheit, die Kultur und Politik der Moderne begründen. Als militante Gegenmodernisierung ist fundamentalistische Politik so universell und so vielgestaltig wie die politische Kultur der Moderne selbst. Die Fundamentalismen in den beiden größten Demokratien der Welt, der protestantische in den USA und der hinduistische in Indien, sind einander in ihrem absolut gesetzten Fundament so veschieden wie nur möglich. In der entscheidenden Stoßrichtung gegen den säkularen Staat, gegen die Menschenrechte der Andersdenkenden sind sie sich jedoch einig. Sie lassen keinen Zweifel daran gelten, daß die eigenen Glaubensfundamente absolut sind und die Verletzung der Rechte der anderen rechtfertigen.

Die fundamentalistische Versuchung ist immer gegenwärtig, seit die Moderne mit den alten Dogmen auch die alten Tröstungen und mit der alten Willkür auch die Geborgenheit hinweggefegt hat. Sie kann übermächtig werden und zum Massenwahn sich steigern, wenn kultureller Identitätsverlust und soziale Angst zusammenkommen und Organisationen, Symbole, Verheißungen und Demagogen bereitstehen, sie zu schüren und zu nutzen.[1] Sie kann auch wie in den ethno-fundamentalistischen Stimmungen im zerfallenen Sowjetimperium der erste Kitt sein, der die sich auflösenden Gesellschaften zusammenhält. Fundamentalismus wird auch durch die Bodenlosigkeit einer postmodernen Kultur begünstigt, in der alle Vorlieben und Abneigungen gleich viel zu gelten scheinen, das Engagement für die Menschenrechte und die Vorliebe für Videos, ein Leben für die Politik und ein Leben für den Sport, Nachbarschaftshilfe oder Gemeinschaftssauna. Wer durch die Netze der Beliebigkeit fällt, ist auch für den geborgten Boden dankbar, wenn er fürs erste nur hält. Wer glaubt, daß die Mühlen der offenen Gesellschaft und der pluralistischen Demokratie zu langsam mahlen, um Leben und Überleben zu gewährleisten, wer fürchtet, daß die Gedankenlosigkeit der anderen das eigenen Le-

[1] Vgl. B. Tibi (1992).

ben und Heil verspielen werden, mag in der fundamentalistischen Gewißheit und ihrem Absolutheitsanspruch gegen alle Widerstrebenden den einzigen Ausweg sehen. So kehrt das Absolute in die Politik zurück und zerstört das Politische. Nicht zufällig fällt seine weltweite Renaissance mit dem erwachenden Bewußtsein von der Grundlagenkrise der modernen Zivilisation in der Mitte der siebziger Jahre zusammen.[1]

Fundamentalismus löscht das Politische aus, wenn er die Macht ergreift. Das hat das Beispiel des Iran 1979 gezeigt. Er nimmt das Politische in seinen Würgegriff und vermint den öffentlichen Raum, wo er zur starken Minderheitskultur geworden ist. Das zeigen viele Beispiele, wenn auch einige von ihnen in wechselnden Konjunkturen, von Israel bis zu den USA, vom neuen Rußland bis zur Bundesrepublik.

Die politische Kultur des Fundamentalismus ist eine anstekkende *Pathologie der politischen Kommunikationsformen*. Sein finalistisches Politikverständnis beruht auf Prämissen, für die individuelle Interessen, Rechte und Meinungen bedeutungslos sind, weil eine absolute Wahrheit vorab schon entschieden hat, was die Ziele politischen Handelns in Gesellschaft und Kultur, Wirtschaft und Staat zu sein haben. Fundamentalismus in der Opposition respektiert die Ergebnisse offener Willensbildung nur, wo sie mit seinen Vorentscheidungen übereinstimmen. Fundamentalismus an der Macht löscht die demokratischen Institutionen aus.

Fundamentalistische Politik ist Heilspolitik. Im Lichte ihres Absoluten erscheinen Differenz und Dissidenz, Opposition und Offenheit, Vorbehalte und Distanz als Verrat, Sünde oder Lebensfeindschaft. Ihr autoritärer Harmonismus zielt auf Unterwerfung – oder Vernichtung, wo sie mißlingt. Fundamentalismus ist darum immer Freund-Feind-Denken. An die Stelle wechselseitiger Verständigung tritt der *jihad*, der heilige Vernichtungs- oder Bekehrungskampf gegen die Ungläubigen.

Wo Offenheit als Verblendung erscheint, Verständigungsbereitschaft als Kapitulationsangebot, Konflikt als Verrat und Kompromiß als Entehrung kann es keinen Dialog mehr geben. Das Politische ist daher der Hauptfeind des Fundamentalismus. Der Dialog ist der Stoffwechselprozeß des Politischen. Er setzt voraus, daß die Teilnehmer einander Zurechnungsfähigkeit unterstellen

---

1 Vgl. G. Kepel (1991).

und sich in ihrer Personalität anerkennen.[1] Dialog ist ein Verständigungsverfahren, das von dem gemeinsamen Bewußtsein der Teilnehmer geleitet wird, daß es für die Verständigung über Interessen, Werte und Ziele keinen Standpunkt gibt, von dem aus a priori entschieden werden kann. Fundamentalismus als Rückkehr des Absoluten in die Politik setzt an die Stelle des Dialogs gewaltsame Strategien der Einigung, sei es der Bekehrung, der Umerziehung oder der öffentlichen Bloßstellung. Gemeinsames Handeln kann es erst geben, wenn der Gegner mit der Bekehrung seines Bewußtseins die Seiten gewechselt hat. Der Gestus des fundamentalistischen Sprachspiels zielt auf Entlarvung. Die Logik seines Sprachspiels ist die angemaßte Therapie der Verblendeten.

Die Rückkehr des Absoluten in die Politik ist nicht gleichbedeutend mit der Rückbesinnung auf Moral, Religion und Wahrheit im politischen Leben. Es ist die Annullierung des Vorbehalts, daß Religion auch Religion ist, Moral auch Moral, Wahrheit auch Wahrheit, wenn sie nicht meine eigenen sind. Der Fundamentalismus bringt daher nicht Religion, Moral und Wahrheit in ein politisches Leben zurück, das sie verdrängt hat. Er tilgt sie vielmehr endgültig aus, soweit sie seine Meinung über sie nicht teilen. Er ist nicht die Alternative zu jenem dumpfen Pluralismus einer Beliebigkeitskultur, die Toleranz mit Begründungsverboten verwechselt und die Pluralisierung der Lebensstile mit dem Ende der Verbindlichkeit. Er ist nur sein verhängnisvolles Spiegelbild, die Verweigerung des Politischen.

Fundamentalismus ist nicht eine bestimmte Religion, Weltanschauung, Ethik oder Einstellung, sondern eine Weise, sie zu haben und gegen die Ansprüche anderer zu handhaben. Er ist eine der in der Dauerkrise der Moderne gegenwärtigen Versuchungen. Als religiöse, nationalistische oder ökologistische Haltung steht er bereit zum großen Sprung, wenn seine Stunde gekommen ist. Er ist auch in Mitteleuropa keine kleine Gefahr für die Zukunft des Politischen.

1 Vgl. A. Honneth (1992).

# VI.
## Bestände des Politischen

# 15. Utopieverlust
## Vom Ende der politischen Tröstungen

Das Wort Utopie ist ein Wechselbalg in der politischen Sprache. Je nachdem ob er von innen oder außen betrachtet wird, kann daher der Verlust der Utopie, der seit 1989 von allen Seiten diagnostiziert wird, als endgültige Befreiung zum Politischen oder als dessen entscheidende Niederlage gesehen werden. Bemerkenswert dabei ist weniger, daß jene, für die die modernen Versöhnungsutopien schon beerdigt waren, ehe sie recht das Licht der politischen Welt erblickten, wie J. Fest, nun zu neuerlichen Begräbnisfeiern laden.[1] Auch alte Freunde, die bis vor kurzem Hoffnung für das Politische nur im Triumpf der Utopie einer neuen Gesellschaft erblicken konnten, entdecken heute seine Chance in der entschlossenen Absage an die Überreste utopischen Geistes. Das liegt auch daran, daß der Begriff der Utopie weder in dem halben Jahrtausend der politischen Debatten über ihn noch in den anderthalb Jahrhunderten seiner wissenschaftlichen Bearbeitung eindeutige Konturen zu gewinnen vermochte. Einvernehmen herrscht heute nur in dem teils beklagten, teils beklatschten Befund, daß der utopische Geist aus dem politischen Leben gewichen sein.

Wenn Heine in seinem zum Sprichwort gewordenen politischen Vers den Geist der Utopie in dem Versprechen »Zuckererbsen für jedermann« Gestalt annehmen sah, dann fordert das die trotzige Antwort des Enttäuschten, Wolf Biermann, als er sich nach dem großen Ernüchterungsjahr 1989 für die Verleihung des Heine-Preises bedankt, heraus: »Wer den Himmel auf Erden sucht, wird in der Hölle landen.«[2] Das hatte der liberale Skeptiker Popper schon mit denselben Worten vor fünfzig Jahren so gesagt, als das kommunistische Experiment, für die, die ihm vertrauten, noch in seiner schönsten Blüte stand und neben ihm mit dem demokratischen Sozialismus mindestens ein weiterer, für Demokraten verläßlicherer Kandidat, zwar nicht schnurstracks für den Weg ins politische Himmelreich, jedoch für eine »neue und bessere Gesellschaft« um Vertrauen warb, die die ganzen Borniertheiten und

---

[1] J. Fest (1991).
[2] *Die Zeit*, Nr. 51, S. 59.

Widersprüche der alten Gesellschaft hinter sich ließe. Biermanns »Absage an das Himmelreich auf Erden« enthält neben einer Erinnerung, die sie begründet, dann doch wieder etwas, das manchen als Absage an die Absage erscheinen muß und als Begründung dienen kann, daß sich der Geist der Utopie nie kleinkriegen läßt. Die Erinnerung lautet: »Das faszinierende Kunstwort blies Thomas Morus 1516 zum ersten Mal in die Welt. Wir wußten ja, was es zu deutsch heißt: Kein Ort, nirgends! – aber wir hatten es nie wirklich begriffen und suchten uns und die halbe Menschheit kaputt nach diesem gelobten Sankt Nimmerleinsland.« Jetzt, so lautet die Botschaft, kann jeder wissen, daß es das nicht gibt, und die Suche, wenn sie denn fortgesetzt wird, nur in die Hölle führen kann.

Utopie soll es nicht mehr geben, aber die große Hoffnung muß bleiben: »Meine neue Leseart des Wintermärchens bedeutet ganz und gar nicht, daß wir uns bescheiden und den Schwanz einziehen und uns das Träumen abgewöhnen. Ich jedenfalls werde mir die tatkräftige Hoffnung auf eine sozial bessere, auf eine politisch gerechtere, eine friedliche Menschheit niemals abschminken. Das ginge auch gar nicht, denn es ist keine Schminke. Es gehört zu unserem genetischen Erbe aus der Affenzeit, daß wir immer wieder hoffen und es immer auch besser machen wollen als vorher. Wir säßen sonst heut' noch auf den Bäumen.«[1] Das Übel der Utopie sei ihr Unverstand, die fehlende Einsicht, daß die beiden Grundwerte, Freiheit und Gleichheit, nun einmal nicht gleichzeitig Wirklichkeit werden können. Der Versuch, das Unmögliche zu erzwingen, ende immer in Brutalität.

Der Dichter schafft es in seiner Verdichtung, in den wenigen Zeilen, die er schreibt, fast alle Vorurteile und Widersprüche zu versammeln, die sich um den Utopiebegriff seit eh und je gerankt haben.[2] Wenn Utopie nichts anderes gewesen wäre als die Hoffnung, daß sich die Dinge zum besseren wenden mögen, dann ist der Gedanke nicht abwegig, sie sei etwas wie eine anthropologische Konstante. Utopie war aber, von Bacon über Condorcet bis Marx, als eine spezifische Idee der Moderne gerade der entscheidende Schritt über das bloße irdische Hoffen hinaus. Sie war der Glaube, daß irgendwo – nicht nirgendwo – eine Ordnung zu finden wäre, die von den Übeln der bekannten Verhältnisse erlösen

---

[1] A.a.O.
[2] W. Voßkamp (1985).

kann. Sie war, in ihren liberalen Versionen nicht weniger als den sozialistischen und kommunistischen, der Glaube, daß es ein institutionelles Arrangement auf Erden geben könne, das den ewigen Konflikt zwischen den Menschen zu einem harmonischen Abschluß bringen und Emanzipation mit Erlösung ein für allemal versöhnen könne.

Bei Bacon und Marx, Campanella und Cabet, Lenin und Lassalle war die Hoffnung auf mehr als eine bloße Besserung der menschlichen Verhältnisse gerichtet. Wie verschiedenartig und seltsam die Einrichtungen und Mittel, Wege und Ankunftsorte der unterschiedlichen Projekte auch aussahen, die auf den Namen einer Utopie Anspruch erhoben oder machen konnten, in einem stimmten sie überein: Es schien eine Ordnung der menschlichen Dinge zu geben, in der Konflikt durch Harmonie, Egoismus durch Übereinkunft, Leid durch Glück, Entfremdung durch Versöhnung ersetzt werden konnten. Sie alle hegten auch die Hoffnung, daß sich die Menschen von Grund auf wandeln würden, wenn erst einmal die Unvernunft der äußeren Lebensverhältnisse getilgt wäre, in die sie immer gezwungen waren. Neue Gesellschaft, neue Menschen, *Versöhnung* des Menschen mit sich selbst, mit der Natur und mit seinesgleichen, das war die ganz besondere Hoffnung, die auf den Namen Utopie hörte. Die Marxsche, die bis vor kurzem die wirksamste war, verleugnete immer den Namen, obwohl sie auf die Sache wie keine zweite eingeschworen war. Sie zeigte auf ihre Weise so deutlich wie alle ihre verschmähten und verhöhnten Konkurrentinnen, daß die ganz besondere politische Hoffnung, die Utopie hieß, nicht nur der Gedanke der menschlichen Emanzipation war, sondern der *Emanzipation vom Politischen*. Alle modernen Utopien konvergieren in dieser Hoffnung. Es geht ihnen allen um die Überwindung von Offenheit, Konflikt, Differenz, um die Erlangung eines menschlichen Glücks, das nicht mehr durch die ungewissen Mühen des Politischen erst zu suchen, sondern durch deren Umgehung umstandslos zu sichern wäre.

Der Versöhnungsmythos der Utopien ist der Geist des Anti-Politischen par excellence. Wenn das Politische die Praxis der Freiheit ist und Freiheit die Differenz zur Voraussetzung und zum Inhalt hat, dann ist die Konvergenz der Individuen in einen Gemeinschaftsgeist der Gattung im besten, utopischen, Falle das, was Politik entbehrlich, und im schlimmsten das, was sie unerträglich macht. Der Geist der Utopie ist ein ernster Widersacher des Politischen.

Marx ging es um die menschliche Emanzipation im Gegensatz zur bloß politischen.[1] Die politische Emanzipation, das war seine Kritik an ihrem Mangel, setze die Individuen durch die Grenzlinien von Demokratie und Menschenrechten nur zum fairen Austrag ihrer Konflikte frei, statt die Konfliktursachen selbst zu beseitigen.[2] Was Marx aber als Entfremdung kritisierte, die Differenz von Individuum und Gattung, ist gerade das Leben des Politischen. Versöhnung wäre das Ende der Menschenwürde und des Politischen. Die immer erneut aufbrechende Differenz ohne Aussicht auf ein Ende ist die Realität der Freiheit und damit der Boden des Politischen. Gerade wenn der Anspruch aller Menschen auf ihre eigene Freiheit eingelöst ist, sind es die Menschen nicht, denn nun beginnt der unentrinnbare Konflikt der Freiheit.

Was an Marx' utopischem Kern gezeigt wurde, könnte an der liberalen Utopie Condorcets in gleicher Weise demonstriert werden. Und es gilt für die demokratischen Erben der überschwenglichen Hoffnungen der frühen Arbeiterbewegung nicht minder.

Die Utopien der Neuzeit haben bis ins beginnende 20. Jahrhundert gleichwohl als noble Lügen Gutes bewirkt. Sie haben mit Versprechungen, die auf die Überwindung des Politischen durch Versöhnung zielten, einen Kampf beflügelt, der die Bedingungen des Politischen, soweit es durch Institutionen gesichert werden kann, als Praxis der Freiheit gerade durchgesetzt hat. Diese katalytische Hilfe wider willen ist mit der Vollendung der liberalen Demokratie erloschen.[3] Sie schlägt jenseits dieses Punktes in eine handfeste Gefährdung des Politischen um, weil sie das Gesetz seines Lebens gerade als das betrachtet, was es ein für allemal zu überwinden gelte. Friedrich Engels hat es im Gefolge der Saint-Simonistischen Tradition deutlich formuliert. Es gelte die Herrschaft über Menschen durch die Verwaltung von Sachen zu ersetzen. Da an den Sachen nun einmal immer Menschen hängen, konnte es nicht überraschen, daß von der Utopie nichts blieb als die Verwaltung von Menschen *als* Sachen.

1 Vgl. Th. Meyer (1973).
2 K. Marx, *Zur Judenfrage*, in: *Marx-Engels Werke*, Band 1.
3 Das ist übrigens der berechtigte, aber auf völlig mißverständliche Weise theoretisch aufgeladene Kern der Thesen Fukyamas vom Ende der Geschichte.

In den Wissenschaften geht die Kontroverse weiter, was die Utopien wirklich waren und wie groß die Hoffnungen gewesen sein müssen, um Anspruch auf den Namen erheben zu können.[1] In den demokratischen Industriegesellschaften des Westens ist seit dem weltweiten Erwachen des ökologischen Bewußtseins von der Zerstörbarkeit der Erde die große Fortschrittshoffnung im Bewußtsein der meisten der Furcht vor der Zukunft gewichen. Nicht nur in den intellektuellen Diskursen, im sozialen Massenbewußtsein selbst hat sich der historische Wechsel vollzogen. Die utopischen Energien scheinen erloschen. Diesen Epochenwechsel hat Hans Jonas mit seinem Aufruf, vom Prinzip Hoffnung abzulassen und das Prinzip Verantwortung für den Schutz des Lebens an seine Stelle zu setzen, in der Mitte der siebziger Jahre zugleich angezeigt und vorangetrieben. Damit sind aber keineswegs die Hoffnungen versiegt.

Arnold Künzli, der utopischen Tradition von Hause aus nicht fremd, hat vorgeschlagen, am Programm der Emanzipation ungeschmälert festzuhalten, es aber von allen Belastungen mit Versöhnungshoffnungen zu befreien.[2] Emanzipation zielt auf Mündigkeit und die politischen und sozialen Bedingungen, die sie ermöglichen. Demokratie in Staat und Gesellschaft, Recht und Gerechtigkeit sind ihre Voraussetzungen. Wer das eine Utopie nennen will, mag es tun. Es hilft aber über die Erfahrung nicht hinweg, daß Demokratie und Mündigkeit die Differenz auf Dauer stellen, aus der Konflikt und Entfremdung immer aufs neue entspringen. Die Wiederherstellung des Politischen bleibt daher das letzte Wort. Wir können über einen Zustand nicht hinausgelangen, in dem wir unaufhebbar Verschiedenen uns über das, was uns gemeinsam betrifft, immer aufs neue im Konflikt befinden und nach Wegen der zeitweiligen und teilweisen Einigung suchen müssen. Wir sollten es auch nicht wollen.

Der Verlust der Utopie als Ende der Einheit von Emanzipation und Versöhnung kann eine Befreiung zum Politischen sein, weil es nicht mehr als das Unvollkommene erscheint, das keine Dauer haben kann und darum unsere Zuwendung nicht wirklich verdient. Dieser Verlust kann uns vor Augen führen, daß das Politische für Menschen ein Letztes ist. Daß es als Praxis der Freiheit eingerichtet werden kann, bleibt eine große Hoffnung.

1 Vgl. J. Strasser (1990) und R,. Saage (1991).
2 R. Künzli in: Th. Meyer/S. Miller (1986), S. 139 ff.

## 16. Politische Bedürfnisse
## Anthropologische Streifzüge

In Zeiten, in denen die politische Verunsicherung komplett ist, liegt immer die Versuchung nahe, wenigstens in anthropologischen Grundbeständen Halt zu finden. Anthropologische Rückgriffe galten seit der linkshegelianischen Dynamisierung von Mensch und Geschichte in eine gänzlich offene Zukunft, die auf ein unbestimmtes, aber gesichertes Heilsversprechen hinauszuwollen schien, als konservative Schmuggelware in Politik und politischer Theorie. Für die fortschrittsgewisse Linke aber galt, daß jeder Versuch, den Menschen auf weniger als unbegrenzte Perfektibilität festlegen zu wollen, einem Verrat am historischen Projekt der Emanzipation gleichkam. Geschichte als Füllhorn trat in ihrem Denken an die Stelle des Versuchs, aus der bloßen *Vorgeschichte der eigentlichen Menschwerdung*, die es bisher allein gegeben habe, etwas Gültiges darüber auszusagen, was der Mensch sein kann. So ist der Vorschlag W. v. Knoeringens in den sechziger Jahren, in der beginnenden Orientierungskrise nach der Verabschiedung des Godesberger Programms einen anthropologischen Notanker zu werfen, nirgends innerhalb der Linken aufgegriffen worden.[1] Das aber, was an der philosophischen Anthropologie, etwa der H. Plessners, als akzeptabel galt, schien zu unbestimmt, um daraus Orientierung für Politik zu gewinnen.[2]

Es ist die Frage, in welchem Maße die »wirklichen« menschlichen Grundbedürfnisse Anspruch und Bedingungen des Politischen entgegenkommen. Vergleichende Partizipationsforschung hat ermittelt, daß politische Teilnahme in allen westlichen Demokratien, weitgehend unabhängig von den Traditionen der jeweiligen politischen Kultur, durchweg weniger als einem Zehntel der Bevölkerung vorbehalten bleibt. Diese niedrige Rate gilt auch dann, wenn ein weiter Begriff politischer Teilnahme als Maßstab dient, der gelegentliche und informelle Formen politischer Praxis wie Bürgerinitiativen und Veranstaltungsbesuche einschließt.[3] Das

1 W. v. Knoeringen (1968).
2 Vgl. z. B. H. Plessner (1976).
3 S. H. Barnes, M. Kaase (1979).

Politische scheint in modernen Zeiten nur bei Minderheiten wenigstens als Element der Lebenspraxis überhaupt Bedeutung zu erlangen.

»Citizenship without politics«, Bürgerschaft ohne Politik, so überschrieb darum R. A. Dahl schon 1961 das Schlüsselkapitel seines ernüchternden Buches »Who Governs?«[1]

Seine Untersuchung über politische Teilnahmepraktiken und Teilnahmemotive der Bürger New Havens resümierte er in der die vorherrschende Sicht auf den Kopf stellenden Frage: »Es würde die Luft von einem guten Maß an Geschwätz reinigen, wenn wir, statt anzunehmen, daß Politik eine normale Sorge der Menschen ist, von der gegenteiligen Annahme ausgingen, daß nämlich Politik eine abgelegene, fremde und wenig lohnenswerte Tätigkeit ist, welchen Lippendienst die Bürger auch immer den üblichen Gepflogenheiten leisten mögen. Statt des Versuchs zu erklären, warum Bürger nicht interessiert, betroffen und aktiv sind, besteht die Aufgabe darin, zu erklären, warum einige Bürger es sind.«[2] Seine Umfragen hatten, wie er es sah, »eine zentrale Tatsache des politischen Lebens« aufgedeckt. Lokale, nationale, internationale Politik liegen für die meisten Leute am äußersten Rand ihrer Aufmerksamkeit und ihrer Aktivitäten. Ihre stets knappen Zeit- und Energiereserven wenden sie, so lange das ungestört möglich ist, lieber für primäre Aktivitäten der Lebensführung auf, »einschließlich Nahrung, Sex, Liebe, Familie, Arbeit, Spiel, Wohnung, Bequemlichkeit, Freundschaft, soziale Anerkennung und ähnliches«. Vorurteilslose Forschung von Politik als Wissenschaft, die nicht in ihren Gegenstand eine normativ überspannte politische Anthropologie projiziert, um dann erschreckt zu melden, daß sie in der Wirklichkeit nicht aufzufinden ist, das war die Bilanz von Dahl, führt den empirischen Beweis, daß die Anthropologie des Politischen unter den Bedingungen der modernen Massendemokratie nicht mehr als ein liebenswerter Mythos ist. »Dieser alte Mythos von der Sorge der Bürger um das Leben der demokratischen Gemeinschaft ist falsch im Falle von New Haven. Ob der Mythos in Athen Wirklichkeit war oder nicht, werden wir vielleicht nie wissen.«[3] Für das Dauerengagement in den Einrichtungen des politischen Systems mag diese Anthropologie des Unpoli-

1 R. A. Dahl (1961).
2 A. a. O., S. 279.
3 A. a. O., S. 281.

tischen ein Gewicht haben, mit dem jeder Reformversuch zu rechnen hat. Das Engagement in den politischen Netzwerken von Lebenswelt und Zivilgesellschaft ist damit nicht abgetan. Die Bereitschaft, aus der Zurückhaltung hervorzutreten und in raumzeitlicher Selbstbegrenzung politische Teilnahme zu suchen, sobald die Befriedigung der zivilen Interessen gestört scheint, schließt diese skeptische Anthropologie des Politischen ja gerade ein.

Zur platonischen Lehre vom tugendhaften Bürger jedenfalls hat weder der »Mythos« von der Politik als Lebenszentrum aller gehört noch der Gedanke einer Virtualität des Politischen, das aktive Eingriffe aller Bürger ins politische Leben wenigstens dann erwartet, wenn diese ihre zivilen Interessen gefährdet sahen. Der Kern von Platons Anthropologie liegt vielmehr in einer radikalen Unterscheidung. Je nachdem, wie sich beim einzelnen Bürger die drei Seelenkräfte mischen, die in jedem wirksam sind, soll er, wenn er tugendhaft leben will, ein für allemal eine Lebensform wählen, die das Politische einschließt oder absichtsvoll ausschließt. »Nun gebührt doch dem Vernünftigen zu herrschen, weil er weise ist und für die gesamte Seele Vorsorge hat, dem Eifrigen aber diesem folgsam zu sein und verbündet?«, fragt Sokrates. »Freilich (...) und diese beiden nun, so auferzogen und in Wahrheit mit dem Ihrigen unterwiesen und gebildet, werden dann dem Begehrlichen vorstehen, welches wohl das meiste ist und in der Seele eines jeden und seiner Natur nach das Unersättlichste.«[1] Die Gerechtigkeit des Staates und das tugendhafte Leben des Einzelnen verlangen, daß jeder eine »Lebensweise« wählt, die der ihm eigenen Mischung der Seelenkräfte entspricht.

Auch wenn die Rangliste der Lebensweisen offensichtlich ist, tugendhaft ist es für alle und darum zum dieseitigen und zum ewigen Glück gleichermaßen unerläßlich, daß die Geldliebenden, Gewinn-Lustsüchtigen beim Erwerbsleben bleiben, die »Zornartigen«, »Ehrliebenden« und »Streitlustigen« dem Staate dienen und nur die »Weisheits-« und »Vernunftliebenden« das eigentliche politische Leben führen.[2] Da den »drei Arten von Menschen«, die es gibt, »eine weisheitsliebende, eine streitlustige und eine gewinnsüchtige«, »drei Arten von Lust« zugehören, die jeder von ihnen als Lebensglück erscheint, kommt es für sie alle darauf an,

1 Platon, *Politeia*, in: *Sämtliche Werke*, Bd. 3 (1985), 435 e.
2 A.a.O., 580d-583a.

gleichermaßen klug und tugendhaft eine von diesen drei »Lebensweisen« für sich zu wählen, die ihm selbst ein ausgewogenes Leben und dem Staat Gerechtigkeit verschafft.

Zur staatsbürgerlichen Tugend gehört daher gerade, daß sich vom politischen Leben fernhält, wem nicht die unparteiische Wahrheitsliebe das höchste Lebensglück bedeutet. Ungerechtigkeit, der Verfall der Tugenden und der guten Ordnung des Staates drohen, sobald die Lebensweisen sich zu mischen suchen und aus der je eigenen abgesonderten Bahn hinübergreifen in die der anderen. »Also dieser drei Klassen Einmischerei in ihr Geschäft und gegenseitiger Tausch ist der größte Schaden für die Stadt und kann mit vollem Recht Frevel genannt werden?«, fragt Sokrates. Und Glaukon antwortet: »Offenbar«. Solche frevelhaften Übergriffe aus unpolitischen »Lebensweisen« auf das Politische, die sich nicht mit dem ihnen zugemessenen Lebenskreis ein für allemal bescheiden wollen, nennt Platon abfällig »Vieltuerei und Fremdtuerei«.[1]

Es gab in der Antike eine normativ-spekulative und es gibt in der Moderne eine empirisch-analytisch argumentierende Anthropologie, die es weder erwarten läßt noch für tugendhaft und politisch zuträglich hält, wenn jedermann sich zur Teilnahme am politischen Leben berufen wähnt und Übergriffe ins Politische für alle menschlichen *Lebensformen* prägend wären.

So stellt sich die Frage freilich nur in Zeiten, in denen Demokratie als mögliche Lebensform auf der Tagesordnung steht. Denn nur im Hinblick auf die – sei es befürchteten, sei es erwünschten – Ansprüche der Demokratie auf Teilnahme aller an der Selbstregierung, die sie ihrem Begriff nach ja ist, entsteht die Verlegenheit, das gewaltige Defizit der Teilnahmepraxis zu erklären. Wie paßt die *Lebensform*, die die einzelnen je für sich wählen, mit den Lebensregeln zusammen, die *Demokratie* erhalten und mit dem ihr angemessenen Leben füllen können?

Der Prozeß der Modernisierung hat auch *diese* widerspruchsvolle Komplementarität erzeugt. Im Maße, wie dèmokratische Legitimationsformen allein noch begründbar erscheinen, wird die Wahl der individuellen Lebensform von traditionellen Verpflichtungen auf eingelebte Formen der Sittlichkeit gelöst. *Die Demokratie kann die Motivation für die Wahl der Lebensform, die sie voraussetzt, selber weder gewährleisten noch sichern.* Es ist nicht

[1] A.a..O., 44b.

verbürgt, daß diejenigen Tugenden, Orientierungen, Wertmuster und Handlungsbereitschaften in den selbstgewählten Lebensformen der Menschen stets nachwachsen, für die Demokratie gemacht ist und ohne die sich keine Demokratie machen ließe.

Der Streit ist alt zwischen der »realistischen« Demokratietheorie, die nur verlangt, daß eine ausreichende Zahl von Bürgern regelmäßig zur Wahl geht, und ihrer »partizipativen« Konkurrentin, die demokratische Selbstregierung und die bloße Zirkulation der Eliten für einen unerträglichen Widerspruch hält. Was aber ist zu tun, unabhängig von der Neigung, die einen in diesem Streit Partei ergreifen läßt, wenn die Motive nun einmal aus den Lebensformen nicht hervorgehen, in denen »Einmischerei« ein ethisches Grundgesetz des eigenen Lebens oder doch wenigstens eine ständige Versuchung für die betroffenen Bürger ist? Während für das »realistische« Demokratieverständnis die Hinnahme dieses »Faktums« die Wasserscheide markiert, ob Freiheit ernstgenommen wird, auch wenn sie zu unerwünschten Ergebnissen führt, sehen die Verfechter »partizipativer« Demokratie in solcher Hinnahmebereitschaft gerade den Verlust der Freiheit und damit des Sinns von Demokratie selbst.

In diesen beiden, seit Rousseau und Locke namhaft gewordenen, seit Marx und Schumpeter artikulierten Traditionen stehen sich nicht nur zwei abstrakte Modelle demokratischer Legitimation entgegen, sondern auch *zwei politische Anthropologien als Maßstab der Demokratie*. Der Lernprozeß, den die historische Erfahrung ausgelöst hat, daß die ehedem entmündigten Massen nicht die Teilhabe freudig praktizierten und jedes Stück Terrain durch politische Selbstbestimmungspraxis besetzten, als ihnen die gesellschaftliche Demokratisierung die Chance dazu verschaffte, hat - auch unter eingeschworenen Demokraten – zwei entgegengesetzte Reaktionen ausgelöst. In den Reaktionen auf die demokratische Revolution in Osteuropa, als fast alle, die die Wende erzwungen hatten, von der Teilnahme an einer opferreichen Revolutionspraxis schnell in den angestammten Privatismus ihrer Lebensformen zurückkehrten, war die alte Debatte plötzlich noch einmal in einzelnen Biographien, Hoffnungen und Enttäuschungen gegenwärtig.

Zdenek Mlynar, führender Proponent des Prager Frühlings, der in der Emigration dafür gelebt und gearbeitet hatte, daß die republikanischen Ideen jenes hoffnungsfreudigen historischen Augenblicks doch noch wahr gemacht werden könnten, zeigt sich im Gespräch mit seinem Sohn, der im Lande selbst für Veränderungen wirken wollte, über das, was nach dem Kommunismus nun zu kommen scheint, tief enttäuscht. »Für mich ist ein Grundproblem eines politischen Systems, wie man erreichen kann, daß möglichst viele Menschen am Prozeß der politischen Entscheidungen partizipieren können. Für Euch geht es darum, das effektivste Entscheidungssystem zu schaffen, das möglichst ähnliche wirtschaftliche und politische Verhältnisse wie im Westen herbeiführt.« Sein Sohn erteilt dieser Hoffnung die klassische Antwort des liberalen »Realisten« noch einmal. »Der Unterschied liegt darin, daß Eure Generation – überspitzt gesagt – der Auffassung war, daß man diejenigen, die nicht einverstanden sind, zu ihrem Glück prügeln muß. (...) Ich bin heute nicht so 100prozentig überzeugt, wie die Leute, die 1968 im Zenit waren, ob die Politik der heutigen Regierung richtig ist. Bisher haben mich allerdings noch keine anderen Argumente überzeugt.«[1]

Hanna Arendts aristotelische Bestimmung des Politischen hat sie nicht veranlaßt, nach aristotelischem Vorbild eine Anthropologie auszuarbeiten, aus der das Politische abzuleiten wäre. Das hätte auch schlecht zu ihrer Zeitdiagnose gepaßt, daß das Politische über lange Perioden verschüttet war und nun, womöglich, im Begriffe stand, sich ganz aus der Geschichte der Menschheit zu verabschieden. Damit vertrug sich allenfalls eine negative Anthropologie, die den Menschen als das zwar der Politik bedürftige und zum Politischen begabte Wesen sieht, aber nicht als eines, zu dessen Wesen das Politische selbst hinzugehört. »Denn die Vorstellung, daß es Politik immer und überall gäbe, wo es Menschen gibt, ist selbst ein Vorurteil ...«[2] Dafür gab es für sie zwei Gründe. Der eine lag in der unbestreitbaren Tatsache, daß Herrschaft und Ordnung auch ohne politisches Leben existieren. Aber der andere war selbst eine Art Gegen-Anthropologie, sofern Anthropologie als eine Lehre verstanden wird, die das Wesen des Menschen im Einzelmenschen sucht. »Die Philosophie hat zwei gute Gründe, niemals auch nur den Ort zu finden, an dem Politik entsteht. Der erste ist: 1) Zoon politikon: als ob es *im* Menschen etwas Politisches gäbe, das zu seiner Essenz gehöre. Diese gerade stimmt nicht; der Mensch ist a-politisch. Politik entsteht in dem *Zwi-*

---

1 *Kölner Stadtanzeiger*, 19.8.93.
2 H. Arendt (1993), S. 79.

*schen-den*-Menschen, also durchaus *außerhalb des* Menschen. Es gibt daher keine eigentlich politische Substanz. Politik entsteht im Zwischen und etabliert sich als der Bezug.«[1] In einer monadischen Anthropologie kann das Politische nicht begründet sein.

Axel Honneth hat in einer Verknüpfung der historistischen Anthropologie Hegels mit der Interaktions-Anthropologie Meads ein empirisch plausibles und politisch bedeutsames anthropologisches Modell entwickelt, das eben dieses *Zwischen* als anthropologische Substanz selbst erkennt. Es ist der »Kampf um Anerkennung«, der zugleich die Stufen der Herausbildung menschlicher Persönlichkeit und die Grundformen der sozialen Beziehungen zwischen den Menschen bedingt. Der Mensch ist, wie G. H. Mead gezeigt hat, nicht etwas, das je als einzelnes zuerst für sich entsteht, bevor es dann in soziale Bezüge und politische Verhältnisse eintreten kann.[2] Der einzelne bildet eine personale Identität überhaupt nur im Verlaufe ursprünglicher Interaktionsbeziehungen aus, die immer schon wirksam und prägend gewesen sind, bevor er über sich selbst und diese Beziehungen ein Selbstbewußtsein entwickeln kann. Die Prozesse der Sozialisation und der Individuierung bedingen einander und setzen sich wechselseitig voraus. Die Normen der eigenen Identitätsbildung sind die anerkannten Normen aller anderen, auch wenn der einzelne in der Reflexion auf dieses Verhältnis die Freiheit ihrer Zurückweisung gewinnt.

Die Ausbildung der individuellen Identität geschieht in einem Prozeß wechselseitiger Anerkennung, in dem sich, wie Honneth deutlich macht, die existentiellen Dimensionen der biologischen Bedürfnisnatur des Menschen und seiner moralischen Sozialnatur auf eine charakteristische Weise verschränken. Die Dynamik dieses Prozesses, in dem der einzelne zur Person und gleichzeitig das Netz der sozialen und politischen Beziehungen hergestellt wird, durchläuft, in unterschiedlichen historischen Gesellschaften auf unterschiedliche Weise, stehts drei Stufen. Honneth nennt sie »Liebe, Recht, Solidarität«.[3] Seine Theorie ist ein plausibler Versuch, die sozialanthropologischen Bedingungen der Ausbildung des Individuums und eine grundlegende Dimension sozialer Konflikte und sozialen Wandels aus dem unvermeidlichen Kräftespiel gelungener oder verweigerter gegenseitiger Anerkennung zu er-

---

1 A.a.O., S. 11.
2 G. H. Mead (1973).
3 A. Honneth (1992), S. 148 ff.

klären. Im Begriff der Anerkennung verschränken sich moralische und sozialökonomische Interessen und Motive.

Die erste, noch vorsprachliche Form der Anerkennung, die die späteren erst möglich macht, führt zur Ausbildung einer emotional ihrer selbst sicheren Bedürfnisnatur des einzelnen. Die Liebe als erste Form der Anerkennung, in der sich die Sozialnatur des Menschen aus seiner biologischen Bedürfnisnatur entwickelt, ist eine gelungene Form der Ablösung aus dem ursprünglichen Verschmelzungserlebnis von Mutter und Kind. Liebe wird dieser ursprüngliche Verschmelzungswunsch durch Erfahrungen, die ihn mit dem Erlebnis der Distanz zu verbinden weiß. »Zum Gefühl der Liebe wird dieser Verschmelzungswunsch allerdings erst, wenn er durch das unvermeindliche Erlebnis der Trennung soweit enttäuscht worden ist, daß in ihm von nun an die Anerkennung des anderen als eine unabhängige Person konstitutiv miteinbezogen ist; nur die zerbrochene Symbiose läßt zwischen zwei Menschen jene produktive Balance zwischen Abgrenzung und Entgrenzung entstehen«, die dem Individuum emotional stabile Selbstsicherheit verschafft.[1]

Erst wenn das Kleinkind dadurch, daß es sich der mütterlichen Liebe sicher wird, zu einem Vertrauen in sich selber gelangt, das es ihm ermöglicht, sorglos mit sich allein zu sein, ist die Grundlage für alle sprachvermittelten weiteren Schritte der Individuierung zur Person und für ein autonomes Verhältnis zu anderen Personen gelegt. Diese elementare Form der Anerkennung geht als »Grundschicht einer emotionalen Sicherheit« allen anderen Formen der reziproken Anerkennung logisch und genetisch voraus.

Darauf basiert die zweite Stufe wechselseitiger Anerkennung. Die individuierten Personen »erkennen sich dadurch, daß sie dem gleichen Gesetz gehorchen, wechselseitig als Personen an, die in individueller Autonomie über moralische Normen vernünftig zu entscheiden vermögen«.[2] In dieser wechselseitigen Anerkennung ihrer individuellen Autonomie werden die Personen zu Rechtssubjekten und da sie prüfen müssen, welchen Gesetzen sie aus gemeinsamer Überzeugung folgen können, werden sie zu politischen Subjekten im Sinne von Politik als Praxis der Freiheit. Selbstachtung ist für das Rechtsverhältnis dasselbe wie Selbstvertrauen für die Liebe.

1 A.a.O., S. 169.
2 A.a.O., S. 177.

Der Kampf um die wechselseitige Anerkennung der Personen als autonome Subjekte führt schließlich zur Einrichtung von Grundrechten und demokratischen Entscheidungsverhältnissen als den Institutionen, die diese allein gewährleisten können. Und »zu den Eigenschaften, die ein Subjekt dazu in die Lage versetzen, autonom aus vernünftiger Einsicht zu handeln, ist inzwischen ein Mindestmaß an kultureller Bildung und an ökonomischer Sicherheit hinzugetreten«.[1] Das anthropologisch tiefsitzende Bedürfnis nach wechselseitiger Anerkennung als Achtung der eigenen Person entfaltet sich in der Geschichte zunehmend konkret und erweitert seine Rechtsbasis. Kultur- und sozialstaatliche Garantien sind für seine Absicherung im 20. Jahrhundert selbstverständlich geworden. Mißachtete Anerkennung führt zu sozialen Kämpfen, die erst in beständige Friedensverhältnisse münden können, wenn das Anerkennungsbedürfnis aller befriedigt ist.

Eine dritte Stufe wechselseitiger Anerkennung, zu der die Sozialnatur des Menschen unweigerlich strebt, ist die »soziale Wertschätzung«.[2] Während sich die rechtliche Anerkennung auf die Fähigkeit der Person zur Selbstbestimmung bezieht, reagiert soziale Wertschätzung auf ihre konkreten Eigenschaften und Leistungen für die Gesellschaft. Soziale Wertschätzung ist daher fast vollständig von den jeweiligen kulturellen Deutungen einer historischen Gesellschaft abhängig, die sie für die Beiträge von einzelnen und Gruppen zur Verfügung stellt. Und der Kampf um diese Deutungen ist selber eine Erscheinungsform des Kampfes um Anerkennung. Bei der sozialen Anerkennung, derer der einzelne bedarf, geht es um das Selbstbewußtsein seines eigenen Beitrags für das Leben der anderen, so wie er weiß, daß sie für das seine entscheidende Voraussetzungen leisten. Sie vermittelt ihm ein begründetes und im Anerkennungsverhalten der anderen bestätigtes »Selbstwertgefühl«.[3]

»Selbstvertrauen« durch ursprüngliche Liebeserfahrung, »Selbstachtung« durch anerkannte Gleichheit der eigenen Person und »Selbstschätzung« durch gesellschaftliche Solidarität sind sozialanthropologische Grundbedürfnisse, deren Befriedigung elementare Handlungsziele setzt und deren Verweigerung zu politischen,

---

1 A.a.O., S. 192.
2 Honneth nennt sie in etwas problematischer Begriffswahl »Solidarität«, a.a.O., S. 196ff.
3 A.a.O., S. 209.

sozialen und kulturellen Kämpfen führt, die erst in gesicherten Verhältnissen reziproker Anerkennung sozialen Frieden in Freiheit, also das Leben des Politischen, möglich machen.

Diese Deutung der anthropologischen Grundstruktur des Politischen läßt *eine* zentrale Dimension seiner Dynamik erkennen. Sie macht sichtbar, worin die Möglichkeiten und wo die Grenzen von Politik als Gemeinschaftspraxis der Verständigung liegen. Verständigungsorientiertes Handeln ist letztlich nur tragfähig, wenn es *unter der Bedingung* der vollen wechselseitigen Anerkennung erfolgt *und* unter vertrauenswürdig geklärten Voraussetzungen *auf deren Realisierung gerichtet* ist. Diese sozialanthropologsiche Dynamik zeigt auch die Grenzen auf, die ideologischen Situationsdeutungen und utopistischen Versprechungen in längerer Sicht gesetzt sind, die das Bedürfnis nach wechselseitiger Anerkennung in einer seiner Dimensionen manipulativ überspielen möchten. Sie deutet an, bei welcher Art von Konflikten Gewaltbeziehungen und Kämpfe zu erwarten sind, weil ihre Lösung durch diskursive Vereinbarungen nicht zu erwarten ist. Für verweigerte Anerkennung kann es auch unter institutionell stabilisierten Voraussetzungen keine dauerhaft verläßliche Verständigungslösung geben.

Diese Sozialanthropologie des Zwischen scheint in die Nähe eines Grundbedürfnisses des Politischen zu kommen, da die Dynamik der wechselseitigen Anerkennung auf ein politisches Wechselverhältnis angelegt ist und seiner zu ihrer Befriedigung bedarf.

Das Grundbedürfnis der wechselseitigen Anerkennung demonstriert die Wirksamkeit eines moralischen Interesses in der Regelung der sozialen Beziehungen, das zugleich die Lebenswirklichkeit des Politischen *in der Gesellschaft selbst* verankert.

Auch wenn bei Honneth mit der ersten Stufe der Anerkennung im Mutter-Kind-Verhältnis die biologische Bedürfnisnatur des Menschen als Basis einbezogen ist, auf der sich die sozialen Interaktionen entfalten, gerät doch bei den höheren Stufen der Anerkennung die fortwirkende Macht der Leiblichkeit menschlicher Existenz aus dem Blick. J. Fischer hat in einem aktualisierenden Resümé der philosophischen Anthropologie Plessners in Erinnerung gerufen, in welchem Maße die »Leibexistentiale«, die den Menschen ausmachen, immer auch zur polarisierenden Verselbständigung fähig bleiben, sich vernünftigen Vereinbarungen entziehen und die Macht der je individuellen Bedürfnisbefriedigung zur Entfaltung bringen.[1] Das Politische geht in rationaler Verständigung nicht auf.

Es sind vier Dispositionen, die in der menschlichen Leibgegebenheit gründen, aber nicht aufeinander zurückgeführt werden können, »vier Spannungsbögen aus der exzentrischen Leibposition heraus, die den Menschen in seinem eigentümlichen Tun und Lassen disponieren und dynaminisieren«.[2] Es handelt sich um *Vertrauen, Begehren, Beherrschen* und *Vernunft*. Das Grundbedürfnis *Vertrauen* entstammt der »ängstigenden Erfahrung der Abhängigkeit von fundamental fremder Welt« und findet seine erste Erfüllung in mütterlicher und familiärer Geborgenheit. Soziale Gemeinschaft und Religion sind sekundäre Formen seiner Befriedigung. Das Grundbedürfnis *Begehren* entsteht in der Begegnung des Leibes mit den Reizen der Außenwelt, wenn sich freie Energien von den vitalen Bedürfnissen lösen »und als Begierden die Bedürfnisse durchdringen und überspielen, eigene Erfüllung heischen, Augenlust, Hörwünsche, Tastbegierden«.[3] Sinnliche Lust und Begierde, unbegrenzte Kauf- und Besitzwünsche, der Markt und die Kunst sind Felder, auf denen die Begierde ihre stets nur vorübergehende Erfüllung findet. Das Grundbedürfnis des *Beherrschens* entsteht aus der frühen Erfahrung naturbedingter Ohnmacht und der Fähigkeit, sie durch Können zu überwinden. Die fremde Welt nach eigenem Willen funktionieren zu lassen oder auf Abstand halten zu können ist das Ziel dieses Bedürfnisses. In Macht, Organisation und Technik entfaltet es sich. Schließlich führt das Selbstbestimmungserlebnis zur Disposition der *Vernunft* im menschlichen Wesen, »wenn es einmal eine frei gewählte Regel besonnen im Verhältnis zu den Impulsen des Körpers durchbringt. (...) Der entscheidende Schub der Vernunft ereignet sich im Erfahren des anderen Leibes als ein Zentrum eigener Aktivität, dessen Körper sich wohl fassen läßt, dessen exzentrische Selbstgegebenheit aber für den Ersten unverfügbar bleibt.«[4] Die Vernunft findet ihre Befriedigung in den Akten der Verständigung, zumal im Recht als zwangloser Form der Regelung konfligierender Interessen.

1 J. Fischer (1992), S. 7ff.
2 A.a.O., S. 9.
3 A.a.O., S. 12.
4 A.a.O., S. 15.

Auch wenn nicht zu vergessen ist, daß jede Anthropologie nur ein Entwurf aus ihrer eigenen Zeiterfahrung heraus sein kann, spricht viel für Fischers These, daß diese vier Grundbedürfnisse als gleichursprüngliche Antriebe im menschlichen Handeln wirken. Daraus folgt indessen nicht, daß sie unter allen Umständen »hierarchielos« sein müssen.[1] Die stets offene und in ihrem Ausgang ungewisse und unbeständige Beziehung dieser Grundbedürfnisse zueinander scheint vielmehr gerade das zu sein, womit wir für das Verhältnis der Menschen zueinander und zur Welt auch weiterhin zu rechnen haben. Die Vernunft kann keine feste und verläßliche Hierarchisierung zwischen ihnen erzwingen, aber sie kann sich immer aufs neue Respekt verschaffen und die Grenzen ziehen.

Fischer selbst stellt eine Beziehung dieser Anthropologie zum Politischen her. Die gleichursprüngliche Macht der Grundbedürfnisse über das Verhalten der Menschen führt zum Scheitern jeder Politik, die auf dem Absolutismus nur eines der Grundbedürfnisse aufgebaut ist; des Fundamentalismus, weil er das Vertrauen absolut setzt, des Liberalismus als Absolutismus des Begehrens, des Kommunismus als Absolutismus der Vernunft, des Faschismus als Absolutismus der Macht.[2] Der Erklärungswert dieser idealtypischen Zuordnung mag fragwürdig sein. Überzeugend ist jedoch das Argument, daß im politischen Leben stets alle menschlichen Grundbedürfnisse ins Spiel kommen und nicht nur Herrschaft oder Vernunft. Die Macht der ästhetischen Indienstnahme der Sinne und die der bergenden fundamentalistischen Selbstbornierung können sich trotz aller selbstzerstörerischen Folgen nur behaupten, weil sie zugleich tiefliegende Bedürfnisse *auch* wirklich befriedigen.

Die leibgebundenen anthropologischen Dispositionen und das sozialanthropologische Grundbedürfnis nach Anerkennung der eigenen Person erfüllen offenbar *gleichzeitig drei widerspruchsvolle Funktionen* für das politische Leben. Sie sind die Antriebskräfte, die in ihm wirksam werden, sie sind die Grenzen für das, was es möglich machen kann, und sie erzeugen die Interessen und Konflikte, die Politik lösen muß. All diese Bedürfnisse werden in der Politik wirksam. Von ihrem Kräfteverhältnis hängt es ab, ob sich die Politik dem Politischen anzunähern vermag oder von ihm

1 So auch B. Sutor (1992), S. 29.
2 J. Fischer, a. a. O., S. 20.

entfernt. Es gibt kein Bedürfnis des Politischen, aber viele politische Bedürfnisse, auch solche, die das Politische vereiteln, ohne ein unglückliches Bewußtsein zu hinterlassen.

Es ist das Schicksal des Politischen, die Widersprüche des menschlichen Zusammenlebens nur mit den Mitteln bearbeiten zu können, die selber durch und durch mit diesen Widersprüchen imprägniert sind. Der Diskurs und die Vernunft können zur Macht werden, aber niemals ganz und niemals unangefochten. Der Kampf gegen sie kann auf mächtige Bedürfnisse rechnen, die in jedem von uns wirksam sind. Die Erinnerung an diesen Widerspruch ist nach allen Erfahrungen dieses Jahrhunderts eher ein Akt der Selbstaufklärung des Politischen als der Versuch, ihm unziemliche Grenzen zu setzen. Diese Erinnerung läßt uns auch die Grenzen nicht vergessen, die selbst einer gelingenden Praxis des Politischen immer gesetzt bleiben, und die Bedingungen erkennen, die es erfüllen muß, um lebenswirklich zu werden.

Politik kann ihre eigenen Voraussetzungen nicht garantieren. Aber sie kann Beiträge dazu leisten, damit dem Politischen in den Lebensformen der Menschen ein gebührender Platz eingeräumt wird, das Politische auch auf der subjektiven Seite einen »Sitz im Leben« hat. Erst wenn das Motiv der Selbstbestimmung als Kern und Rahmen in den Wunsch der Selbstverwirklichung aufgenommen ist, wären auf der subjektiven Seite, als Anspruch, Politik und Leben versöhnt. Davon entfernen wir uns heute. Für eine Umkehr dieser Dynamik käme es auf die Schaffung von *Erfahrungsorten des Politischen in der Lebenswelt* an.

## 17. Die Lebenswirklichkeit des Politischen

Politik und Leben können auf höchst unterschiedliche Weise auseinander – oder, was nichts besseres verheißen muß – zusammenfallen. D. Cohn-Bendit hat versucht, die beiden Hauptvarianten ihrer Entfremdung, die vorherrschten, solange der Ost-West-Gegensatz die Politik in Europa bestimmte, auf einen Begriff zu bringen. »Wer (...) heute die Werke von Milan Kundera liest, merkt, daß es auch in der ČSSR um Politik und Leben ging. Während es bei uns im Westen um Leben und Politik ging.«[1] Im Osten hatte demnach die Politik das Leben mißachtet – oder in Dienst genommen, was dasselbe ist –, im Westen das Leben die Politik. Das eine Mal herrschte eine dem Leben fremd gewordene Politik über das Leben, das andere Mal wandte sich ein der Politik fremd gewordenes Leben von der Politik ab. Die Mittel und die Folgen waren höchst verschiedenartig. Ein unversöhnter Dualismus herrschte in beiden Fällen. Waren die Wirkungen vergleichbar? Der grün-alternative Politiker setzt voraus, daß beide, Politik und Leben, eins sein müßten, wenn die Verfehlung ihres Sinnes durch falsches Leben und falsche Politik sie nicht trennte. Der Wiedervereinigung der entfremdeten Welten von Ost und West solle nun die Wiedervereinigung von Politik und Leben folgen.

Diese Idee kontrastiert mit H. Arendts schroffem Plädoyer für einen Dualismus von Politik und Leben als Voraussetzung für das Leben des Politischen. Erst in der vollendeten Trennung der Politik vom Leben werde das Politische als eine Praxis der Freiheit möglich, die im Leben der Bürger zentral wird, weil sie nicht mit ihm zusammenfällt. »Frei-Sein im Sinne einer positiven, frei sich entfaltenden Tätigkeit ist in einem Bereich lokalisiert, wo es um Dinge geht, die der Natur der Sache nach allen gemeinsam gar nicht sein können, um Leben und Eigentum nämlich, um das also, was jedem am meisten zu eigen ist.«[2] Eigentum und Leben als Handlungssinn bilden vielmehr jene Sphäre des »idion«, in der zu verharren in der Polis den »idiotes« ausmachte, eben den, der zum politischen Leben nicht taugte.

Die Dialektik des modernen Staates, so lautet Arendts Kritik,

1 In: *Die Neue Gesellschaft/Frankfurter Hefte*, 7 (1992), 593
2 H. Arendt (1993), S. 67.

bedrohe gerade in seinen Erfolgen das Politische, indem er die Sicherung des Lebens der Bürger gewährleistet und ihnen durch erfolgreiches Regieren um so größere Chancen schafft, sich selber nur noch um die Mehrung der Güter zu kümmern, die für ein glückliches Leben erforderlich scheinen. Die Gesellschaft selber sei unpolitisch, denn sie erscheint, wie bei Hegel, als System der Bedürfnisse, als Feld bloß individuell-egoistischer Stategien der Lebenssicherung eines jeden für sich. Je effizienter daher regiert wird, um so wirksamer untergräbt die Regierung selbst das Leben der Gemeinschaftspraxis der Freiheit, also die Bedingungen des Politischen, weil sie die »Freigabe der Menschen für die Entwicklung der gesellschaftlichen Produktivkräfte«, eben die Sicherung des Lebens, vorantreibt. Das Leben, nicht nur das individuell-biologische, sondern der ganze Bereich der Gesellschaft, der seit Hegels Begriffsprägung als ausschließlich dessen Erhaltung gewidmet erscheint, bestimmt sich für Arendts klassisches Projekt des Politischen ausschließlich als radikaler Antipode, als Widersacher des Politischen. »Zwischen der Meinung, daß der Staat und das Politische eine für die Freiheit unentbehrliche Einrichtung ist, und der, die in ihm eine für das Leben unentbehrliche Einrichtung sieht, liegt ein unüberbrückbarer Gegensatz (...).« Denn unvermeidlich wächst »in der Verkoppelung von Politik und Leben ein innerer Widerspruch, der gerade das spezifisch Politische aufhebt und ruiniert«.[1] Das Freiheitsverständnis, das das Leben des Politischen erst erlaubt, ist nur im Idealismus der Hingabe an ein Allgemeines möglich, in dem jeder Zusammenhang mit bloß individuellen Interessen und den Notwendigkeiten der Selbsterhaltung überwunden ist. Der Begriff des Politischen gerät auf diese Weise in die Nähe der Selbstverständigung einer interessenlosen Gemeinschaft, für deren Argumentationspraxis Rückbindungen an andere Motive wie in der Wissenschaftlergemeinde als Disqualifikation wirken.

Arendts Begriff des *Lebens als Gegensatz zum Politischen* hat zwei Seiten. Beide gehen kaum merklich aus Aristotelischen Distinktionen hervor. Sie übertragen, ohne den Vorgang offenzulegen, einen überaus voraussetzungsreichen antiken Kontext auf moderne Verhältnisse. Am öffentlichen Leben, so wie es in der Polis organisiert war, konnte nur teilnehmen, wer an der Bereit-

[1] A.a.O., S. 70.

stellung des für das Leben Notwendigen, »mit der das Leben alle zwingt«, nicht teilnehmen mußte. Da das Leben des Politischen, so wie es verstanden und praktiziert wurde, die jederzeitige volle Verfügbarkeit des Bürgers für seine Anforderungen, Debatten, Ämter und notfalls den Krieg verlangte, gerät die Fürsorge für das Leben mit der Muße, Autonomie und der Ausbildung der beide voraussetzenden Bürgertugenden in eine ausschließende Konkurrenz der Anforderungen. Entweder oder.

Zugleich zehrt Arendts Dualismus stillschweigend von der aristotelischen Seelenlehre, die für die Grundlegung der Polis in die Rolle einer politischen Psychologie schlüpfte. Zum prinzipiell unfreien Leben, nämlich den bloßen Handlangerdiensten für die Beschaffung der Lebensnotdurft, waren ja, nicht im Sinne zufälliger Berufsrollen, sondern anthropologischer Affinitäten, genau jene bestimmt, deren leidenschaftliche Seelenkräfte die vernünftigen beherrschen. Diese sollten an der Vernunft, dem Organ des politischen Lebens, gerade noch soweit teilhaben, daß sie sie von anderen annehmen können, ohne sie selbst zu besitzen.[1] Der Vollzug des Lebensnotwendigen beansprucht nur die niederen Seelenkräfte und bestärkt sie. Leben in diesem Sinne und die Tätigkeiten, die es sichern, rücken in die Nähe animalischer Selbsterhaltung. Erst das Politische ist daher der Schauplatz, auf dem der Mensch Mensch werden, nämlich vernunftbestimmt handeln kann. Es ist nur die Praxis, in der sich Sprache und Moral, Verständigung und Anerkennung ausbilden können. In der aristotelischen Begriffstradition der Entgegenstellung von Leben und Politik maskiert sich auch ein alter anthropologischer Mythos. Ihm gilt Leben nur als eine Voraussetzung des Menschlichen, die selber nichts wahrhaft Menschliches ist.

Dieser abgemagerte Begriff des Lebens ist als Gegenspieler zum idealistischen Begriff des Politischen geradezu konstruiert. Leben, das so bestimmt wird, kann schon aus Definitionsgründen weder das Politische umfassen noch in sich aufnehmen. In anderem Zusammenhang erinnert Arendt an die Verbindung des »guten Lebens«, im Sinne von Aristoteles, mit der Praxis der Freiheit als einer seiner Bedingungen. Er verdorrt in den Grenzen dieser Begriffe aber zu einer bloßen Tautologie, weil »gut« als Kennzeichnung des politischen Lebens nichts anderes mehr heißen kann als

---

[1] Aristoteles, *Politik*, 1254 b, 5-25.

die Praxis der Freiheit als Tugend. Der Begriff des Politischen ist bei Arendt aller biologischen, gesellschaftlichen und ökonomischen Farben beraubt. Sie hat den Dualismus von Leben und Politik zugespitzt, um eines der modernen Vorurteile zu destruieren, das gerade die vermeintlichen Freunde des Politischen in die Irre führe. Ihre Grundbegriffe sind gegen die Verkürzung gerichtet, derzufolge Politik in modernen Massendemokratien kaum mehr sein könne als die Gesamtheit der – gegebenenfalls von oben gestifteten – rechtlichen und sozialstaatlichen Vorleistungen für eine als Endzweck verstandene private Lebensführung der vereinzelten Menschen. Mit Freiheit steht solche Politik nicht mehr in dem positiven Zusammenhang des abgestimmten Handelns Gleicher, sondern nur noch in der negativen Beziehung der Freisetzung aller einzelnen von der Bedingung der Verständigung mit allen anderen.

Diese Dialektik der Modernisierung der Politik hat J. Habermas auf instruktive Begriffe gebracht. Zu ihnen gehört zentral der der Lebenswelt. Der Zerfall der vormodernen Formen der Sittlichkeit, in denen das persönliche, das wirtschaftliche und das öffentliche Leben von einem alle Bereiche gleichsinnig prägenden Ethos umfaßt, gesteuert und motiviert wurden, ist im Prozeß der Modernisierung unwiderbringlich zerfallen. Vernunftmoral und positives Recht übernehmen diese gesellschaftlichen Steuerungsleistungen auf fragile Weise, weil sie selbst andauernd unter Begründungszwängen stehen und einen weiten Raum für die Ausbildung unterschiedlicher Motive und Ethiken der Lebensführung öffnen. Vernunftmoral und positives Recht leisten auch die Verschränkungen der Lebenswelt mit dem politischen System – und über sie mit allen gesellschaftlichen Teilsystemen.[1] Die Quelle aller legitimen Politik entspringt in der Lebenswelt. Die negative Freiheit rechtlich gesicherter privater Handlungsspielräume und die positive Freiheit verständigungsorientierter politischer Gemeinschaftsentscheidungen bedingen einander, fallen aber im Hinblick auf den Handlungssinn, den Menschen mit beiden verbinden können, systematisch auseinander. Dieselbe Freiheitschance kann als gesicherter Ausgangspunkt für Verständigungshandeln oder als Schutzwall für privat-egoistische Interessenverfolgung dienen.

»Auf der einen Seite entfesselt das System der Rechte die interes-

---

[1] Habermas (1993), S. 152 ff.

segeleitete Willkür erfolgsorientiert handelnder Einzelsubjekte in den Bahnen von zwingenden Gesetzen, die gleiche subjektive Handlungsfreiheiten kompatibel machen; auf der anderen Seite mobilisiert und vereinigt es die kommunikativen Freiheiten präsumptiv gemeinwohlorientierter Bürger in der Praxis der Gesetzgebung. (...) Der Rechtskode läßt keine andere Wahl; die Kommunikations- und Teilnahmerechte müssen in einer Sprache formuliert werden, die den autonomen Rechtssubjekten freistellt, ob und gegebenenfalls wie sie davon Gebrauch machen wollen. Es wird der Willkür der Adressaten anheimgestellt, ob sie als Autoren ihren freien Willen betätigen, einen Perspektivwechsel von der erfolgsorientierten Wahrnehmung je eigener Interessen zur Verständigung über allgemein zustimmungsfähige Normen vornehmen und von ihrer kommunikativen Freiheit einen öffentlichen Gebrauch machen wollen oder nicht.«[1]

Das Recht, das in der modernen Gesellschaft Konflikte kanalisiert, die in traditionalen Gesellschaften durch Vertrauen, Gewohnheit, Loyalität oder Autorität gelöst wurden, steuert ja nicht nur die großen Systeme der Wirtschaft, der Verwaltung und andere gesellschaftliche Teilbereiche. Es strukturiert auch zunehmend die soziale Lebenswelt selbst als den Ort, an dem verständigungsorientiertes Handeln als eine Praxis der Freiheit auch in den hochkomplexen Gesellschaften der Gegenwart möglich bleibt.

Lebenswelt umfaßt in Habermas' Verständnis die Komponenten Kultur, Persönlichkeit und Gesellschaft, also die gesamte kommunikative Alltagspraxis. Es ist *die Lebenswelt selbst* und nicht erst der politische Raum, der in Arendts Worten, aber gegen die Richtung ihres Arguments, angefüllt ist mit »Dingen, die der Natur nach allen gemeinsam«, also Handlungsfeld politischer Praxis sein können. Es ist daher nicht einzusehen, warum die Lebenswelt nicht Schauplatz einer Praxis der Freiheit sein kann. Auch Habermas möchte den Anspruch des Politischen letztlich für das staatsbezogene Handeln allein reservieren. Er behält neuerdings in einer merkwürdig juridischen Verkürzung seines Politikbegriffs die eigentliche Politik den Akten der Gesetzgebung vor und kann selbst in den zivilgesellschaftlichen Formen der Selbstorganisation nur den Aufbau von kommunikativen Einflußpotentialen erkennen, die je nach den historischen Umständen bis an die Spitze des

---

[1] A.a.O., S. 164.

politischen Systems reichen können oder erfolglos sind. So bleiben die Handlungsmöglichkeiten angesichts der staatspolitischen Verengung des Politikbegriffs in der Lebenswelt selbst sozusagen vorpolitisch.

Aber nicht nur die Akte politischer Gesetzgebung aus den Verständigungsleistungen der Lebenswelt heraus, sondern auch bindende Regelungen gemeinsamer Angelegenheiten in der Lebenswelt selbst können von privatautonomen Bürgern gesucht oder gemieden werden. Nicht erst der Entschluß zum staatsbürgerlichen Typ der Nutzung persönlicher Handlungsfreiheit, also die gemeinschaftliche Einwirkung der Bürger auf die Einflußkanäle des politischen Systems, sondern schon der Lebensvollzüge innerhalb der Lebenswelt selbst – und ebenso in den mediengesteuerten Systemen der Wirtschaft und Verwaltung – können entweder in praktisch-öffentlicher oder in bloß taktisch-privatistischer Einstellung erfolgen. Die Lebenswelt jedenfalls, der Schauplatz des sozialen Lebens, ist als solche nicht unpolitisch und keinesweg prinzipiell bloß vorpolitisch.[1]

So sind, beispielsweise, Vereinbarungen, die Eltern, Lehrer und Schüler als Betroffene für die Organisation des Schullebens treffen und an denen sie sich dann für die Koordination ihres Handelns verbindlich orientieren, durch und durch politisch, auch wenn sie weder durch das politische System gegangen noch rechtsförmlich fixiert worden sind. Zum Begriff des Politischen gehören solche Festlegungen nicht.

Beide, Habermas und Arendt, neigen bei allen Unterschieden im übrigen dazu, das Politische auf die große Arena der auf die Gesetzgebung bezogenen Kommunikation und Entscheidung abzudrängen. Das Politische wird auf Prozeduren der Rechtssetzung verkürzt, die zwar auch aus seinem Begriff folgen, ihn aber nicht erschöpfen können, wie Arendts Begriff der kommunikativen Macht demonstriert. Habermas, dem ein Verständnis des Politischen als Grundverhältnis der sozialen Lebenswelt naheliegen müßte, setzt Demokratie, Politik und Gesetzgebung neuerdings geradezu gleich. Im Maße, wie sich seine Kommunikationstheorie formal politisiert hat, hat sie das Politische einem eigenartigen Schrumpfungsprozeß ausgeliefert. Für ihn scheint jetzt der Bürger erst in dem Augenblick, da er aus der Lebenswelt heraustritt und

1 Vgl. M. Th. Greven (1990).

sich in die staatliche Willensbildung einschaltet, ein politisches Leben zu gewinnen. Diese juridische Verengung des Politikbegriffs drängt das Politische systematisch an die Ränder der Lebenswelt ab. Die Lebenswelt selbst hingegen wird von zwei Handlungsnormen bestimmt, die beide nichts unmittelbar Politisches mehr an sich zu haben scheinen. Die individuell gewählte Lebensführung vollzieht sich nämlich auf der Grundlage einer mit kleineren oder größeren sozialen Kollektiven geteilten Ethik, in der sich die Ziele eines »guten Lebens« realisieren können. Diese werfen erst im Falle des Konflikts mit der Lebensführung anderer Koordinationsprobleme auf, die dann zu Fragen führen, die ihrer Natur nach allen gemeinsam sein können. Wenn sie diese Bedingung erfüllen, entziehen sie sich im Verständnis von Arendt dem Leben und treten in die große politische Arena ein. Sie werden dadurch zu Gegenständen der staatlichen Willensbildung. Was im übrigen im Lebensvollzug selbst strittig sein mag, bleibt nach artistotelischem Muster privat, gehört nur den wenigen an, die es nach Verfahren zu bewältigen haben, die nicht politisch sein sollen.

Habermas zufolge können die Handlungen, in denen sich das gesellschaftliche Leben vollzieht, strategischer Natur sein – dann sind sie unpolitisch, unabhängig davon, ob sie sich in der Lebenswelt oder innerhalb der gesellschaftlichen Funktionssysteme abspielen. Die Handlungsbedingungen in beiden Bereichen sind zwar politisch *bedingt*, weil sie an den Rahmen der durch politische Verfahren auferlegten Gesetze gebunden sind. In ihrer internen Qualität jedoch, sobald der Handlungsrahmen politisch gesetzt ist, sind sie selber *nicht mehr politisch*. Die Rahmensetzung erfolgt ja nicht in den betreffenden Bereichen selbst, sondern über den Umweg des politischen Systems. *Intern* erscheinen alle anderen Bereiche *entpolitisiert*. Strategisches Handeln ist auch innerhalb der Lebenswelt selbst möglich, nämlich immer dann, wenn Konflikte, die viele oder alle betreffen, durch die Inanspruchnahme von Rechten gegen andere, statt durch verständigungsorientierte Vereinbarungen geschlichtet werden. Die Koordination der Handlungen geschieht in solchen Fällen ja durch Regeln, die von außen auf das Handeln einwirken und auf dieser Ebene nicht ihrerseits Gegenstände einer Verständigungspraxis sein können.

Im übrigen können Handlungskonflikte in der Lebenswelt auch durch moralisch geleitete Kommunikation gelöst werden. Sie bezieht sich dann auf universalisierbare Normen, die von allen, deren Interessen ins Spiel kommen, geteilt werden können. Solches Handeln ist dann zwar eine Praxis der Freiheit, denn es geht ja um die Verständigung zwischen Freien und Gleichen. Aber es ist in diesem Verständnis gleichwohl keine politische Praxis, da sie weder auf die Setzung für alle verbindlicher Rechte zielt noch auf die Sanktionen der Macht bauen kann. Es handelt sich in Habermas' Verständnis daher zwar um eine Praxis der Freiheit in der Lebenswelt selbst, die durchaus die Arendtschen Bedingungen des Politischen erfüllt, weil sie durch das bestimmt ist, was nicht nur zum Leben gehören kann, sondern den Regeln des öffentlichen Raumes folgt, aber dennoch nicht um eine politische Praxis.

Die Konzepte von Arendt und Habermas zum Verhältnis von gesellschaftlichem Leben und Politik sind durch komplementäre Defizite markiert. Während Arendt Lebensvollzügen die Qualifikation abspricht, Praxis der Freiheit sein zu können, ist für Habermas kommunikative Praxis der soziale Gehalt der Lebenswelt, aber nicht als politisches Leben, da es nicht um die Praxis der Gesetzgebung, also institutionelle Verbindlichkeit, geht. Erst wenn die *Habermassche Strukturbestimmung der Lebenswelt und der Arendtsche Begriff des Politischen* als Handlungstyp aufeinander bezogen werden, wird sichtbar, daß der Lebenswelt selbst unvermeidlich eine wirklich politische Dimension zukommt, die in ihr selbst *als politische* Praxis aktiviert werden kann. Sie macht nicht das ganze des Lebens aus, aber sie kennzeichnet einen üblichen Typ der Handlungskoordination in der Lebenswelt, der gewählt oder verworfen werden kann. Die von Habermas im Hinblick auf die staatliche Willensbildung charakterisierte Eigentümlichkeit der Rechtsform gilt nämlich auch für die Spielräume der Konfliktbewältigung in der Lebenswelt selbst – und im übrigen auch für eine Schicht der Handlungskoordination innerhalb der gesellschaftlichen Teilsysteme.

Individuen und Kollektive können ihre Konflikte in der Lebenswelt ebenso wie einen bestimmten Typ von Grundkonflikten in den gesellschaftlichen Funktionssystemen in vielen Fällen *entweder* in einer strategisch-interessegeleiteten Einstellung verfolgen, dann kommen die anderen nur als Objekt von Handlungen in Betracht. Man bezahlt, überredet oder pocht auf seine Rechte. Fast stets bleibt in all diesen Fällen aber auch der Weg der Verständigung offen, der zu *verbindlichen* Regelungen durch Übereinstimmung führt. Ergebnisse solcher Vereinbarungen können in Lebenswelt und Funktionssystemen selbst, ohne Vermittlung staatlicher Sanktionsgewalt und ohne den Umweg über das politische System, *Verbindlichkeit* erlangen. *Das Politische* verschafft sich Geltung, auch wenn die Vereinbarungen, zu denen es in der Lebenswelt durch Verständigung kommt, nicht die zwangsgestützte Dauer und Formalität gewinnen, zu denen es kommt, wenn der institutionelle Weg gewählt wird.

Die etatistische Engführung, die bei Habermas und Arendt gleichermaßen, wenn auch auf unterschiedliche Weise, sichtbar wird, gehört keineswegs zu den notwendigen Bestimmungen des Politischen. Auch im Leben selbst kann das allgegenwärtige Politische an sich zu einer bewußten politischen Praxis führen. Es käme entweder einer formalistischen Politikverkürzung oder einer Fehlbewertung der politischen Möglichkeiten der »politischen Gesellschaft« gleich, wenn das Politische durch eine begriffliche Vorentscheidung an den Durchlauf durch das politische Institutionensystem gefesselt würde, auch wenn seine sachlichen Bestimmungen im übrigen gegeben sind.[1]

U. Beck hat unter dem Leitbegriff einer »Subpolitik« die zahlreichen Handlungsfelder markiert, die heute im Interesse einer Wiedergewinnung des Politischen zu politisieren wären, weil die in ihnen gefällten Entscheidungen unweigerlich politische Wirkungen auf die ganze Gesellschaft haben. Der Begriff der Subpolitik führt aber in die Irre, weil er den Prozeß der Politisierung von Entscheidungen unterhalb der Schwelle staatlicher Institutionen einerseits der Sache nach politischer erscheinen läßt als die entleerten staatlichen Entscheidungsmechanismen, anderseits der Form nach aber diese für das eigentlich Politische nimmt und die politischere Subpolitik als eine bloß abgeleitete oder vorbereitende Größe.[2] Subpolitik ist das, was der Sache nach das Politische ist, der Form nach aber nicht Politik im eigentlichen Sinne sein soll.

Leben und Politik müssen als Handlungsfelder keine getrennten Welten sein. Ob das Politische aber in der Lebenswelt selbst in Anspruch genommen oder preisgegeben wird, hängt von den individuellen Lebensentwürfen und Ethiken ab, die in der Gesellschaft lebendig sind, vor allem davon, ob subjektive Rechte, über die im demokratischen Rechtsstaat alle verfügen, für isolierte Er-

---

1 M. Th. Greven (1990).
2 U. Beck (1993).

zwingungsstrategien oder für Formen gemeinschaftlicher Verständigungspraxis genutzt werden. Es kommt also darauf an, ob sich die Bürger auch in den gesellschaftlichen Bereichen, in denen ihr Handeln nicht durch das System der politischen Institutionen vermittelt ist, am »participatory model« von Staatsbürgerschaft orientieren oder am »Rights-model«, also auf Verbindlichkeit durch Verständigung oder durch Abgrenzung setzen.[1] »Im ersteren besteht die Aktivität und die Würde von Bürgern darin, ihre Rechte durchzusetzen und vermittels der Gerichte einzuklagen, im letzteren darin, an den Angelegenheiten des Gemeinwesens in kooperativer Weise zu partizipieren, das heißt, sich die Förderung des Gemeinwohls zur Aufgabe zu machen.[2] Die eigenen Interessen und die des Gemeinwohls sind indessen in solchen lebensnahen Handlungsfeldern selten durch Gräben getrennt.

Zivilgesellschaft, gesellschaftliche Funktionssysteme und Lebenswelt sind in ihrer Bedeutung für die Entfaltung des Politischen nicht auf die Rolle eines bloßen Ausgangspunkts für Einflußnahmen auf das politische System fixiert, das allein der Ort des Politischen wäre. Sie können selbst zum Schauplatz politischer Praxis werden, wenn die Bürger unmittelbar die Regelungen der Angelegenheiten herbeiführen, die alle betreffen.

---

[1] Ch. Taylor (1979).
[2] R. Forst (1993), in: Honneth (1993).

# 18. Das Dilemma des Politischen in der Moderne

Das klassische Projekt des Politischen lebte von zwei systematischen Ausgrenzungen. Es begrenzte den Anteil der Glieder der Gesellschaft, die als Bürger politikfähig waren und am Prozeß der politischen Teilhabe mitwirken durften. Und es begrenzte die gesellschaftlichen Themen, die als politikfähig galten und daher als Entscheidungsmaterien zum politischen Prozeß zugelassen waren. Beide Begrenzungen stabilisierten sich wechselseitig, weil es die als Bürger Zugelassenen waren, die zum einen in unerwarteten Situationen über die Neuzulassung von Gliedern der Gesellschaft als Bürger entschieden und zum anderen über die politisch zulässigen Themen befanden. In einem gewissen Maße hatten sie es daher je nach der gegebenen Lage in der Hand, beide Skalen so zu erweitern oder einzuengen, wie es für das Gelingen des politischen Kreislaufprozesses ratsam erschien. Sie konnten nach Maßgabe ihrer Lebenserfahrungen die Bedingungen der Ermöglichung des Politischen steuern.

In der Moderne entgrenzt sich das Politische aber aufgrund seiner eigenen Prämissen in drei Dimensionen prinzipiell. Das führt in ein grundsätzliches Dilemma, für das Lösungen nicht in Sicht sind.

Die *erste* ist die Dimension der *politischen Weltgesellschaft*. Die politischen Teilnahmerechte schließen heute ihrem Anspruch nach alle Bürger der jeweiligen Nationalstaaten ein und in der Europäischen Gemeinschaft mehr und mehr auch schon die Bürger der zwölf Staaten der Europäischen Union. Die Vereinten Nationen fassen Beschlüsse, für die sie als Legitimationsgrundlage auf die Zustimmung der Bürger aller ihrer einhundertundfünfundachtzig Mitgliedsstaaten zurückgreifen. Wie immer in der überschaubaren Zukunft das Institutionengeflecht der politischen Weltgesellschaft auch aussehen mag, die Tendenz ist vorgezeichnet: Für eine Reihe politischer Entscheidungen werden die Bürger der Welt im ganzen ideell oder real als Legitimationsbasis in Anspruch genommen, aber ein Verfahren, diesem Anspruch Realität zu verleihen, ist nur in schwachen Annäherungen in Sicht.[1]

[1] Vgl. den Vorschlag E.-O. Czempiels zur Schaffung parlamentarischer Beiräte bei allen wichtigen internationalen Organisationen. Czempiel (1993).

Die *zweite* Dimension der *Entgrenzung des Politischen* entsteht aus der inneren Dynamik der Gerechtigkeitsforderung. Th. H. Marshall hat die langsame und heftig umkämpfte Ausbildung des demokratischen Rechtsstaates als einen Prozeß beschrieben, der seit dem 18. Jahrhundert in drei großen Schüben zuerst die liberalen Freiheitsrechte, dann die politischen Teilnahmerechte, seit dem 19. Jahrhundert, und schließlich im 20. Jahrhundert die sozialen Wohlfahrtsrechte im europäischen Kulturkreis zur Geltung gebracht hat.[1] Der moderne Anspruch der Bürgerfreiheit setzte unter der Prämisse der Bürgergleichheit einen Ausdehnungsprozeß des Politischen nach innen und nach außen in Gang, von dem wir nach und nach sehen, daß er nicht nur in diesen beiden Dimensionen prinzipiell unbegrenzt ist, sondern seinerseits eine neue Dimension öffnet, die auf eine für das Schicksal des Politischen heikle Weise unendlich ist. Das Politische als Entscheidungsmaterie scheint sich immerfort auszuweiten, während das Politische als Entscheidungsverfahren seine Grenze offenbar seit langem erreicht hat.

Die sozialen Wohlfahrtsrechte haben in den Nationalstaaten, in denen sie gelten, auf ermäßigtem Niveau aber bereits im Rahmen der Europäischen Union, die Lebenssachverhalte aus den Bereichen Wirtschaft, Soziales und Kultur, die im Namen der tatsächlichen Voraussetzungen einer positiv verstandenen Freiheit politisch zu regeln sind, schrittweise ausgeweitet. Wenn nämlich einerseits alle Gesellschaftsglieder als Bürger darüber mitbestimmen können, welche Fragen politisch entschieden werden sollen, und andererseits erkennbar wird, daß Freiheit im positiven Sinne von wirtschaftlichen, sozialen und kulturellen Voraussetzungen abhängt, über die nicht alle Bürger aus eigenen Kräften verfügen, dann liegt im Prinzip Freiheit selbst eine unabschließbare Dynamik der Einbeziehung immer weiterer Freiheitsvoraussetzungen in den Prozeß der politischen Gestaltung beschlossen, die kaum je wieder mit guten Gründen limitiert werden könnte. S. Benhabib hat am Beispiel der Frauengleichstellung gezeigt, daß diese Tendenz legitimer Politisierung in jüngster Zeit wie selbstverständlich in Bereiche übergreift, die bis vor kurzem unstrittig privat waren.[2]

Bürgerinnen und Bürger können mit guten Gründen im Namen

1 T. H. Marshall (1973).
2 S. Benhabib (1991).

der gleichen Freiheit Forderungen geltend machen, die auf eine immer weiter voranschreitende Schaffung gleicher Voraussetzungen in den Bildungs-, Kommunikations-, Informations- oder Sicherheitsbedingungen zielen, die nun einmal gewährleistet sein müssen, damit die Bürger die reale Möglichkeit der positiven Wahrnehmung ihrer Freiheitschancen haben, die unstreitig der Sinn des Politischen sind. Darüber hinaus bringen die kollektiven Schutzrechte gegen die zunehmenden und unübersichtlichen Risiken, die die moderne Industriegesellschaft mit ihren neuartigen Techniken in den Bereichen des Umwelt- und Gesundheitsschutzes erzeugt, einen prinzipiell unbegrenzten politischen Steuerungsbedarf in Bereichen mit sich, die bis vor kurzem als privat galten. Auch in diesen Hinsichten lassen sich zwingende Gründe für eine Entgrenzung des Politischen geltend machen.[1]

Die Anthropologie der Anerkennung läßt erwarten, daß in der dritten Dimension der Freiheit, nämlich der Sicherung der inneren Voraussetzungen für die Wahrnehmung der positiven Freiheitsrechte durch die Bürger, sich ebenfalls ein prinzipiell unabschließbares politisches Handlungsfeld auftut. Vieles spricht dafür, daß es schon in Kürze die politische Agenda in den Wohlfahrtsstaaten beeinflussen wird. Zur Ausbildung einer intakten Identität der Individuen, die ihnen überhaupt erst die Chance positiver Freiheit real eröffnet, gehört nämlich, daß sie durch persönliche, politische und gesellschaftliche Formen wechselseitiger Anerkennung Selbstvertrauen, Selbstachtung und Selbstschätzung gewinnen können. Ohne Selbstvertrauen ist weder Selbstverwirklichung noch Selbstbestimmung möglich, und die Autonomie des Staatsbürgers setzt Selbstachtung voraus. Das Ausbleiben der Wertschätzung der je eigenen individuellen Identität durch die anderen aber führt zu einem Mangel an Selbstschätzung, der angstfreies Handeln blockiert. Die Freiheit von Angst ist eine der Bedingungen positiver Freiheit. »›Ungezwungenheit‹ oder ›Freiheit‹ kann nämlich (...) nicht einfach Abwesenheit von externem Zwang oder Einfluß meinen, sondern muß zugleich auch das Fehlen von inneren Blockierungen, von psychischen Hemmungen und Ängsten bedeuten; diese zweite Form der Freiheit aber ist, ins Positive gewendet, als eine Art von nach innen gerichtetes Vertrauen zu verstehen, das dem Individuum Sicherheit sowohl in der

---

1 H. Willke (1992).

Bedürfnisartikulation als auch in der Anwendung seiner Fähigkeiten schenkt. Von derartigen Sicherheiten, also angstfreien Umgangsweisen mit sich selber, hatte sich jedoch zuvor gezeigt, daß sie Dimensionen der positiven Selbstbeziehung bilden, zu denen nur auf dem Wege der Erfahrung von Anerkennung zu gelangen ist. Insofern hängt die Freiheit der Selbstverwirklichung von Voraussetzungen ab, die dem menschlichen Subjekt nicht selber zur Verfügung stehen, weil es sie allein mit Hilfe seiner Interaktionspartner zu erwerben vermag.«[1]

Daß es sich bei diesem delikaten Feld nicht um eine spielerische Beigabe zum Politischen handelt, zeigt die drohende Gefahr des Auseinanderbrechens multinationaler Staaten in der Gegenwart, die lange als festgefügt galten. Für die kanadische Föderation hat Charles Taylor eine Antwort auf die verständnislose Frage zu finden versucht, die von außen unter dem Eindruck des drohenden Zerbrechens der kanadischen Union gestellt wird: »Ihr habt alles – Wohlstand, Frieden, Sicherheit – alle Welt beneidet euch. Warum werft ihr es weg?«. Und angesichts der gleichen liberalen Freiheitsrechte, politischen Teilhaberechte und sozialen Wohlfahrtsrechte, die der frankophone und der übrige Bevölkerungsteil gleichermaßen genießen, macht er darauf aufmerksam, daß es der Mangel an wechselseitiger soziokultureller Anerkennung der Bevölkerungsteile ist, der trotz allem ein Zerbrechen des Gemeinwesens bewirken kann. »Aber auch da, wo die offensichtlichen Formen der Diskriminierung abgebaut worden sind, kann dennoch die Frage der Anerkennung aufkommen. Ich benutze das Wort noch einmal im modernen Sinn als Entsprechung zum Begriff ›Identität‹. Unsere Identität ist das, was uns als handelnde Menschen definiert; ›wer‹ wir sind. Die Anerkennung, von der ich hier spreche, ist die Annahme unserer Identität durch andere. (...) Ihr Ausbleiben spiegelt sich in Akten der Aggression oder Beherrschung.«[2] Obgleich alle anderen Rechte, die der demokratische Rechts- und Sozialstaat zu schaffen vermag, gewährleistet sind, wird der Mangel wechselseitiger soziokultureller Anerkennung zu einem fatalen Politikum.

Die *dritte Dimension* der Entgrenzung des Politischen entsteht durch ein *inneres Dilemma in der modernen Bürgergesinnung*. Während nämlich das Selbstbewußtsein fast aller Bürger wächst,

1 A. Honneth (1992), S. 278/79.
2 Ch. Taylor (1993), S. 190/92.

Auftraggeber und Schiedsrichter aller politischen Leistungen zu sein, hinkt ihre Bereitschaft zur Teilnahme am politischen Leben weit hinter den Bedingungen für erfolgreiche Politik zurück, die sie damit selbst vereiteln. Dieses im Kern privatistische Selbstbewußtsein, als Kunde der Politik auch ihr König zu sein, ohne Hand anlegen zu müssen, kann unter republikanischen Bedingungen nur strukturell enttäuscht werden, weil die Leistungsfähigkeit der Politik eben von der Teilnahmebereitschaft und Urteilsfähigkeit vieler abhängt, die dieser Mentalität nicht mehr innewohnen. Zurück bleibt ein unglückliches Bewußtsein, das angesichts unausweichlicher Enttäuschung nur um so unduldsamer fordert und damit aufs neue an der Schraube dreht, die das Unbehagen an der Politik vorantreibt.

Das Dilemma des Politischen in der Moderne scheint perfekt. Es öffnet in der Konsequenz seiner unaufgebbaren Prinzipien die politische Arena für eine unabschließbare Fülle regelungsbedürftiger Fragen, richtet seinen Anspruch auf diskursive Verständigung, wegen der globalen Tendenz der Betroffenheit durch dieselben politischen Ursachen Schritt für Schritt an die Menschheit im ganzen. Gleichzeitig sind ihm die klassischen Auswege – Begrenzung der Teilnahme auf die Urteilsfähigen und von der Existenzvorsorge Freigestellten sowie die Begrenzung der zugelassenen politischen Fragen – durch sein Legitimationsverständnis ein für allemal verbaut. Die Moderne scheint darauf angelegt, die Arena des Politischen grenzenlos auszuweiten, so daß ihre internen Entscheidungsverhältnisse nach den Gesetzen des Politischen selbst nicht mehr zu regeln sind. Die Grenzen der Steuerbarkeit komplexer Gesellschaften, die ebenfalls in einer Scherenbewegung den entgrenzten Ansprüchen der Gerechtigkeit entgegenwirken, wären ja nur von Bürgern zu ermessen und in Rechnung zu stellen, die durch politische Beteiligungspraxis eine zuverlässige Urteilskompetenz erwerben. Das Politische in der Moderne ein Kronos, der seine eigenen Kinder frißt?

# VII.
## Chancen des Politischen

# 19. Die Parteien
## Foren des Politischen

Die Parteien müssen Anschluß an die gesellschaftliche Politik erlangen, wenn sie zur Rückgewinnung des Politischen beitragen wollen. Darin liegt ihre Chance zur Überwindung der gegenwärtigen Malaise. Die Volksparteien sind in eine Zwitterrolle zwischen politischem System und Lebenswelt geraten, die sie auch dann nicht ohne Irritationen und Widersprüche absolvieren könnten, wenn sie die vermeidbaren Fehler vermieden.[1] An ihrer in die soziale Lebenswelt weit geöffneten Seite verschmelzen sie ihrem eigenen Anspruch nach mit der Gesellschaft. Sie nehmen, wie auch immer durch die Handlungsanforderungen der Organisation gefiltert, die Wahrnehmungen, Wünsche, Probleme, Interessen, Mentalitäten und Menschen in eben der Widersprüchlichkeit in sich auf, wie sie aus der gesellschaftlichen Entwicklung hervorgehen, und bieten ihnen einen weiten Rahmen für handlungsorientierte Kommunikation. Auf ihrer den staatlichen Institutionen zugewandten Handlungsseite verfestigen sie sich durch die Bedingungen des Handlungserfolgs in komplexen Gesellschaften mit einer fortwährend wachsenden Aufgabenfülle als Organisationen und bürokratisierte Dienstleistungsapparate. Sie differenzieren sich in ihren inneren Strukturen aus wie Hochleistungsverwaltungen, legen Verfahrensweisen und Rituale für Abstimmungen und Wahlen fest, wie es für ihre zentrale Aufgabe kontinuierlicher politischer Steuerung unerläßlich ist. Sie müssen Handlungsprogramme für die ganze Palette der politisch regelungsbedürftigen Fragen in Wirtschaft, Staat und Gesellschaft in Kommissionen, Arbeitsgruppen und Stäben erarbeiten und das Personal heranbilden, das sie in Mandaten und Ämtern umzusetzen in der Lage ist, sobald sie zur Macht gelangen.[2]

Nicht die späte Zuschreibung der eindrucksvollen Fülle politischer Integrationsaufgaben durch das Parteiengesetz, von der Interessenartikulation bis hin zur Rekrutierung des Personals, hat die Volksparteien dazu veranlaßt, zu komplexen und an der Spitze pro-

---

1 Vgl. dazu und zum gesamten Kapitel Th. Meyer/K.-J. Scherer, Ch. Zöpel (1994).
2 Oberreuter, H. Mintzel, A. (1990).

fessionalisierten Organisationen zu werden, die es mit den schwer zu überschauenden Verhältnissen in Staat und Gesellschaft aufnehmen können, und auch nicht die Machtversessenheit ihres Führungspersonals, sondern die Handlungsbedingungen des politischen Systems selbst. Parteien, die die Offenheit, Unbestimmtheit und Flüssigkeit der politischen Diskurse und Koalitionen der sozialen Lebenswelt nur widerspiegelten, wären auf Dauer zur Ohnmacht gegenüber den offenen Problemen der Gesellschaft und dem gleichermaßen dezidierten und informierten Willen der staatlichen Bürokratien verurteilt. Parteien, die selber nichts anderes mehr wären als bürokratische Organisationen für die Durchsetzung eigener Machtstrategien, könnten weder politische Probleme überzeugend lösen, weil sie von den Quellen der gesellschaftlichen Erfahrung abgeschnitten wären, noch die Legitimität des demokratischen Prozesses gewährleisten, weil sie von den gesellschaftlichen Erwartungen und Beteiligungsinteressen abgesondert blieben.

Die Organisations- und Handlungsformen, die die Volksparteien ausbilden, um den großen Brückenschlag zwischen politischem System und Lebenswelt zu vollbringen, verschärfen, sobald sie eingerichtet sind, die Risiken, daß Routinen und Machtinteressen, kurzfristige Erfolgsorientierung und Selbstgenügsamkeit der organisatorischen Binneninteressen die Oberhand gewinnen. Aber diese Risiken sind weder Resultat ihrer Organisation noch begründen sie den Verdacht, daß die Volksparteien ihre politische Rolle ausgespielt haben. Die Chance des Brückenschlags von der Lebenswelt zur politischen Steuerung der Gesellschaft kann unter den gegenwärtigen Bedingungen mit einigen Aussichten auf Erfolg *nur noch* von politischen Organisationen vom Typ der demokratischen Volksparteien genutzt werden. Dieses Urteil wird zwar durch die Erfahrung eingeschränkt, daß die Volksparteien offenbar zunehmend der tatkräftigen und respektlosen Irritation durch Kleinparteien und Bürgerinitiativen bedürfen, damit ihre Öffnung zur Gesellschaft und ihre Entschlossenheit zum Handeln nicht notleidend werden. Das Urteil wird durch diese Beobachtung jedoch keineswegs aufgehoben. Aufs ganze gesehen sind die Volksparteien das Schwert, das die Wunden wieder heilen muß, die es schlägt, auch wenn es nicht mehr allein die Hand ihrer Führungen ist, die es dabei führt.

Die Volksparteien können ein modernes Äquivalent für den öffentlichen Ort sein, an dem sich die Bürger versammeln, um politische Handlungen zu beschließen und diejenigen unter ihnen für eine begrenzte Zeit zu bestimmen, die geeignet erscheinen, sie praktisch werden zu lassen. Sie sind dazu bestimmt, die zentralen politischen Funktionen intern zu verknüpfen und im ganzen wahrzunehmen. Sie organisieren handlungsorientierte Diskurse, die in operative Programme münden. Sie wählen in der Verbindung mit ihren politischen Diskursen das Personal aus, das die Entscheidungen realisieren kann. Und sie können als Organisationen dauerhaft dafür sorgen, daß es ihre eigenen Entscheidungen sind, die die politische Praxis der Amtsführung leiten.

Die Spanne, die Volksparteien überbrücken müssen, wenn sie diese Klammerfunktionen erfüllen wollen, ist atemberaubend weit geworden. Die Bruchstellen, die sich aus den dafür errichteten Konstruktionen ergeben, sind zahlreich und hochempfindlich. Die fragilsten von ihnen liegen seit langem offen. Die politische Klasse an ihrem Staatsende und die Mitglieder an ihrem Gesellschaftsende sind mit ihren Erfahrungen, ihrem Wissen und ihren Hoffnungen weit voneinander entfernt. Die Übersetzungsformel zwischen dem, was an ihrer Basis – einer »lose verkoppelten Anarchie« – erhofft, und dem, was an ihrer Spitze – einem professionalisierten Geflecht – für machbar gehalten wird, ist kompliziert geworden und häufig nur noch mit Mühe nachzuvollziehen.[1] Die Spontaneität der wechselhaften sozialen Erfahrungen und die beharrliche Professionalität der Apparate reiben sich oft heftig und schmerzhaft aneinander. Und schon der Versuch der Verständigung an der Basis selbst über das politisch Wünschbare will oft kaum noch gelingen. Nicht allein weil die Interessen sich oft unüberschaubar zersplittern und die großen kulturellen Klammern zwischen den Teilen zerbrechen, sondern auch, weil die sozialästhetischen Differenzen und Kommunikationsgewohnheiten die Teile einander fremd werden und die Verständigungsbereitschaft schrumpfen lassen.

Die Krise der Repräsentation, die aus dem Schwund der übergreifenden Weltbilder, der Austrocknung der großen sozialmoralischen Milieus und der sozialästhetischen Entfremdung der gesellschaftlichen Milieus folgt, erfaßt die Parteien in ihrem innersten und schwächt Vertrauen, Zusammenhalt und Identifikation

---

[1] Vgl. P. Lösche/F. Walter (1992).

ihrer Teile. Aus gemeinsamen Grundwerten sind gemeinsame Handlungsalternativen nur noch mit Mühe zu entwickeln, wie die Debatten um Kernenergie, Nachrüstung und Gentechnik beispielhaft gezeigt haben. Aus geschlossenen, ideologisch bestimmten Formationen sind die Volksparteien schon lange zu gesellschaftlichen Foren geworden, auf denen ein Handlungskonsens aus divergierenden sozialen Interessen, Werten und Erfahrungen nur noch mit Mühe, allenfalls auf Zeit und mit prekären Bestandsaussichten zu schaffen ist.

Die sozialen Ursachen dieser handfesten Integrationsprobleme sind zwischen Bürgern und Parteien wirksam, aber auch, abgeschwächt, in den Parteien selbst. Die Entscheidung für ein dauerhaftes politisches Engagement und das richtungspolitische Grundvertrauen, die Bürger dazu motivieren, Mitglied in einer Partei zu werden, filtern extreme Ausläufer dieser Differenzierung und Distanzierung aus den Volksparteien selbst aus, aber nicht die Substanz der Probleme.

Das Ansehen der Volksparteien ist auf einem Tiefpunkt. Die Zahlen und Fakten sprechen, so scheint es, eine eindeutige Sprache. 1992 fand sich zu einer grundsätzlichen Vertrauenserklärung in die politischen Parteien nur noch ein Fünftel der befragten Bevölkerung bereit.[1] Die Mitgliedschaft in den Parteien nimmt ab und überaltert zugleich in irritierendem Ausmaß. Die Zahl der Stammwähler der großen Parteien, und mit ihr die Zahl derer, die überhaupt noch zur Wahl gehen, sinkt drastisch. Die »Partei der Nichtwähler« ist größer geworden als jede ihrer Konkurrentinnen. Extremistische Parteien, wieder einmal rechtsaußen, erfreuen sich wachsenden Zulaufs.[2]

Das Bild von den Volksparteien als »Dinosaurier der Demokratie«, von Politikern zum Beweis ihrer Bußfertigkeit in die Öffentlichkeit getragen, trägt indessen nichts zur Klärung der Lage bei.[3] Das Aussterben dieser ehrwürdigen Spezies demokratischer Bürgerorganisation würde das Überleben der Demokratie selber in Frage stellen. Es kommt vielmehr alles darauf an, ob die Parteien in der Lage sind, ihre eigene Organisations- und Arbeitsweise so zu verändern, daß sie den Formwandel des politischen Interesses der Bürger aufnehmen können.

1 E. Wiesendahl (1992).
2 A. Schedler (1993).
3 J. Rüttgers (1993).

Die politische Integrationsleistung der Zusammenfassung, Verdichtung und gemeinwohlorientierten Transformation der wirtschaftlichen, ethischen, regionalen, berufsständischen und aller anderen Einzelinteressen zu halbwegs überzeugenden Handlungsprogrammen kann den Volksparteien keine andere politische Organisation abnehmen. Verhängnisvoll sind freilich die Folgen, wenn das Führungspersonal der Parteien diese »Zentralität« ihrer politischen Rolle als Politikmonopol mißversteht.[1] Gewerkschaften, Bürgerinitiativen, Wirtschaftsverbände, Kirchen, Vereine und auch die Medien wirken auf ihre Weise an der politischen Willensbildung mit, indem sie die Interessen größerer oder kleinerer Gruppen von Bürgern zusammenfassen und auf einen politischen Nenner bringen. Aber es sind allein die Volksparteien, die nach Organisationsform und politischem Anspruch in der Lage sind, im Hinblick auf gesamtgesellschaftliche politische Handlungsprogramme dieses breite Spektrum der Interessen und Werte noch einmal zu integrieren und mehrheitsfähig zu machen. Und es sind die politischen Parteien, die durch ihre Brückenfunktion zwischen Staat und Gesellschaft die Umsetzung sozialer Interessen in staatliches Handeln organisieren können.

Diese einzigartigen politischen Integrationsleistungen begründen die Sonderrolle der Parteien und machen diese zugleich auf besondere Weise verwundbar. Kaum je kann ja die auf das Ganze zielende Integration zur Repräsentanz klar identifizierbarer Einzelinteressen führen. In einer gesellschaftlichen Umwelt, in der weder überzeugende Gemeinwohlideen noch übergreifende sozialkulturelle Milieus als interne Klammern zwischen den Einzelinteressen wirksam sind, bewegen sich die externen Integrationsversuche der großen Parteien von einem Widerspruch zum anderen. Einerseits sollen sie aus der Sicht jeder einzelnen Gruppe deren eigene Interessen möglichst ungeschmälert zur Geltung bringen, andererseits aus der Sicht aller anderen Gruppen möglichst alle Einzelinteressen auf glaubwürdige, akzeptable und gemeinwohlverträgliche Weise zusammenführen. Wenn dann noch eine Mentalität des *double bind* um sich greift, die den Parteien Aufträge erteilt, deren Erfüllung man sich nicht wünscht, wird die Lage fast hoffnungslos. C. Leggewie hat diesen Teil des politischen Publikums porträtiert. »Es wünscht sich den professionellen Krisenma-

[1] U. v. Alemann, *Parteien und Gesellschaft in der Bundesrepublik*, in: Oberreuther, Mintzel (1990).

nager und den Politikamateur zum Anfassen in einer Person. Es möchte ›klare Alternativen‹, aber ›Krach‹ in jeder Form verabscheut es. Es sehnt sich nach Harmonie, geißelt aber die Kompromisse, die die Politiker aushandeln. Es träumt von der Wiederkehr der starken Persönlichkeit, doch wehe, wenn sich ein neuer Adenauer oder Wehner in Bonn festsetzte. Es wünscht Seriosität, aber jede Talkshow, in der nicht die Fetzen fliegen und keine Indiskretionen auf den Tisch kommen, wird ungeduldig abgeschaltet. Es moralisiert ausdauernd, aber nur über die anderen. Die Bürger wollen kunstvoll regiert werden, aber sie erwarten vom Staat eben jene elende Interessenvermittlung, die sie selbst nicht übernehmen wollen.«[1]

Die Kehrseite des Parteienprivilegs besteht daher in ihrer besonderen Eignung für die Projektion von Frustration, Enttäuschung und Egoismus. Mit diesem Problem müssen die Parteien leben. Sie können es durch überzeugende Gemeinwohlkonzepte, entschiedenes Handeln und neue Formen der politischen Arbeit für diejenigen, die an ihr im Ernst interessiert sind, handhaben, aber nicht vermeiden.

In den Volksparteien selbst wird die Lage höchst unterschiedlich gesehen. Weitgehende Einigkeit herrscht in der Einschätzung, daß die Medienkommunikation für den Erfolg der Parteien ein ausschlaggebender Faktor sei, besonders im Hinblick auf die hohe Zahl der politisch gering Interessierten. Es gibt auch Übereinstimmung in dem Urteil, daß der Formwandel des politischen Interesses der Engagierten die Parteien vor die Wahl stellt, zunehmende Auszehrung hinzunehmen oder sich selbst gründlich zu wandeln.

Die Parteien stehen am Kreuzweg. P. Radunski, langjähriger und erfolgreicher Wahlkampfmanager der CDU, plädiert für den Weg ihrer »Amerikanisierung«. »Spenden statt Mitglieder« lautet sein Reformprogramm.[2] Die Parteien sollten sich zu Formen der politischen Selbstorganisation der politischen Klasse der Mandatsträger wandeln und mit dem großen Geld professionelle Werbekommunikation kaufen, um ihre Medienwirkung zu maximieren. Abgeordnetensprechstunden für die Hartnäckigen, politische Werbung für die übrigen, Entbehrlichkeit der Mitglieder. Dieses

---

1 C. Leggewie, *Im Zweifel für den Angeklagten. Fünf Thesen zur politischen Klasse*, in: G. Hofmann u. W. Perger (1992), S. 86.
2 Radunski. In Friedrich-Ebert-Stiftung (1993).

»amerikanische Modell« für die Zukunft der Volksparteien setzt gänzlich auf die Medienlogik öffentlicher Kommunikation und hält den direkten politischen Diskurs in Parteimitgliedschaften und Gesellschaft für historisch überholt. Es entspräche einer mediengerechten Variante des ökonomischen Modells der Konkurrenzdemokratie.[1] Professionelle Politeliten entwerfen politische Angebote für die öffentliche Kundschaft und trachten durch die Aufnahme möglichst vieler Einzelinteressen nach der Maximierung ihrer Stimmanteile. Etwas anderes als die eigene Vorteilssuche ist dabei weder auf seiten der Politeliten erforderlich, denn sie erfüllen Wählerwünsche im Tausch gegen Macht, noch auf seiten des Publikums, denn es tauscht seine Stimme gegen individuellen Nutzengewinn. Ein öffentlicher Raum, die Idee des Gemeinwohls, demokratische Parteiorganisationen werden entbehrlich. Medien, Macht, Wettbewerb und individueller Nutzen treten an ihre Stelle. Der Alptraum H. Arendts hätte sich erfüllt, das Politische wäre ganz auf die Maßverhältnisse des privaten Interesses reduziert.

In der CDU ist Radunskis Vorschlag nicht unwidersprochen geblieben.[2] In der SPD hat eine Kommission die Alternative der demokratischen »Kommunikationspartei« entwickelt, die auf die gleichen Probleme eine grundsätzlich andere Antwort gibt. In den Apparaten der Parteien scheint es, der eigenen Perspektive angemessen, gleichwohl auf allen Seiten mehr als nur ein Liebäugeln mit dem »amerikanischen« Modell zu geben, während die Mitgliedschaften den Planungen zu ihrer Abschaffung überall den Beifall verweigern.

Volksparteien müssen sich zu demokratischen *Kommunikationsparteien* wandeln, wenn sie ihrer Größe und politischen Funktion nach Volksparteien bleiben wollen. *Vier Reformschritte*, die sofort getan werden können, weisen in diese Richtung.[3]

*Erstens die Öffnung von außen nach innen*. Die Parteien müssen sich zur Gesellschaft *weiter öffnen*, indem sie Formen des Engagements entwickeln, die an den Formwandel des politischen Interesses anschließen. Projektgruppen zu einzelnen Themen, deren Arbeitsergebnisse die Willensbildung der Partei erkennbar

---

[1] A. Downs (1957).
[2] Z. B. Rüttgers (1993).
[3] Vieles davon ist im Projekt für die Reform der Parteiorganisation »SPD 2000« aufgegriffen worden, das vom SPD-Bundesparteitag 1993 verabschiedet wurde.

beeinflussen, *die* aber für Nichtmitglieder offen sind; Mitgliedschaften auf Zeit für Bürger, die für einen bestimmten Zeitraum mitmachen, sich aber nicht auf Dauer festlegen möchten, quotierte Listenplätze für Außenseiter, die besondere gesellschaftliche Erfahrungen, aber keine Parteikarriere aufzubieten haben. Mitberatungsrechte für Repräsentanten gesellschaftlicher Gruppen und Interessen bei einschlägigen Themen der Tagesordnung.

*Zweitens die Öffnung von innen nach außen*. Ausbildung eines neuen Selbstverständnisses und einer neuen Praxis der Parteien als Forum und Faktor gesellschaftlicher Diskurse. Die Parteien können, wenn auch nur in Grenzen, ihre organisatorische und personelle Kompetenz für die Mithilfe bei der Organisation gesellschaftlicher Dialoge zur Verfügung stellen. Vor allem könnten sie sich als Katalysator, Initiator oder Moderator für die unterschiedlichen Formen und Prozesse gesellschaftlicher Politik nützlich machen, wenn sie dabei nicht das Wasser auf ihre eigenen Mühlen zu leiten versuchten. Die Zurechnung politischer Erfolge kommt ihnen dann nur indirekt zugute, aber das, was ihnen gegenwärtig am meisten fehlt, Glaubwürdigkeit und Vertrauen, könnten sie auf diesem Wege am ehesten zurückerlangen. Die Parteien könnten beispielsweise in Zukunftswerkstätten auf lokaler Ebene mit Bürgern ins Gespräch kommen, ohne den Verdacht auf Vormundschaftsallüren. Sie können Dialoge überall dort, wo Verkehrsplanung, Stadtentwicklung, Risiken der Energiewirtschaft oder anderer Industrien aktuelle Aufklärungs- und Informationsinteressen geweckt haben, die Foren schaffen, auf denen sich die Bürger im Gespräch mit den Repräsentanten der beteiligten gesellschaftlichen Interessen ein eigenes Urteil bilden.

Sie könnten vor allem, zuerst als Forum und gegebenenfalls auch als Faktor, an der Organisation einer politischen Öffentlichkeit innerhalb der einzelnen gesellschaftlichen Funktionssysteme, von der Wirtschaft, der Technik, der Verwaltung bis zu Bildung, Gesundheitswesen, Wissenschaft oder Verkehr mitwirken und die Dialoge zwischen den Funktionssystemen ermöglichen, damit politische Entscheidungen auch in der komplexen Gegenwartsgesellschaft an den sozialen Orten fallen können, an dem sie allein noch möglich sind. Sie könnten also, in neuen Arbeitsformen und mit einem gewandelten Selbstverständnis, der Politik an die gesellschaftlichen Orte folgen, an die sie sich durch den Souveränitätsverlust des Staates verlagert hat.

*Drittens die Öffnung im Inneren.* Die soziale Entfremdung und Kommunikationsabbrüche forcierende sozialästhetische Segmentierung der Gesellschaft können die Parteien in ihrem Inneren nur bewältigen, wenn sie phantasievollere und vielfältigere Formen der innerparteilichen Kommunikation entwickeln. Es geht um Angebote, die – sei es in ihrer Abfolge, sei es in ihrer gleichzeitigen Mehrdimensionalität, sei es in ihrer Offenheit – dem traditionsorientierten Gewerkschafter, dem neuen Arbeitnehmer mit seiner geistigen Offenheit und sachlichen Orientierung, den Frauen in oder außerhalb ihres Berufs, dem technokratisch-liberalen Architekten oder Anwalt gleichermaßen als Forum attraktiv oder wenigstens erträglich erscheinen, um soziale Erfahrungen zu besprechen und politische Ziele aus ihnen zu entwickeln. Die Parteiapparate müssen für solche Zwecke sich als Dienstleistungszentren verstehen und bewähren, die mit Trainingsprogrammen, Sachhilfen und Informationsdiensten neuen Kommunikationsideen in der Praxis den Weg ebnen.

*Viertens fallweise Organisation themenbezogener Koalitionen.* Mit dem Zerfall der übergreifenden Ideologien und großen politisch-moralischen Milieus ist für die Volksparteien die Chance gering geworden, eine über die Wechselfälle des politischen Erfolgs hinweg loyale Anhängerschaft von Stammwählern und Sympathisanten an sich zu binden. In den Bereichen, aus denen ehedem ihre treuen Gefolgsleute kamen, sind die Bürger unabhängiger, kritischer, flexibler, eher bereit zur häufigen Neuorientierung und zum wiederholten Wechsel geworden. Die Parteien können auf Mehrheitsunterstützung nicht länger durch die symbolische Mobilisierung ihnen zugeordneter Subkulturen hoffen. Sie müssen sie sich je nach den anstehenden Themen und den für sie ansprechbaren sozialen Interessen durch gesellschaftsnahe und überzeugende politische Kommunikationsangebote von Fall zu Fall suchen. Die Fähigkeit zur themen- und gruppengerechten politischen Kommunikation wird unter den Bedingungen der Gegenwart zum funktionalen Äquivalent für die symbolische Mobilisierung parteinaher Subkulturen.

Zwar können Parteien, wenn sie glaubwürdig und erfolgreich sein wollen, sich nie auf die Organisation von politischer Kommunikation allein beschränken. Sie müssen immer auch ein erkennbarer Faktor mit eigenen Zielen sein. Aber die Fähigkeit, politische Kommunikation phantasievoll und wirksam, professionell und ergebnisoffen, gesellschaftsnah und politisch folgenreich innerhalb ihrer eigenen Grenzen, in den Lebenswelten der Bürger, in den gesellschaftlichen Funktionssystemen und zwischen ihnen zu organisieren, wird zur neuen Schlüsselfunktion der Parteien. Es ist ihr Beitrag zur Wiedergewinnung des Politischen.

Die Parteien können – und sollten – einen Teil ihrer organisatorischen und personellen Kompetenzen der Gesellschaft direkt zur Verfügung stellen. Dann können kontinuierlich und effektiv, über die Konjunkturen der Tagesstimmungen sozialer Betroffenheit hinweg, Foren der Politik, Räume der Öffentlichkeit überall dort entstehen, wo das Politische an sich die Aktualisierung zu einer entscheidungsorientierten Gemeinschaftspraxis der Freiheit verlangt.

## 20. Gesellschaftliche Politik

Die Zukunft des Politischen steht und fällt mit der Fähigkeit komplexer Gesellschaften, ein vernünftiges Selbstbewußtsein ihrer selbst als eines Ganzen auszubilden. In den Sozialwissenschaften, die zum Verständnis der Möglichkeiten des Politischen in unserer Zeit die übergreifenden Beiträge leisten, stehen sich die *Theorie des kommunikativen Handelns* von J. Habermas und die *Systemtheorie* N. Luhmanns seit zwanzig Jahren in gepflegter Unversöhnlichkeit bei der Erklärung dessen gegenüber, was die moderne Gesellschaft im Innersten zusammenhält. Die Antwort auf diese scheinbar abstrakte Frage entscheidet aber in der Praxis darüber, ob das Projekt des Politischen in komplexen Gesellschaften noch eine realistische Chance hat oder mit einer abschließenden melancholischen Geste des Bedauerns zu den Akten vergangener Geschichte gelegt werden muß.

Habermas hat in *Faktizität und Geltung* den Nachweis versucht, daß auch komplexe Gesellschaften eine vernünftige Identität ausbilden können, obgleich von keiner Warte in ihnen mehr das Ganze ganz zu überschauen ist.[1] Die Chance dazu liegt im Zusammenspiel von Moral und Recht. Das Recht hat eine eigentümliche Doppelnatur: Es bleibt zugleich in seinem Geltungsanspruch in der sozialen Lebenswelt für eine moralisch normative Prägung verständigungsorientierter Menschen offen und wirkt in den gesellschaftlichen Funktionssystemen wie ein bloßes soziales Faktum, an dem sich jedermann auch in seinen bloß strategisch egoistischen Handlungskalkülen orientieren muß, wenn er die eigenen Interessen erfolgreich wahrnehmen will. Das Recht markiert eine Arena, in der sich vernünftige gesellschaftliche Identität ausbilden und entwickeln kann.

In den politischen Beratungen zur Rechtssetzung kann aus der individuellen Identität moralischer Subjekte eine moralische Identität des Ganzen hervorgehen. Gleichwohl ist der alte Aufklärungsglaube an eine *direkte* moralische Steuerung der ganzen Gesellschaft aus einem einheitlichen Willen in den komplexen Gesellschaften der Gegenwart gegenstandslos geworden. Der letzte

---

1 J. Habermas (1992).

großangelegte Versuch, diese durch eine hierarchische Steuerung aller sozialen Teilsysteme aus einem einheitlichen Willen gegen den Eigensinn der Individuen und der sozialen Systeme zu erzwingen, ist mit dem Zusammenbruch der kommunistischen Bürokratien im historischen Maßstab endgültig gescheitert.

In der eigentlichen Frage hatte Habermas lange vor dem historischen Schiffbruch des Versuchs der Erzwingung »vernünftiger« Identität durch institutionelle Uniformierung einer modernen Gesellschaft, die der Sowjetkommunismus darstellte, einen weiterführenden Kompromiß mit der Systemtheorie geschlossen. Diese hatte ja stets den vermeintlich naiven Konsensglauben der Habermasschen Theorie des kommunikativen Handelns mit dem Argument gegeißelt, Kommunikation in komplexen Gesellschaften mit ihren vielen immer weiter auseinanderdriftenden Teilsystemen lasse sich nicht mehr nach dem Modell der rationalen Verständigung handelnder Subjekte beschreiben. Die Funktionssysteme, Wissenschaft und Wirtschaft, Erziehung und Gesundheit, Verwaltung und Künste, könnten lediglich noch durch das Modell einer Kommunikationsform beschrieben werden, in der jedes einzelne System alle anderen als bloße Umwelt wahrnimmt, auf die es nach den jeweils eigenen Gesetzen der Selbsterhaltung selektiv und in gewisser Weise daher auch blind reagiert. Die von allen anderen letztlich unverstandene Eigengesetzlichkeit jedes einzelnen Teilsystems hält die Gesellschaft in ihrer unüberschaubaren Differenziertheit funktional zusammen – ohne die Möglichkeit, aber auch ohne den Bedarf einer für sich selber durchsichtigen vernünftigen Identität des Ganzen.

Die Systemtheorie ist vor allem der Versuch, die umfassende, vollständige und unbezwingbare Herrschaft des *automaton* über die menschlichen Verhältnisse für komplexe Gesellschaften zu erweisen. Sie ist daher die radikale Absage an das Politische.

Damit wird die überschwengliche Hoffnung der Aufklärung als hoffnungslos naiv zu den Akten der Geschichte gelegt. Die zeitgenössische Menschheit kann nicht mehr auf Zustände rechnen, in denen, wie in der Polis, ein direkter Zusammenhang zwischen dem, was die Zeitgenossen vernünftig beraten und entscheiden, und dem, was tatsächlich geschieht, herbeizuführen ist. Die Systemtheorie hat für das Politische als Praxis keinerlei Verwendung mehr.

Habermas' ursprüngliches Verständnis einer vernünftigen Identität für die Gegenwartsgesellschaft blieb von der Seite der Systemtheorie immer dem Verdacht ausgesetzt, vom klassischen Begriff des Politischen nicht loszukommen, obgleich alle realen Grundlagen dafür verlorengegangen seien. Sie galt lange als der Versuch, gegen die Offensichtlichkeit der Herrschaft des *automaton* in immer ausdifferenzierteren Gesellschaftsbereichen hartnäckig an einem Ideal des Politischen festzuhalten, das gerade von dessen Bezwingung als eine Praxis der Freiheit gelebt hatte. Seit den siebziger Jahren zollte Habermas unter dem Eindruck der gesellschaftlichen Entwicklung dieser Kritik Tribut, aber ohne sein Ideal eines vernünftigen gesellschaftlichen Selbstverständnisses preiszugeben. Er räumte ein, daß in den beiden zentralen gesellschaftlichen Teilsystemen der politischen Administration und der wirtschaftlichen Tauschbeziehungen eine nicht mehr rückholbare Verselbständigung der Steuerungsmedien Macht und Geld stattgefunden hat. In beiden Teilsystemen entzieht sich nämlich die Koordination individuellen Handelns der Macht des verständigungsorientierten Gesprächs. Sie läuft statt dessen über die beiden Kommunikationsmedien »Macht« und »Geld«, die sich jeder *direkten* Einflußnahme durch moralische Verständigung von innen oder außen entziehen. Sie sorgen dafür, daß in gesellschaftlichen Schlüsselbereichen das Geschehen letztlich doch nach Art eines *automaton* abläuft, wenn auch mit kleinen, Kontingenz genannten Spielräumen.

Mit seiner Diskurstheorie des Rechts will Habermas nun ohne Opferung des erreichten Komplexitätsniveaus zeigen, daß mit der Ausdifferenzierung moderner Gesellschaften in Teilsysteme, die sich nach eigenen Logiken organisieren, keineswegs der endgültige Abschied vom klassischen Ideal des Politischen besiegelt ist. Die moralisch-politische Integration der Gesellschaft im Ganzen, also die Erzeugung ihrer vernünftigen Identität, ist noch immer möglich, und zwar im Medium des Rechts. Das Recht geht nämlich aus politischen Prozessen hervor, die ihrerseits ihren Inhalt und ihre Legitimation aus den auf Verständigung gerichteten Kommunikationen der Lebenswelt beziehen. An ihnen können, in welches der Teilsysteme sie im übrigen auch immer verstrickt sind, die Mitglieder aller gesellschaftlichen Teilsysteme als Bürger gleichermaßen teilhaben. Die soziale Lebenswelt ist einerseits das symbolische Universum, in dem die gemeinsamen kulturellen Überlieferungen lebendig sind, gesellschaftliche Beziehungen oberhalb der Besonderheiten der Teilsysteme unterhalten werden und die Persönlichkeiten ihrer Glieder sich ausbilden. Sie ist andererseits der Bereich, in dem sich die Menschen über die Angelegenheiten, die alle gemeinsam betreffen, verständigen müssen und auch können. Sie ist die soziale und sprachliche Basis des politischen Systems, das das Ganze der Gesellschaft umgreift.

»Unter diesen Prämissen behält das Recht eine Scharnierfunktion zwischen System und Lebenswelt, die mit der Vorstellung einer autopoietischen Ab- und Einkapselung des Rechtssystems unvereinbar ist. (...) Das Recht funktioniert gleichsam als Transformator, der erst sicherstellt, daß das Netz der sozialintegrativen gesamtgesellschaftlichen Kommunikation nicht reißt. Nur in der Sprache des Rechts können normativ gehaltvolle Botschaften gesellschaftsweit zirkulieren; ohne die Übersetzung in den komplexen, für Lebenswelt und System gleichermaßen offenen Rechtskode, würden diese in den mediengesteuerten Handlungsbereichen auf taube Ohren treffen.«[1]

In den Gesellschaftsmodellen der Systemtheorie löst sich selbst in den Varianten, die wie bei H. Willke weitreichende *partizipationsdemokratische Absichten* verfolgen, das Politische unweigerlich auf. Denn innerhalb der Teilsysteme sind jeweils spezifische Systemlogiken am Werke, und nach außen verhalten sich alle Teilsysteme, das *politische eingeschlossen*, zueinander wie fremde Umwelten. Auch das politische System kann auf die anderen nicht verständigungsorientiert, sondern nur nach seinen eignen Regeln der Selektion reagieren. Da unter diesen Umständen eine bewußte Identität des ganzen ausgeschlossen ist, ist dem Politischen der Boden entzogen. Es gibt zwar auch unter diesen einschränkenden Bedingungen noch das »Politische an sich«, nämlich die unweigerliche Dimension dessen, was alle gemeinsam betrifft, und die unentrinnbare Tatsache, daß alle miteinander in der Spannung lebensprägender Wechselverhältnisse stehen – und das auch wissen. Aber es gibt kein Forum mehr, auf dem sich diese Tatsache und dieses Wissen zu einer Praxis des Politischen, zu einem »Politischen an und für sich« ausbilden könnten. Tatsache und Form der wechselseitigen Abhängigkeit als solche entziehen sich dem Versuch der bewußten Thematisierung, Verhandlung und Entscheidung.

[1] A.a.O., S. 78.

Im Gesellschaftsbild der Systemtheorie sind *alle Bedingungen* des klassischen Begriffs des Politischen unerfüllbar geworden. Das gilt auch dann, wenn in diesem Rahmen mit Nachdruck das radikaldemokratische Postulat der sozialen Demokratie verfochten wird. Die Praxis der Freiheit verliert ihr *Forum gesamtgesellschaftlicher Verständigung* durch die Absonderung der Teilsysteme. Sie büßt die *Chance gesamtgesellschaftlicher Verbindlichkeit* jeder bewußten Einigung auf Lebensformen ein, weil keine Regelung mehr in allen Teilsystemen Verbindlichkeit gewinnen kann. Und sie ist die endgültige Absage an alle Hoffnungen, das *automaton* in Freiheit aufzulösen, weil die *Logiken der Teilsysteme füreinander* undurchdringlich bleiben. Politik verschwindet nicht. Sie bleibt als die Funktion eines Teilsystems, das den Bedarf an bindenden Entscheidungen für alle anderen befriedigen muß, systemnotwendig. Sie verliert aber ihren politischen Charakter, sie wird nach strengem Maßstab unpolitisch. Die Evolution der Gesellschaft fordert als Preis für den erreichten Stand der Arbeitsteilung die Anerkennung des unwiderruflichen Endes des Politischen.

Habermas' Versuch, das Politische für die moderne Gesellschaft zu retten, geht aufs Ganze. Er will keine der Dimensionen des Politischen preisgeben. Die in der Lebenswelt verankerten politischen Diskurse sind eine Praxis der Freiheit, in der Verständigung über alle politischen Fragen möglich bleibt. Über das mit ihnen verbundene Rechtssystem erlangen die Ergebnisse dieser Verständigung für alle gesellschaftlichen Teilsysteme gleichermaßen Verbindlichkeit. Und über die Eingriffstiefe der rechtlichen Steuerung bleibt es der politischen Entscheidung vorbehalten, in welchem Maße und in welcher Form innerhalb der Teilsysteme jeweils entweder die internen Steuerungsmedien oder die moralisch-rechtlichen Vorgaben zum Zuge kommen. Jedenfalls ist die Grenze zwischen ihnen je nach dem Willen der ganzen Gemeinschaft *virtuell*, also widerrufbar, passierbar, neu und anders zu ziehen. Das *automaton* hat *keine prinzipielle Macht* über das Ganze. Soweit daher die Theorie des kommunikativen Handelns mit ihrer Zweiteilung gesellschaftlicher Wirklichkeit in Lebenswelt und System eine Verkürzung des klassischen Begriffs des Politischen in Kauf nimmt, tut sie dies nicht prinzipiell. Sie muß zwar anerkennen, daß sich der Eigensinn großer gesellschaftlicher Teilsysteme wie Wirtschaft und Verwaltung der jederzeitigen vollen Verfügung durch eine politische Praxis der Freiheit entzieht. Aber sie hält daran fest, daß eine solche Verfügung prinzipiell und je nach den Problemen, auf die sich der Lichtstrahl öffentlicher Aufmerksamkeit richtet, in allen Teilen möglich bleibt.

Das Politische wird in diesem Modell als *mögliche* Praxis mit einem gesellschaftsweiten Wirkungsradius zurückgewonnen. Aber es wird seinerseits *zweistufig*. Auf der *ersten Stufe* bleibt Verständigung über die Angelegenheiten, die allen gemeinsam sind, als eine Praxis der Freiheit für alle möglich. Das ist die Ebene der Lebenswelt. Auf der *zweiten Stufe* kann das interne Geschehen in den Teilsystemen, soweit es durch seine externen Folgen für die ganze Gesellschaft eine Angelegenheit aller ist, zwar aus der Lebenswelt heraus gestaltet werden, aber *nur indirekt* über das Recht und dessen Wirkungen auf die innere Logik der Teilsysteme. An die Stelle des jederzeitigen Zugriffs politischer Entscheidungs- und Gestaltungsmacht auf die Gesamtheit des öffentlichen Geschehens tritt eine *Stufenfolge* des politischen Gestaltungsvermögens, das nicht alles jederzeit, aber das wichtigste letztlich immer zu beeinflussen vermag.

So plausibel das Modell in seinem Anspruch und in seiner Architektur erscheint, so offensichtlich zeigen sich in seiner Durchführung zwei Schwachstellen, die diesen Anspruch in Frage stellen. Die eine resultiert aus Habermas' Tendenz, einen Begriff politischer Öffentlichkeit als Ideal zu konstruieren, der hinter seine eigene klassisch gewordene Analyse zum Strukturwandel der Öffentlichkeit wieder zurückfällt. Der *Strukturwandel der Öffentlichkeit* verstand die politische Öffentlichkeit in den demokratisch-kapitalistischen Gesellschaften als ein System, das anders als die diskursive Öffentlichkeit der frühbürgerlichen Gesellschaft nicht aus den Dialogen eines öffentlich räsonierenden Publikums von Privatleuten hervorgeht, sondern als ein Kunstprodukt in den Zentren sozialökonomischer Macht über die Massenmedien manipulativ erzeugt wird.[1]

Einleuchtend sind Habermas' Selbstkorrekturen an diesem Modell aus jüngerer Zeit, in denen er die frühere Hermetik des modernen Typs einer »demonstrativen Öffentlichkeit« zugunsten eines offeneren Systems der Wechselwirkung dieses Mechanismus mit lebensweltnahen Foren kritischer Gegenöffentlichkeiten auf-

---

[1] J. Habermas (1990b).

bricht. Auch diesem korrigierten Modell einer lebensweltlich-politischen Öffentlichkeit eignen aber systematische Defekte. Die Vorstellung, moderne Öffentlichkeit neige sich unter dem Eindruck der Renaissance der praktischen Philosophie und des Aufkommens von Foren und Netzwerken der Gegenöffentlichkeit aus den Erfahrungen der Lebenswelt dem Idealtypus eines Publikums räsonierender Privatleute wieder zu, ist angesichts der problematischen Ästhetisierung der Öffentlichkeit im Fernsehzeitalter empirisch nicht gerade plausibel. Öffentlichkeit in der Mediengesellschaft ist aus strukturellen Gründen eine höchst prekäre Mischung aus System und Diskurs, in der die Systemelemente dominieren, auch wenn der Diskurs von Zeit zu Zeit Einfluß gewinnt.

Die andere Schwachstelle in diesem Entwurf für die Wiedergewinnung des Politischen ist prekärer. Sie ergibt sich aus dem, was man die »juridische Politikverkürzung« in Habermas' Theorie des demokratischen Rechtsstaats nennen kann. Sie resultiert aus einem eigentümlich altliberalen Glauben, das Politische in den gesellschaftlichen Teilsystemen ließe sich durch die *äußere* Rechtssetzung ihres Handlungsrahmens von einer wie immer legitimierten Zentralinstanz zureichend entbinden, demokratisch aktivieren und in Entscheidungshandeln umsetzen. Eine solche *nur-juridische* Politikstrategie stößt aber, wie die Analysen von U. Beck und H. Willke gezeigt haben, angesichts der neuen politischen Fragen der Risikogesellschaft, von der Gentechnik über die Biochemie bis zu den neuen Medien und der Umweltpolitik, auf immer enger werdende systematische Grenzen.[1] Einerseits wandern politisch entscheidende Fragen, vor allem im Zusammenhang mit neuen riskanten Technologien, zunehmend aus den großen politischen Arenen aus in die der Öffentlichkeit fast gänzlich entzogenen »Foren der Subpolitik«, der Labors, Büros, Institute und Konzerne. Andererseits läßt der weite Rahmen rechtlicher Vorgaben in den gesellschaftlichen Teilsystemen des Gesundheitswesens, der Forschung, der Medien, der Wirtschaft, der Verkehrs- und Raumplanung oder des Bildungswesens notwendigerweise immer mehr vom eigentlich Entscheidenden offen, ohne dessen politischen Gehalt ausschöpfen zu können. Das Recht kommt immer zu spät und seine Netze sind immer zu weitmaschig. Die volle Kenntnis möglicher Alternativen zu und wahrscheinlicher Folgen

1 Vgl. U. Beck (1993) und H. Willke (1992).

der neuesten Entwicklungen in diesen Bereichen, zumindest zu dem für politische Entscheidungen gebotenen frühen Zeitpunkt, ist nur noch *innerhalb* dieser Funktionssysteme selbst verfügbar. Die Hoffnung, durch eine Rahmensteuerung über Gesetze im vorhinein das Politische dieser Entwicklungen beizeiten erkennen, durch formelle Regelungen ausschöpfen und angemessen steuern zu können, bildet unter diesen Umständen weder eine erfolgversprechende noch eine normativ befriedigende Handlungsperspektive, auch wenn dem Recht die Grobsteuerung obliegt.

Nur in den Funktionssystemen selbst, vor allem denen, die mit der Erzeugung wissenschaftlich-technischer Innovation befaßt sind, besteht von Anfang an die Chance, die Auswirkungen neuer Entwicklungen auf die Gesellschaft im Ganzen und ihre natürliche Umwelt zu erkennen und die in Betracht kommenden Alternativen aus den Möglichkeiten und Funktionsbedingungen des jeweiligen Teilsystems selbst herauszuarbeiten oder zu initiieren. Die von Beck aus diesem Grunde postulierte »Erfindung des Politischen« in Formen, die eine Politisierung der unpolitischen Foren der »Subpolitik« erlaubt, indem sie im Innern der gesellschaftlichen Teilsysteme, an den Quellen der gesellschaftlichen Risikoproduktion selbst ansetzen, ist von H. Willke aus systemtheoretischer Sicht zu *operativen* Vorschlägen für eine direkte Politisierung weitergeführt worden. Sie können einer neuen Qualität der Rückgewinnung des Politischen in komplexen Gesellschaften den Weg bahnen. Dafür müßten sie jedoch nicht nur in ihrer theoretischen Überwölbung, sondern auch in ihrer praktischen Konstruktion von systemtheoretischen Restriktionen befreit werden, denen sie von Willke selbst noch unterworfen worden sind. Entgegen Habermas' kompromißloser Zurückweisung dieses systemtheoretischen Vorschlags aus der Perspektive eines etatistischen Legalismus ergeben sich für die Praxis des Politischen verheißungsvolle Möglichkeiten gerade aus der gezielten Verbindung von Grundelementen beider Modelle. Eine solche Verbindung kann die Chance der Wiedergewinnung des Politischen in komplexen Gesellschaften in konkreter Handlungspraxis beträchtlich verbessern. Dazu bedarf es prinzipieller Korrekturen an beiden Modellen.

Willke zufolge hat die zeitgenössische Industriegesellschaft mit ihren eigensinnig ausdifferenzierten Funktionssystemen, die von außen her nicht mehr zureichend durchschaut, verstanden und gesteuert werden können, durchaus eine reale Chance für verantwortungsbezogenes Handeln im Hinblick auf die Interessen der Gesellschaft im Ganzen. Sie wird genutzt, wenn die »Reflexionskapazitäten« über gefährliche und unerwünschte Außenwirkungen der einzelnen Teilsysteme wirkungsvoll *in diesen Teilsystemen* selbst verankert werden. Dann kann an der Quelle der Problemerzeugung selbst, gleichursprünglich mit den Innovationen, über deren mögliche Außenwirkungen und verfügbare Alternativen politisch so beraten und entschieden werden, daß die intime Kenntnis der Funktionslogiken, die Variationsspielräume der Teilsysteme und die gesamtgesellschaftliche Verantwortungsperspektive zwanglos ineinandergreifen.

Solche Reflexionskapazitäten lassen durch ihre eigenen Öffentlichkeiten zugleich für die politische Gesamtöffentlichkeit, auf dem jeweiligen Teilsystem nicht bloß äußerliche Art, sichtbar werden, welche Risiken für das Ganze sich aus der Sicht der Kenner durch die Innovationen in den Teilsystemen anbahnen und welche alternativen Entwicklungspfade zwischen ihnen strittig sind. Das gilt nicht nur für riskante Technologien, problematische Werkstoffe und Produktionsverfahren, sondern ebenso für Defizite beispielsweise im Kulturbereich und den Bildungssystemen. Auf diese Weise verbindet sich eine interne Selbstregulierung der Teilsysteme am Maßstab der öffentlich bedachten gesellschaftlichen Folgen ebenso zwanglos wie unvermeidlich mit dem Öffentlichwerden interner Differenzen als rationale Hilfe für die politischen Entscheidungen der Gesellschaft als ganzer. Dieses gesamtgesellschaftliche Element des Habermasschen Modells muß hinzugenommen werden. Habermas' Begründung, daß die Lebenswelt mit der Umgangssprache über ein Medium verfügt, in das sich Erfahrungen und Informationen aus allen Funktionssystemen zurückübersetzen lassen, ist nämlich entgegen der systemtheoretischen Abschottungsthese, die Willke nicht fallenlassen kann, theoretisch plausibel und empirisch evident.

Willke schlägt, um die interne politische Reflexion in den Funktionssystemen zu erreichen, einen neuen institutionellen Rahmen für eine »verfaßte Gesellschaft« vor, in der die politische Selbstregulierung innerhalb der Teilsysteme und zwischen ihnen die politische Stelle einnimmt, die der hoffnungslos überforderte hierarchische Staat ohnehin nicht mehr wirklich ausfüllen könne.[1]

---

[1] Willke (1992), S. 357.

»An die Stelle des die Gesellschaft prägenden Verfassungsstaates tritt eine andere Form der Gesellschaft, die verfaßte Gesellschaft, die auf den zentralen demokratischen Ideen von Gesellschaftsvertrag und Verfassungsstaat aufruht, die Idee einer gesellschaftsweit konsensuell institutionalisierten, verbindlichen Verfassung aber ausweitet von ihren Bürgern als natürlichen Personen auf ihre Organisationen, korporativen Akteure und Funktionssysteme. Dann erweist sich rasch, daß die von der Verfassung gegenüber staatlicher Macht garantierten Schutz- und Partizipationsrechte zwar als minimale rechtsstaatliche Ausstattung unverzichtbar sind, keinesfalls aber ausreichen, um einen adäquaten Schutz des Bürgers gegenüber Beeinträchtigungen von Leib und Leben im Kontext komplexer Gesellschaften leisten zu können. Gegenüber dem klassischen Verfassungsstaat fordert die verfaßte Gesellschaft zwei wesentliche Erweiterungen: Zum einen verlangt sie eine innere Konstitutionalisierung aller Funktionssysteme und korporativen Akteure, sobald diese unmittelbar Eingriffsmöglichkeiten in Leib und Leben ihrer Mitglieder haben – und das haben sie überraschend schnell und gründlich. Zum anderen verlangt sie eine Konstitutionalisierung der Beziehungen zwischen den organisierten sozietalen Akteuren, um ihre Autonomie zu schützen und ihre Gemeinwohlverträglichkeit zu sichern.«[1]

Diese Idee einer »gesellschaftsweiten Demokratisierung« soll an die Stelle treten, die bis heute, wenn auch immer mehr zum bloßen Schein, der Staat einnimmt. Das politische Teilsystem ist im systemtheoretischen Verständnis ja nicht der den anderen Teilsystemen übergeordnete Bereich, von dem eine souveräne Steuerung des Ganzen erfolgen könnte. Es ist nur ein Teilsystem neben allen anderen, mit der gleichen bloß reaktiven Art, Veränderungen in seiner Umwelt zu verarbeiten, ohne einen Überblick über die Gesellschaft als ganzer zu gewinnen oder über Möglichkeiten zu verfügen, sie nach umfassenden Gemeinwohlvorstellungen zu gestalten. Einerseits sollen im Konzept der »verfaßten Gesellschaft« Bindungen ans Gemeinwohl in den beratenden Foren der Teilsysteme selbst erzeugt werden. Zum anderen sollen diese Reflexionen als öffentlich-politische Veranstaltungen dem politischen System jene sozusagen intimen Informationen als Nebenprodukt ihrer Beratungen liefern, die es dann doch der Idee ein Stück nä-

[1] A.a.O., S. 357f.

herbringt, einen Überblick über das Ganze, seine wirklichen Entwicklungsalternativen und die aus seinen Teilsystemen erwachsenden Bedrohungen und Risiken zu gewinnen.

Willke bleibt, trotz erstaunlicher Konzessionen an dieser entscheidenden Nahtstelle zwischen den internen politischen Öffentlichkeiten der Funktionssysteme und der politischen Öffentlichkeit der Lebenswelt, dem systemtheoretischen Grundsatz verhaftet, daß das politische System, dessen mythische Selbstbeschreibung der Staat ist, in den komplexen Gesellschaften der Gegenwart nichts anderes mehr sein könne als ein Teil neben den anderen Teilen und eben nicht der Ort, an dem das Ganze ein Bewußtsein seiner selbst ausbilden kann.

Während für Habermas also das Politische in der gemeinsamen Lebenswelt aller einen Ort behält, an dem die das Ganze bestimmende Vernunft Sitz und Stimme hat und sich von dorther in den fein gesponnenen Netzen des Rechts über die gesellschaftlichen Teilsysteme ausbreitet, ohne sie von innen her durchdringen und erfassen zu können, löst es sich in der systemtheoretischen Aufklärung in die Assoziationsverhältnisse seiner durch innere Demokratisierung vernünftig gewordenen Teilsysteme auf. Es bleibt kein Raum für ein Forum, auf dem sich die Vernunft der Teile zu einem selbstbewußten Blick auf das Ganze vereinigen könnte. Das Politische erhält in der Theorie des kommunikativen Handelns die starken Ansprüche seines klassischen Ursprungs zurückerstattet, bleibt aber in seinem sozialen Gehalt merkwürdig leer. Es erhält in der systemtheoretischen Sicht bei Willke einen erneuerten sozialen Gehalt, bleibt aber aufs ganze gesehen merkwürdig blind. Erst in der Verbindung beider entsteht die Chance einer Rückgewinnung des Politischen, die ihm nicht nur die Macht über das Ganze verleiht, sondern auch die *Kraft der Durchdringung seiner Teile*.

Der Gedanke einer handlungsorientierten *Synthese* des demokratischen Rechtsstaats mit der Idee der verfaßten Gesellschaft liegt nahe. Ihm entsprechen Versuche in der politischen Praxis selbst wie etwa die Ethikkommissionen, die wichtigen Forschungsprojekten seit einiger Zeit zugeordnet werden. Und mehr noch die internen industriepolitischen Beratungs- und Entscheidungsverfahren, die R. Überhorst unter dem Begriff einer diskursiven Politik in der Praxis erprobt hat.[1] Im Unterschied zur bloß

---

1 Burns, T.R., Ueberhorst, R. (1988).

»positionalen« Politik, bei der Interessen artikuliert werden, die dann von außen und oben her in den politischen Institutionen bearbeitet werden müssen, organisiert diskursive Politik gesellschaftsinterne Beratungssituationen zwischen den beteiligten Interessen, in deren Verlauf sie sich mit handfesten Entscheidungsfolgen verändern, ohne daß die politischen Institutionen dabei in Anspruch genommen werden müssen.

Eine politische Synthese der beiden Modelle muß allerdings asymmetrisch sein. Die Autorität der letztverbindlichen Rechtssetzung kann dem politischen System nicht genommen werden. Denn über das politische System zirkuliert die in den Diskursen der Lebenswelt erzeugte konkrete Gesellschaftsmoral »gesellschaftsweit«. Die »verfaßte Gesellschaft« leistet über ihre internen öffentlichen Foren die Vermittlung des Eigensinns der Teilsysteme mit der Vernunft des Ganzen in zweifacher Richtung. Indem sie die spezialisierten Foren der gesellschaftlichen Politik an das lebensweltliche Forum des Politischen anschließt, eröffnet sie die Hoffnung auf eine Praxis des Politischen, die den Sinn für das Ganze mit der Macht über seine Teile auf neue Weise vereinigt. Denn über die öffentlichen Foren der gesellschaftlichen Politik vermitteln sich die intimen Kenntnisse, Probleme und Konflikte aus den Funktionssystemen in die allgemeine Öffentlichkeit. Und auf dem Rückweg, bei der Umsetzung der Absichten von Gesetzen und Verordnungen in gesellschaftliche Praxis, können diese Foren wiederum dafür Sorge tragen, daß diese mit den Möglichkeiten des Funktionssystems synchronisiert, statt abgeblockt werden. Asymmetrisch ist eine solche Synthese aus zwei Gründen: Das Recht der letztverbindlichen Entscheidung ist dem politischen System vorbehalten, und es bleibt die Pflicht der Akteure in den Teilsystemen, in ihrer Staatsbürgerrolle die Perspektive des Ganzen einzunehmen. Die Rolle der öffentlichen Foren und der Beratungsarrangements in den Funktionssystemen geht freilich über eine bloße Diskurs- und Beratungsrolle weit hinaus. Im Rahmen und unterhalb der Ebene der Gesetzgebung sind fortwährend zahlreiche bindende Entscheidungen zu fällen, die eine Praxis des Politischen begründen, die unmittelbar an den Handlungsalternativen selbst ansetzen kann und muß und die Spielräume, die hier immer verbleiben, mit der größtmöglichen Kompetenz zum frühestmöglichen Zeitpunkt politisch bearbeiten. Das zeigt sich beispielhaft am neuen Typ der industriepolitischen Diskurse mit und ohne staatliche Moderation.

Die »Erfindung des Politischen«, die U. Beck aus seinen Analysen über die diffuse Verlagerung der Orte des Politischen postuliert, könnte auf diese Weise eine konkrete Gestalt gewinnen. Sie formt sich aus der *Verknüpfung von drei Foren* der vernünftigen Beratung und Beschlußfassung: *Erstens* dem *Forum der großen gesellschaftlichen Öffentlichkeit*, auf dem die Entscheidungen über den verbindlichen Rahmen des Ganzen verhandelt und beschlossen werden; *zweitens* den *internen Foren der gesellschaftlichen Teilsysteme*, auf denen aus der Sicht der Funktionslogiken der Einzelsysteme einerseits die Risiken und Alternativen künftiger Entwicklungen öffentlich gemacht und andererseits die Verwirklichung der rechtlichen Rahmenbedingungen demokratisch verhandelt werden kann; und *drittens* der *organisierten Dialoge zwischen den Teilsystemen* selbst, die der Staat moderieren kann, in denen sich die Abstimmung zwischen den Teilsystemen und dem Staat vollzieht. Auf diese Weise wird in den Öffentlichkeiten der Teilsysteme und zwischen ihnen das Wissen von den sich abzeichnenden Risiken und den Möglichkeiten ihrer Vermeidung offenbar, ohne das die Vernunft der Lebenswelt nicht viel mehr sein könnte als ein frommer moralischer Wunsch, unbelehrt und machtlos.

Erst in einer solchen institutionalisierten Vermittlung kann der *Habermassche Rechtsidealismus mit dem Realismus der Macht der systemischen Eigenlogik ausdifferenzierter Gesellschaften zureichend vermittelt werden*, ohne daß diese, wie in der Systemtheorie, in ihrem blinden Eigensinn das letzte Wort behalten müssen.

Diese Synthese verlangt von seiten des Habermasschen Modells nur die Einsicht, daß sich komplexe Gesellschaften über etatistische Rechtsregeln allein nicht zureichend steuern lassen, und eine gesellschaftliche Öffnung des Politikmodells. Sie verlangt von seiten der systemtheoretischen Alternative zwei Korrekturen. Die Institutionen der verfaßten Gesellschaft können das politische System nur zum Teil ersetzen, im übrigen aber höchstens ergänzen und verändern. Und die internen Funktionsnormen der Teilsysteme dürfen nicht nach Art eines Code verstanden werden, der mit den Codes aller anderen Teilsysteme keine gemeinsame Sprache finden kann. Es handelt sich vielmehr nur um Funktionslogiken, die zwar ihre eigenen Zwänge setzen, über die gleichwohl mit anderen in der Umgangssprache beraten und beschlossen werden kann.

Es geht also um die Vernetzung von öffentlichen Foren innerhalb der gesellschaftlichen Funktionssysteme und zwischen ihnen mit den Diskussions- und Entscheidungsbereichen des politischen Systems, im Grunde um eine neue Form teilweise institutionalisierter Dialogpolitik. Diese Rolle kann die Zivilgesellschaft nicht übernehmen. Als Inbegriff der gesellschaftlichen Initiativen, Foren und Vereinigungen, die zwischen Staat und Wirtschaft angesiedelt sind, ist die Zivilgesellschaft, auch in der wichtigen demokratisierenden Funktion, die Habermas ihr zumißt, darauf angelegt, gesellschaftliche Interventionen in die allgemeine Öffentlichkeit vorzunehmen, um die Entscheidungen des politischen Systems zu beeinflussen und es für die Gesellschaft von Fall zu Fall durchlässiger zu machen. Die Zivilgesellschaft ist kein Ort, an dem über gesellschaftliche Interessen beraten und darüber hinaus verbindlich und praxisleitend entschieden werden kann. Zivilgesellschaftliche Foren dienen nur der Verständigung und der ungewissen Einflußversuche auf die politischen Entscheidungssysteme. Das unterscheidet sie qualitativ von den internen Öffentlichkeiten der Funktionssysteme und den innergesellschaftlichen Beratungsarrangements der diskursiven Politik. Letztere sind Foren *gesellschaftlicher Politik*, während die bloß vorbereitenden Initiativen der Zivilgesellschaft noch am ehesten das von Beck bevorzugte Prädikat der *Subpolitik* verdienten. Beide Wege sind für die Wiederannäherung an das Politische in komplexen Gesellschaften unverzichtbar, aber in unterschiedlicher, nicht austauschbarer Funktion. Ein Begriff des Politischen, der in den komplexen Gesellschaften der Gegenwart auf einer Praxis der Freiheit besteht, in der sich Freiheit, Macht und Gestaltungsfähigkeit verbinden, muß von einer solchen Synthese ausgehen. Sie ist nicht eine bloß begriffliche Zuflucht, sondern ein praktisches Reformprojekt.

## 21. Internationalisierende Politik

Den Wirkungszusammenhängen der Weltgesellschaft kann nur eine internationalisierende Politik in Annäherungen gerecht werden.[1] Da sich auf globaler Ebene die Auswanderung der Entscheidungsmacht über politische Wirkungen aus den offiziellen Kanälen des politischen Systems in die sich über alle Grenzen vernetzenden gesellschaftlichen Funktionssysteme noch einmal wiederholt, ist die Idee eines Weltstaates zur hilflosen Utopie geworden. Zwar müssen auch die globalen politischen Institutionen ausgebaut und handlungsfähig gemacht werden. Der UNO und ihren funktionalen Unterorganisationen kommen lebenssichernde Aufgaben bei der Friedenssicherung, dem Schutz der Menschenrechte, der Natur, der Gesundheit und der fairen Steuerung der weltweiten Arbeitsteilung zu. Viel mehr aber als strategische Interventionen und die Vereinbarung des Rahmens, in dem die Regierungen und Gesellschaften zusammenarbeiten, kann von ihnen nicht erhofft werden.

Es sind zwei internationale Netzwerke, deren erste Maschen schon geknüpft sind, denen die weitergreifende *Internationalisierung der gesellschaftlichen Politik* zugetraut werden kann. Das eine ist die internationale Zusammenarbeit der Gesellschaften und ihrer Funktionssysteme. Das andere ist die Verdichtung regionaler Systeme politischer Zusammenarbeit und ihre horizontale Verknüpfung.

Der internationalen Zusammenarbeit der Gesellschaften stehen viele Wege offen. Auf manchen von ihnen ist in den letzten Jahrzehnten schon eine respektable Strecke zurückgelegt worden. Die Zahl der auf allen Sachgebieten der politischen Weltgesellschaft – von den Menschenrechten bis zur Ökologie, von der Erziehung bis zu den Arbeitsbeziehungen – aktiven International Non-Governmental Organizations ist von etwa 1000 in den fünfziger Jahren auf 21 529 in der Mitte der achtziger Jahre hochgeschnellt. Die Funktionssysteme haben begonnen, sich ihre eigenen, in der Reichweite häufig schon globalen und im thematischen Anspruch spezialisierten Öffentlichkeiten zu schaffen. Ökologische, tech-

---

[1] Zu Begriff und Konzeption E.-O. Czempiel (1993).

nologische, kulturelle, menschenrechtliche Foren werden organisiert. Wie embryonal und sporadisch viele von ihnen gegenwärtig auch auftreten, sie können zu globalen Arenen gesellschaftlicher Politik und ziviler Gesellschaft heranwachsen.

Willy Brandts Vision einer politischen Weltgesellschaft ging von den gegenwärtig noch bescheidenen Ansätzen regionaler politischer Integration aus, die es in allen Teilen der Welt schon gibt.[1] Sie können in ihrer inneren Entwicklung und in ihrer externen Vernetzung zum Nervensystem für eine handlungs- und kommunikationsfähige globale Politik werden. Heute variiert die Form der Zusammenarbeit zwischen den festen Klammern in der *Europäischen Union*, ihren losen Maschen z.B. im SAARC (South-Asian Association for Regional Cooperation) und ihrem schon beständigeren Gefüge im ASEAN. Das enger werdende Geflecht ökologischer, ökonomischer, sicherheitspolitischer, technologischer, administrativer und oft auch schon rechtlicher Gemeinschaftsinteressen in diesen und den anderen Regionen der Welt bietet, zumal auf der Basis überlappender kultureller Traditionen und eines vergleichbaren Entwicklungsstandes, einen fruchtbaren Boden für ein Wachstum der Kooperation.

Zu solchen Netzwerken können auch die gesellschaftlichen Funktionssysteme sich international verbinden. Sie können die nach dem Ende des Ost-West-Konflikts noch anwachsende Macht der Transnationalen Konzerne zähmen und ihre Interessen auf nicht allzu ungleichem Fuß vermitteln.

Wenn die großen Funktionsorganisationen der UNO effektiv gemacht und parlamentarischer Kontrolle unterworfen werden, die regionalen Kooperationssysteme, in ihrem Geltungsbereich verdichtet, eine ähnliche Entwicklung nehmen und die Gesellschaften selbst die Brückenschläge vervielfältigen, die sie schon miteinander verbinden, kann politische Gestaltungsmacht allmählich wieder an die Orte gelangen, von denen die globalen politischen Wirkungen ausgehen.

Das Ende des Ost-West-Konflikts verbessert die Möglichkeiten dazu. Das weltweite Aufflammen fundamentalistischer Gegenmächte gegen Anspruch und Zumutungen der modernen Welt wirken ihnen überall entgegen. Wirkliche und befürchtete Wohlstandsverluste infolge des schärferen weltweiten Standortwettbe-

---

[1] Für eine Übersicht und Beschreibung des Integrationsgrades vgl. Langhammer.

werbs, der von den Sicherheitszwängen des Ost-West-Konflikts nicht länger im Zaume gehalten wird, lassen fast überall auch wieder protektionistische Neigungen wachsen. Beide Gefahren wirken den Chancen internationalisierender Politik entgegen, sie können sie aber kaum zunichte machen.

## 22. Politische Interventionsfähigkeit
## Chancen der Tugend

Das politische System ist nicht selbstgenügsam. Es lebt von Voraussetzungen, die es nicht garantieren kann. Zu Zeiten zehrt es sie parasitär auf, auch wenn zutage liegt, daß es sein eigenes Grab schaufelt. Solidarität und Urteilsfähigkeit sind solche Voraussetzungen. Sie sind die Schlüsseltugenden des Politischen, ohne die sich keine demokratische Politik halten kann. Solidarität wird zum modernen Äquivalent der Sittlichkeit, indem sie Bindungs- und Handlungsenergien für gerechtfertigte Ziele des Gemeinwesens mobilisiert. Urteilsfähigkeit ist die Kompetenz zur Bewertung des Erfolgs der politischen Handlungen anderer nach politischen Maßstäben und von Zweckmäßigkeit, Art, Ort und Zeitpunkt eigenen politischen Engagements im Lichte eigener Interessen und Überzeugungen.

Die politische Krise der Gegenwart erinnert uns daran, daß weder die Ausbildung einer politischen Klasse, die sich der Politik von Berufs wegen widmet, noch die Bedienung der breit gestreuten Interessen eines Wählermarkts durch konkurrierende Parteien mit dem Ziel der Stimmenmaximierung diese Tugenden entbehrlich machen, daß sie im Gegenteil nicht nur *von*, sondern auch *an* deren Substanz zehren. Beide für sich genommen erlauben, so wie die Dinge in der Gegenwartsgesellschaft nun einmal liegen, noch nicht einmal die Sicherung des Überlebens und des Zusammenhalts der Gesellschaft mit den Mitteln von Macht und Verführung, geschweige denn die Einlösung des Verfassungsversprechens demokratischer Teilhabe. Die eingespielten Praktiken der Politik, des öffentlichen Raumes und der Arbeitsteilung von Staat und Gesellschaft untergraben gegenwärtig die politischen Tugenden, die sie für ihre eigene Existenz voraussetzen müssen. Orte und Gelegenheiten für eine große Zahl von Bürgern, beide Tugenden durch eine Praxis zu lernen, die zugleich auch den eigenen Interessen entgegenkommt, sind rar geworden und, wo sie bestehen, im Urteil allzu vieler wenig einladend.

Politische Tugenden sind – *auch* – eine Frage der Gelegenheit, zum Verlernen und Versäumen nicht weniger als zum Erwerb und zur Einübung. Absurd ist der abstrakte Idealismus, der in der Zumutung liegt, die aus dem politischen Geschehen Ausgeschlossenen sollten wenigstens die Tugend kluger Duldung üben, damit der politische Betrieb reibungslos weiterlaufen kann, von dem am Ende doch irgendwie alle profitieren. Auch politische Klugheit wächst verläßlich nur in der Teilhabepraxis, die die Perspektive verantwortlichen Handelns ist. Und Solidarität regeneriert sich in solidarischem Handeln, wo die Gelegenheiten greifbar sind, wirksamer und großzügiger als durch feierliche Appelle oder gar Abmahnungen von oben.

Gesellschaftliche Differenzierung erzeugt heute auch in der Horizontalen eine Spannweite von Unterschieden der Einstellungen, der Handlungsmotive, der sozialen Orientierungen, wie wir sie ehedem nur in der gesellschaftlichen Vertikale kannten. Schierer Egoismus neben weitausgreifender, großzügiger Solidarität, Bereitschaft zum ungewöhnlichen Engagement neben frustrierter Resignation, Informiertheit und Urteilskompetenz neben Desorientierung und politischem Analphabetismus. Je mehr der Druck von Traditionen aus der Gesellschaft weicht, die die Anpassung an eingelebte sittliche Lebensformen erzwangen, um so deutlicher wird spürbar, wie ungleich die moralischen Motive in der Gesellschaft verteilt sind. Es kommt darauf an, in welche Richtung der Blick sich wendet. Politische Tugend geht nicht verloren, aber sie wandelt, wo sie wirksam bleibt, ihre Form und sie verfällt, wo ihre Basis in praktischen Lebensformen zerbricht. Die politische Urteilskraft der Bürger erreicht ungekannte Grade der Ungleichheit, je nach ihrer sozialen Lage und dem Profil ihres Freizeitverhaltens.

Eine erneute Predigt, daß es anders werden möge, wird so wenig verfangen wie die vergangenen, wenn nicht Wege veränderter politischer *Praxis* sichtbar werden. Die in der Studentenrevolte der sechziger Jahre noch einmal in großem Stil entfachte Hoffnung, das politische Dauerengagement aller sei der natürliche Aggregatzustand des Gemeinwesens, wenn nicht Entfremdung und Repression dazwischentreten, ist nicht nur wegen der Trägheit der Geister verflogen. Sie ist für komplexe Gesellschaften eine prinzipielle Illusion, da allein schon die *Ökonomie der Entscheidungszeiten* und, durch sie bedingt, die handhabbare Größe der Entscheidungsgremien, die Zahl derer, die am Entscheidenden teilnehmen können, um so drastischer beschränkt ist, je größer die politische Einheit ist, für die die Entscheidungen gelten sollen.[1] E. Bernstein hatte den Text, mit dem er seine revisionistische Abkehr von den Versöhnungsillusionen der frühen Arbeiterbewegung einleitete und die Grundsätze für einen Reformismus skizzierte, der komplexe Gesellschaften zu verändern vermag, beziehungsreich »Über die sozialpolitische Bedeutung von Raum und Zahl« überschrieben.[2] Die Gesetze von Raum und Zahl und das der Distanz, das aus ihnen folgt, verlangen nach anderen Regeln politischer Teilnahme und politischer Urteilskraft als eine politische Gemeinschaft, deren demokratischer Geltungsanspruch nach dem Urteil der Eingeweihten nicht weiter reichen konnte als die Stimme des Herolds.

Das wirkliche Dilemma der modernen Demokratie entsteht aber nicht aus dem Widerspruch, daß alle zu einer aktiven politischen Teilnahme eingeladen sind, die nur wenigen geboten werden kann, daß also der demokratische Anspruch eine Einladung ist, die auf der Prämisse beruht, daß sie – von den allermeisten – nicht angenommen wird. Dieser innere Widerspruch moderner Demokratie, im Augenblick der Erfüllung ihrer Leitidee die Beteiligungsforen wegen Überfüllung rasch schließen zu müssen und für die, die den Zugang geschafft hätten, durch die Dauer der Beratung und die Vielheit der Stimmen das Gewicht des eigenen Beitrags auf Grenzwerte schrumpfen zu lassen, ist nur eine theoretische Konstruktion. Sie taucht in akademischen Legitimationsdebatten von Zeit zu Zeit aufs neue auf, ist aber durch Idee und Institutionen der repräsentativen Demokratie in den Normen entschärft und in der Praxis gegenstandslos.[3] Außer in den kurzen Zeiten gesellschaftsweiter Bürgerbewegungen ist es stets die Menge der Nachdrängenden, die zu wünschen übrigläßt, und nicht die Zahl der freien Plätze in den Organisationen und Gremien politischer Beratung und Entscheidung.

Das Dilemma der modernen Demokratie besteht vielmehr in der fortwirkenden Gültigkeit von Aristoteles' für die moderne Demokratie vielleicht schicksalsträchtiger Beobachtung, daß sich – im großen und ganzen – nur gut regieren läßt, wer auch gut regieren kann. Da nun aber komplexe Demokratien nur noch Spurenresten des Volkes die Erfahrung des Regierens im großen

1 Vgl. R. A. Dahl (1961).
2 E. Bernstein (1896).
3 Vgl. für eine bis heute aktuelle Behandlung des Themas F. W. Scharpf (1975).

verschaffen können, selbst dann, wenn sie in strengen Regeln der Ämter- und Mandatsrotation Zuflucht suchten, sehen sie sich einer fatalen Alternative gegenüber. Sie müssen entweder ein *flächenwirksames Äquivalent des Mitregierens im kleinen* schaffen, damit die subjektiven Voraussetzungen guter Regierung auf seiten der Regierten erfüllt werden können, oder sich mit den unberechenbaren Konjunkturen einer Grundstimmung des Unwillens arrangieren, die bedrohlich werden kann, wenn zur Distanz die Enttäuschung hinzukommt. Das ist die Konstellation, die Politikverdrossenheit zur Dauerstimmung werden läßt mit dem Risiko ihres Umschlags in politische Erlösungshoffnung, sobald die Erwartungen der Regierten und die Lieferungen der Regierenden den Zusammenhang verlieren. Und der Erfolg der Regierenden wird in der Demokratie nun einmal von den Regierten beurteilt.

Darum kann gutes Regieren allein, das freilich das dringlichste wäre, die Entfremdung zwischen Politik und Leben nicht bannen. Dafür sprechen zwei gewichtige Gründe. Der interne Grund ergibt sich aus der Unwahrscheinlichkeit objektiv überzeugender politischer Lösungen, wenn in den Prozeß ihrer Erarbeitung nicht Interessen, Erfahrungen, Argumente und Kompromisse auf dem Wege umfassender Bürgerbeteiligung schon eingegangen sind. Der andere ergibt sich aus dem Umstand, daß dieselben Faktoren, die politische Distanz bedingen, auch der Ausbildung politischer Urteilskraft entgegenwirken. Die Selbstisolation des Banausen behindert zugleich die soziale Wahrnehmung der eigenen Interessen und das kompetente Urteil über den Erfolg des politischen Handelns der anderen.

*Vier Wege* der Aktivierung von Bürgerengagement und der Öffnung des politischen Raumes können auch in komplexen Gesellschaften gleichzeitig geebnet und miteinander in Verbindung gebracht werden.

Das politische System kann durch neue Arbeits- und Organisationsformen *erstens* für all diejenigen geöffnet werden, die sich direkt politisch beteiligen wollen. Die *Fremdausschließung* politischer Beteiligung kann fast vollständig abgebaut werden. Die Stärkung der Mitgliederrechte in den Parteien, die Öffnung der Parteien für Nichtmitglieder, neue, dem Formwandel des politischen Engagements entgegenkommende Arbeits- und Beratungsformen in den Parteien, die Organisation folgenreicher politischer

Bürgerdialoge, die Einrichtung formalisierter politischer Öffentlichkeiten innerhalb der gesellschaftlichen Funktionssysteme und zwischen ihnen, die Einführung wohlerwogener Formen des Personal- und Sachplebiszits auch auf Bundesebene, die Demokratisierung der Entscheidungsverfahren in der Europäischen Union sind Bausteine für die Architektur eines offeneren politischen Raumes, der jede Form eines direkten politischen Engagements aufzunehmen vermag. Die gewollte *Selbstausschließung* vom politischen Leben können Reformen nicht überspielen.

*Zweitens*: Ihre Führungsfähigkeit kann die politische Klasse nicht überzeugend erweisen, wenn sie sich müht, die einzelnen Sachprobleme, die die Gesellschaft bedrücken, der Reihe nach zu lösen. Das wäre eine Sisyphusarbeit, die weder die Giganten noch die Zuschauer erfreuen kann, zumal dabei mehr als nur ein Felsbrocken ins Rollen käme. Woran es in den pluralisierten Klassengesellschaften mehr als an allem anderen mangelt, sind faßbare, umsetzungsfähige und kritisierbare *Gemeinwohlkonzepte*, in denen die großen sozialen Interessen zur Sprache gebracht und an dem Maß gemessen werden, das die soziale Integration des Gemeinwesens vorgibt. Nur wenn die elementaren Lebensinteressen aller Gruppen unter dem Blickwinkel einer anerkennungsfähigen Idee sozialer Gerechtigkeit aufeinander bezogen und aneinander gemessen werden, wird die Erwartung realistisch, daß sich viele Bürger dem politischen Geschehen ohne Ressentiment zuwenden.

Dieser Weg hat zwei Voraussetzungen. Eine öffentliche Debatte über eine gerechte Gesellschaft kann deutlich werden lassen, welchen Rang, zum Beispiel, die Interessen humaner Wohnung und Arbeit im Verhältnis zu anderen politischen Projekten, vom Verkehr bis zur Verteidigung, haben, welche der sozialen und ökonomischen Interessen welche Art von Beitrag dafür zu leisten haben und wer die Lösungen blockiert. Sie kann auch sichtbar machen, was der einzelne selbst dabei leisten muß, was innerhalb der Gesellschaft zu regeln ist und was dabei die Aufgaben des Staates sind. Erst wenn sich soziale und wirtschaftliche Interessen auf ihre Berechtigung im Hinblick auf die Interessen anderer befragen lassen müssen, wird erkennbar, wer welche Opfer aus welchem Grund zu bringen hätte, wer welche Leistungen aus welchem Grund erwarten kann und welche Entscheidungswege Erfolg versprechen.

Solange diese Voraussetzung nicht besteht, beherrscht ausschließlich das Tauziehen der organisierten Interessen das politische Geschäft. Der öffentliche Eindruck, den dies hinterläßt, verschärft und verfestigt seine eigenen negativen Voraussetzungen. Die resignierte Abwendung der Verlierer von diesem Spiel liegt nahe. Wo Privilegien nicht begründet, Opfer nicht legitimiert, Begrenzungen nicht gerechtfertigt, Chancen nicht dargelegt werden, kann kein innerer Zusammenhang in der Gesellschaft entstehen. Wo die Gesellschaft nicht wenigstens ein grobes Bild von sich und dem Platz der Menschen und Interessen in ihr hat, sind die Anschlußbedingungen gestört, die Solidarität wahrscheinlich und Teilnahme rational machen.

Der *dritte Weg* besteht in der *Neubelebung oder Schaffung sozialer Orte politischer Gemeinschaftserfahrung*, die dem Formwandel der Bürgertugend entgegenkommen. Die Einübung von Solidarität und die Erfahrung des Politischen als Praxis der freien Verständigung über gemeinsame Belange kann an vielen Orten in der Lebenswelt und der Zivilen Gesellschaft geschehen. Überall da, wo gemeinschaftliche Belange gemeinschaftliche Regelungen verlangen, ganz gleich, ob es dabei um moralische, ökonomische, soziale, kulturelle oder nachbarschaftliche Interessen geht.

Das ist der Kern des *Kommunitarismus*[1]. »The Spirit of Community«, der Geist der Gemeinschaft, soll nach den Vorstellungen A. Etzionis und anderer amerikanischer Intellektueller, die die Kommunitaristische Plattform unterstützen, nicht allein aus einer Neubesinnung der Staatsbürger auf ihre Pflichten, sondern aus der Schaffung einer »moralischen Infrastruktur« entstehen.[2] Als Netzwerk sozialer Orte politischer Gemeinschaftspraxis ist sie Kern eines Programms, das darüber hinaus viel gutgemeinte Ermahnung und auch ein Stück seltsamer Sittenwächterei enthält. Etzioni, der *spiritus rector* des »spirit of community« zitiert zur Selbstbeschreibung der Bewegung einen spöttischen Kommentar, der die Sache trifft. »Während einer Dinner-Diskussion über die Vorschläge der Kommunitarier rätselte Dr. Joan W. Konner, Dekanin des Fachbereichs Journalismus an der Columbia Universität, was der Kommunitarismus ist. ›Es scheint zum Teil Kirchenpredigt, zum Teil Bekräftigung alter Werte, zum Teil politische

---

[1] Vgl. A. Etzioni (1973).
[2] *The Responsive Communitarian Platform: Rights and Responsibilities*, in: a. a. O.

Kampagne und zum Teil soziale Bewegung zu sein‹, sagte sie. Ich hätte es selbst nicht besser sagen können.«[1]

Die philosophischen Versuche einer Grundlegung dieses Programms durch einige seiner Vertreter sind fragwürdig, wenn sie in kollektiven Formen eingelebter Sittlichkeit und nicht in der rationalen Verständigung vergesellschafteter Individuen die letzte Rechtfertigung für die Rechte und Pflichten der Menschen als Bürger finden wollen.[2] Es scheint, als begünstige dieses Mißverständnis den irritierenden Aspekt der *Sittenwächterei* im kommunitaristischen Projekt. Als gebiete es die soziale Moral, auf jeden Raucher zuzugehen und ihn zur Rede zu stellen, wie er es wagen könne, die Gemeinschaftskasse mit den Kosten für seine selbstverschuldete Krebserkrankung zu belasten.

Auch wenn der Impuls des Kommunitarismus und die historische Vorerfahrung, die ihn trägt, durch und durch amerikanisch sind, zwei seiner Einsichten und die praktischen Folgerungen, die er aus ihnen zieht, sind nicht auf ihren Entstehungszusammenhang beschränkt. Die eine besteht in der Einschätzung, daß die politische Erneuerung nicht aus dem politischen System allein kommen kann. Sie bedarf eines Hebels *außerhalb* der politischen Welt, um *in* der politischen Welt wirksam zu werden: sozialer Bewegungen, Netzwerke, Initiativen, Infrastrukturen. Die andere beschreibt ein politisches Bürgerideal, das nicht vorschnell auf die Übernahme von Rollen im politischen System fixiert ist. »So wie das politische Gemeinwesen nur eine Facette des verflochtenen sozialen Lebens ist, so sind Wahlen und politische Aktivitäten nicht die einzigen Wege, um ein verantwortliches Mitglied der Gesellschaft zu sein. Ein guter Bürger beteiligt sich an einer Gemeinschaft oder unterschiedlichen Gemeinschaften, ist aber nicht notwendigerweise in der Politik aktiv.«[3]

In den Gemeinschaftsorganisationen der Lebenswelt und der zivilen Gesellschaft kann, wenn auch stets eingeschränkt auf einzelne Zwecke oder Geltungsbereiche, das *Politische in molekularer Form* zum Leben erweckt werden. Im Nachbarschaftsrat, in der Ausländerinitiative, im regionalen Umweltprojekt, in der als Lebensraum verstandenen Schule kann jeweils die *Einheit von Lebenszentralität, Verständigungspraxis, Gestaltungsmacht und*

---

[1] A.a.O., S. 249.
[2] Vgl. die Kritik bei A. Honneth (1993).
[3] *Platform*, a.a.O., S. 261.

*Bürgertugend* hergestellt werden, die den selbsttragenden Kreislauf des Politischen am Leben hält. Das ist kein Ersatz für die Aufgaben des politischen Systems und auch nicht die komplette Werkzeugkiste für die Reparatur seiner Defekte. Aber es wäre gleichzeitig ein Damm gegen den Verfall des Politischen und ein Ausgangspunkt für seine Transformation.

Ein engeres Netzwerk sozialer Initiativen macht eine realistische Arbeitsteilung zwischen Staat und Gesellschaft möglich und verlagert in vielerlei Hinsicht die Orte der politischen Entscheidung an die Quellen der Probleme. Es organisiert die Chancen und Wirkmöglichkeiten für gesellschaftliche Politik.

Die Lebensnähe solcher Gemeinschaftsaktivitäten kommt den veränderten Formen des politischen Engagements entgegen und bietet den Unpolitischen wie selbstverständlich Ansatzpunkte und soziale Aufforderungen zum Bürgerengagement, unabhängig von ideologischen Stereotypen und der Bereitschaft zu formalisierten Bindungen.

Die Diskurs- und Entscheidungserfahrungen in freien Gemeinschaften dieser Art wirken als Katalysator für die Entfaltung solidarischer Energien und als Erfahrungsfeld für die Ausbildung politischer Urteilskraft, die die Perspektiven der individuellen Wünsche und der Zwänge von Konsens, Kompromiß und Handlungspraxis zu unterscheiden vermag.

Die kleinen Foren der Gemeinschaftsinitiativen in Lebenswelt und Ziviler Gesellschaft können darüber hinaus die große Öffentlichkeit wirkungsvoll »belagern« (Habermas) und deren Absinken zu einer gigantischen und hermetischen Unterhaltungsveranstaltung durch das Einbringen zündender Themen, Argumente, Perspektiven und Erfahrungen immer wieder folgenreich entgegenwirken.

*Viertens*: Politische Urteilsfähigkeit verlangt in der Mediengesellschaft vor allem *Medienkompetenz*, die Fähigkeit zur selbstbestimmten Synthese in dem Diskurs, den die Medien mit dem Angebot ihrer Sendungen eröffnen. Von der entschiedeneren Praxis einer *Medienethik*, die Träger und Journalisten veranlaßt, fair und verantwortlich zu berichten, kann die Beschneidung voyeuristischer Unterhaltungsexzesse in den Sparten *sex and crime* sowie eine sensible Öffnung für die unspektakulären Themen und Vorgänge des politischen Lebens erhofft werden, aber nicht die Neutralisierung der Medienfaktoren zugunsten einer politischen Wahrnehmung des Politischen.

*Medienkompetenz*, die die Regeln der medialen Weltproduktion durchschaut und darum zu ihrer souveränen Synthese mit Eigenem fähig bleibt, dürfte in ausreichender Breitenwirkung am ehesten aus der Wechselwirkung einer in allen Bildungsbereichen angebotenen *Medienpädagogik* mit Engagements in den Foren gesellschaftlicher Politik hervorgehen.

Die Wiederherstellung der politischen Urteilskraft auf breiter Basis verlangt ein verzweigtes medienpädagogisches Konzept, das die Vertrautheit mit der Produktionsseite der Medien schafft und den Blick auf den Inszenierungsvorgang selbst zur Gewohnheit werden läßt. Ästhetische Sensibilität, die spontane Fähigkeit zur Wahrnehmung auch der Fäden und der Hände, die die Puppen auf den Bühnen tanzen lassen, kann auf diesem Wege zu einer ebenso verbreiteten Kulturtechnik werden wie Lesen und Schreiben. In den Gesprächssituationen, die gesellschaftliche Politik und Zivilgesellschaft bieten, wird der strategische Einfluß, der von den Medieninszenierungen ausgeht, durch die Regeln des Dialogs noch einmal gebrochen und kann so viel von seiner entpolitisierenden Macht verlieren.

*Das Politische in molekularer Form* kann daher zur Reform des politischen Lebens im ganzen auf doppelte Weise beitragen. Es übernimmt *selbst einen Teil der politischen Aufgaben* und wird eben dadurch zu einem Energiezentrum, aus dem heraus Bürger nach eigenem Urteil die Distanz überbrücken *können*, die in komplexen Demokratien verhindert, daß das Politische wie im Ideal der antiken Demokratie zum konstitutiven Prinzip für das Ganze der Politik werden könnte.

Wenn die politischen Parteien sich ihrerseits *auch* als Katalysatoren solcher Initiativen und in unaufdringlicher Weise zugleich als Brücken zwischen ihnen und dem politischen System verstehen, gewinnen sie durch einen Wandel ihres Rollenverständnisses einen Teil ihrer Bedeutung zurück und wirken zugleich an der Sicherung der moralisch-politischen Grundlagen für ihre klassische Funktion der politischen Integration der Gesellschaft mit. Politische Tugend entsteht nicht in der einsamen Gewissenserforschung des perplexen Staatsbürgers, sondern in den Handlungszusammenhängen moralischer Infrastruktur. Sie sind nicht nur, aber vor allem eine Angelegenheit *gesellschaftlicher Organisation, bei der das Soziale und das Politische konvergieren*.

Die umfassende staatsbürgerliche Teilhabe aller an allen Entscheidungen des politischen Systems, die sie als Bürger betreffen, ist nicht möglich, weil sie in komplexen Gesellschaften nicht organisierbar ist. Sie wäre noch nicht einmal wünschenswert, weil sie die Entscheidungsprozesse lähmen und darum in Widerspruch zu sich selbst geraten müßte. Sie ist auch nicht zu erwarten, weil die Motive für ein aktives Bürgerengagement im politischen System ungleich verteilt sind und nur spärlich regeneriert werden. Weder die objektiven noch die subjektiven Handlungsbedingungen in einer komplexen Demokratie erlauben, daß das Politische in ihnen noch einmal zum konstitutiven Prinzip für die Praxis des Gemeinschaftslebens als ganzes werden könnte. Wenn aber die Verfallsprozesse gestoppt werden, die über das hinaus, was die Strukturen selber bedingen, das Politische aus der Politik austreiben, dann werden *Annäherungen* möglich, mit denen auch komplexe Gesellschaften politisch leben können.

*Das Politische wird zum regulativen Prinzip der Politik.* Ihr entspräche die politische *Tugend der Interventionsfähigkeit.* An die Stelle des politischen Dauerengagements, das immer nur von wenigen zu erwarten ist, tritt die doppelte Kompetenz des Urteils, *wann* die eigene Einmischung ins politische Geschehen nötig wird und *wo und wie* sie wirksam werden kann. Die von Platon verachtete »politische Einmischerei« aus Lebensweisen heraus, die nicht auf Politik gerichtet sind, wird zur allgemeinen Bürgertugend in der komplexen Demokratie. Die Urteilskraft und die Handlungskompetenz, die das ermöglichen, können auch in den politischen Praxisformen wachsen, die keine zu sein scheinen, weil sie »nur« in der Lebenswelt und nicht im politischen System wirken. Sie ermöglichen Identifikation mit dem politischen Leben der Gesellschaft durch das Bewußtsein der Möglichkeit eigener politischer Eingriffe nach eigener Entscheidung. Das wäre eine Form politischer Tugend, die komplexen Demokratien angemessen ist und für deren soziale Stützung sie lebenszentrale Orte für viele zugänglich machen können.

# Die Zukunft des Politischen

Politik und Leben fallen auseinander. Politik wird – tendenziell – unpolitisch. Ein neues Gleichgewicht von Gestaltungsmacht, Lebenszentralität, Verständigungspraxis und Bürgertugend ist nicht in Sicht. Die Anschlußfähigkeit dieser Grundelemente des Politischen geht in den Funktionsbedingungen komplexer Demokratie verloren. Was bleibt, wird durch die Selbstzerstörung des politischen Raumes preisgegeben, bis auf Reste, die die Erinnerung wachhalten.

Auch wenn es gelingen könnte, das Politische dort, wo es nur preisgegeben wird und nicht aus objektiven Gründen verlorengeht, neu zu beleben, wäre es als *konstitutives* Prinzip für das politische System als Ganzes nicht wiederzugewinnen. Es kann aber als *regulatives* Prinzip die Revitalisierung der Grundelemente des Politischen vorantreiben, so daß sie wenigstens wieder in Kontakt miteinander kommen und einander fordern.

Das *Politische als regulatives Prinzip* markiert die Richtung für die Reform des politischen Lebens:
– Die Wiederannäherung der politischen Entscheidungen an die Quellen der politischen Probleme durch die Politisierung der gesellschaftlichen Entscheidungen und den Aufbau politischer Entscheidungsstrukturen für die Weltgesellschaft.
– Die Wiedergewinnung von Spielräumen für diskursive Verständigungspraxis im öffentlichen Raum und dessen Öffnung für die divergenten Kommunikationsansprüche auseinanderstrebender sozialer Milieus.
– Die Verbindlichkeit einer Medienethik und einer Medienpädagogik, die die Medienlogik an die Lebenswelten zurückbinden und für die Öffentlichkeit kritisch lesbar machen.
– Der Mut zu einer politischen Sprache, die auf die Inszenierung falscher Fundamentalalternativen verzichtet, an die Sprache der Lebenswelt Anschluß sucht und den Prinzipien der Information und der forensischen Zuspitzung Vorrang vor denen der Werbeeffekte und der Polarisierung gibt.
– Die Vollendung der Professionalisierung von Politik durch die Ausbildung der Fähigkeit zur lebensweltlichen Kommunikation in der politischen Klasse und durch ihre institutionalisierte Öffnung für Seiteneinsteiger.

– Die Förderung der politischen Tugenden durch die Schaffung lebensnaher sozialer Orte für ihre alltägliche Praxis. Der Aufbau einer moralischen *Infrastruktur*.
– Die Öffnung der politischen Parteien in beiden Richtungen: nach innen, durch neue Beteiligungsformen für Nichtmitglieder; nach außen durch eine neue gesellschaftliche Rolle der Parteien als Forum und Faktor des politischen Dialogs in der Gesellschaft.
– Die symbolische Überbrückung der politischen Distanz durch Sach- und Personalplebiszite wohlerwogener Art.
– Die Eröffnung einer handlungsorientierten Debatte über Gerechtigkeit, in der die sozialen Interessen auf den Prüfstand gestellt und gegeneinander nach Maßstäben der Menschenwürde abgewogen werden.
– Die Institutionalisierung politischer Öffentlichkeiten innerhalb der gesellschaftlichen Funktionssysteme und zwischen ihnen, um die politischen Probleme der Gesellschaft wieder politisch entscheidbar zu machen.
– Die Arbeit an einem öffentlichen Raum, in dem alle menschlichen Bedürfnisse an Politik zum Zuge kommen, aber nicht auf Kosten rationaler Verständigung.

Damit das Politische im politischen System als regulative Idee wirksam werden kann, muß es in der Gesellschaft in molekularen Formen konstitutives Prinzip sein können. Ein kommunitaristisches Netzwerk politischer Selbstbestimmung und gesellschaftliche Politik holten Politik in die Gesellschaft zurück und schufen Chancen für die Praxis politischer Urteilsfähigkeit und Solidarität.

Politische Interventionsfähigkeit, die Kompetenz, sich auch aus unpolitischen Lebensweisen in das politische Geschehen wirkungsvoll einmischen zu können, wo es geboten erscheint, ist als Bürgertugend in der komplexen Demokratie für die meisten möglich.

Politik verfügt über drei Wege der Verwirklichung: den der institutionellen Veränderung, den der Umsetzung politischer Handlungsprogramme und den der Veränderung der politischen Kultur. Diese Wege sind für die Wiederbelebung des Politischen nicht ohne inneren Zusammenhang, aber sie fallen keineswegs zusammen.

Die Wiederannäherung an das Politische bedarf einer bescheidenen Perspektive. Es wäre viel gewonnen, wenn Politik und Leben sich einander wieder auf Tuchfühlung annäherten. Alle drei Wege der Politik müssen beschritten werden, um diesem Ziel ein Stück näherzukommen: Neue Institutionen, wirkungsvollere Politik und die Veränderung der politischen Kultur. Das ist möglich. Der Lehrmeister Krise macht es wahrscheinlich, daß wir die Kraft aufbringen, ein paar rettende Schritte weit in die richtige Richtung zu gehen. Dann könnten wir den Verfall des Politischen stoppen, ein praxisfähiges Ideal des Politischen als regulative Idee für die Verbesserung der Politik verfolgen, die Lähmung überwinden.

Es ist freilich wahr, daß die Moderne nicht Krisen hat, sondern die Krise ist. Wenn Krise den Augenblick der Prüfung von Geltungsansprüchen meint, dann ist die Moderne nichts anderes als die Krise als Dauerzustand. Es ist aber ein Unterschied zwischen der Krise als Krankheit zum Tode und der Krise als Chance der Gesundung. Die Rückkehr zu krisenfreien Verhältnissen und Stimmungslagen ist der Politik in der Moderne verwehrt.

Diese Erinnerung zur Bescheidenheit könnte als resignative Ermächtigung zur Indifferenz gelesen werden – so als wären in der Grundstimmung der Krise, die die Moderne von Hause aus *ist*, am Ende alle Katzen grau. In Wahrheit ist es aber eine Frage des Überlebens, ob wir die Chance nutzen, das Stück Wiedergewinnung des Politischen zu ergreifen, das uns gegeben ist, oder nicht. Davon hängt es ab, ob die Demokratie am Leben bleibt und die Zukunftsinteressen der Menschheit zum Zuge kommen, ehe es zu spät ist. An dieser Chance hängt es auch, ob der Kampf von Politik und Leben zäh und feindselig oder freundlich und augenzwinkernd ist, an diesem kleinen Unterschied hängt also, in aller Bescheidenheit – alles.

# Literatur

Almond, G. A., Verba, S. (1963), *The Civic Culture*, Princeton.
Arendt, H. (1958), *Elemente totaler Herrschaft*, Frankfurt/M.
Arendt, H. (1992, 7), *Vita Activa oder Vom tätigen Leben*, München.
Arendt, H. (1993), *Was ist Politik? Aus dem Nachlaß herausgegeben von U. Ludz*, München.
Arendt, H. (1993, 8), *Macht und Gewalt*, München.
Aristoteles (1984, 5), *Werke*, Übersetzt u. herausgegeben von Olof Gigon, München.
Barnes, S. H., Kaase, M. (1979), *Political Action: Mass Participation in Five Western Democracies*, Beverly Hills, CA.
Baudrillard, J. (1978), *Agonie des Realen*, Berlin.
Baudrillard, J. (1982), *Der symbolische Tausch und der Tod*, München.
Beck, U. (1986), *Risikogesellschaft. Auf dem Weg in eine andere Moderne*, Frankfurt/M.
Beck, U. (1991), *Politik in der Risikogesellschaft. Mit Beiträgen von O. Lafontaine, J. Fischer, E. Eppler u. a.*, Frankfurt/M.
Beck, U. (1993), *Die Erfindung des Politischen*, Frankfurt/M.
Bellah, R. N., Madsen, Sullivan, W. M., Swidler, A., Tipton, S. M. (1987), *Gewohnheiten des Herzens. Individualismus und Gemeinsinn in der amerikanischen Gesellschaft*, Köln.
Benhabib, S. (1991), *Modelle des öffentlichen Raums: Hannah Arendt, die liberale Tradition und Jürgen Habermas*, in: Soziale Welt 42/2.
Benhabib, S., Dallmayer, F. (1990) (Hg.), *The Communicative Ethics Controversy*, Cambridge, London.
Benz, A., Scharpf, F. W., Zintl, R. (1992), *Horizontale Politikverflechtung. Zur Theorie von Verhandlungssystemen*, Frankfurt/M.
Berg-Schlosser D. (1971), *Politische Kultur. Eine neue Dimension politikwissenschaftlicher Analyse*, München.
Berger, P. L. u. a. (1975), *Das Unbehagen an der Modernität*, Frankfurt/M., New York.
Bernstein, E. (1897), *Die sozialpolitische Bedeutung von Raum und Zahl*, in: *Die Neue Zeit*, 15/2.
v. Beyme, K. (1992), *Theorie der Politik im 20. Jahrhundert. Von der Moderne zur Postmoderne*, Frankfurt/M.
v. Beyme, K. (1993), *Die politische Klasse im Parteienstaat*, Frankfurt/M.
Biedenkopf (1970): *Mitbestimmung im Unternehmen: Bericht der Sachverständigenkommission zur Auswertung der bisherigen Erfahrungen bei der Mitbestimmung*. Bochum.
Bohrer, K. H. (1988), *Nach der Natur. Über Politik und Ästhetik*, München, Wien.

Bolz, N. (1990), *Theorie der neuen Medien*, München.
Bourdieu, P. (1974), *Zur Soziologie der symbolischen Formen*, Frankfurt/M.
Bourdieu, P. (1982), *Die feinen Unterschiede, Kritik der gesellschaftlichen Urteilskraft*, Frankfurt/M.
Bourdieu, P. (1985), *Sozialer Raum und »Klassen«. Leçon sur la leçon. Zwei Vorlesungen*, Frankfurt/M.
Breuer, St. (1993), *Jenseits der Zivilisation. Der adlige und der bürgerliche Tugendkanon müssen auseinandergehalten werden*, in: Frankfurter Rundschau, 2.11.93, S.11.
Brumlik, M., Brunkhorst, H. (1993) (Hg.), *Gemeinschaft und Gerechtigkeit*, Frankfurt/M.
Burke, P. (o.J. = 1993), *Ludwig XIV, Die Inszenierung des Sonnenkönigs*, Berlin.
Burns, T.R., Ueberhorst, R. (1988), *Creative Democracy*, New York.
CDU (1973), *22. Bundesparteitag der Christlich-Demokratischen Union Deutschlands. Hamburg, 18.-20. November 1973*, Niederschrift o.J., Bonn.
Claußen, B. (1992), *Menschenbilder und Demokratie. Zur politischen Kritik anthropologischer Aussagen*, in: Friedrich-Ebert-Stiftung (Hg.), *Lernmarkt*, Nr. 2/92, S. 39ff.
Cohn-Bendit, D. (1992), in: *Die Neue Gesellschaft/Frankfurter Hefte*, H.7.
Crick, B. (1966), *Eine Lanze für die Politik*, München.
Czempiel, E.-O. (1993, 2.), *Weltpolitik im Umbruch. Das internationale System nach dem Ende des Ost-West-Konflikts*, München.
Dahl, R.A. (1961), *Who Governs? Democracy and Power in an American City*, New Haven, London.
Dahl, R.A. (1970), *After the Revolution? Authority in a Good Society*, New Haven, London.
Dahl, R.A. (1976), *Vorstufen zur Demokratie-Theorie*, Tübingen.
Dahrendorf, R. (1965), *Gesellschaft und Demokratie in Deutschland*, München.
Dahrendorf, R. (1990), *Betrachtungen über die Revolution in Europa*, Stuttgart.
Dahrendorf, R. (1992), *Der moderne soziale Konflikt*, Stuttgart.
Deutsches Institut für Fernstudien an der Universität Tübingen (1990) (Hg.), *Medien und Kommunikation. Konstruktionen von Wirklichkeit*, Weinheim, Basel.
Die Zeit (1994), *Demokratie in der Krise. Ein ZEIT-Symposium zum 75. Geburtstag von Helmut Schmidt*, Hamburg.
Downs, A. (1957), *An Economic Theory of Democracy*, New York.
Duerr, H.P. (1988-1993), *Der Mythos vom Zivilisationsprozeß*, Band I (1988): *Nacktheit und Scham*, Band II (1989): *Intimität*, Band III (1993): *Obszönität und Gewalt*, Frankfurt/M.

Eagleton, T. (1993), *Ideologie. Eine Einführung*, Stuttgart, Weimar.
Edelman, M. (1988), *Constructing the Political Spectacle*, Chicago.
Edelman, M. (1990), *Politik als Ritual. Die symbolische Funktion staatlicher Institutionen und politischen Handelns*, Frankfurt/M.
Eder, K. (1989) (Hg.), *Lebensstil und kulturelle Praxis. Theoretische und empirische Beiträge zur Auseinandersetzung mit Pierre Bourdieus Klassentheorie*, Frankfurt/M.
Elias, N. (1976), *Über den Prozeß der Zivilisation. Soziogenetische und psychogenetische Untersuchungen*, Zwei Bände. Frankfurt/M.
Enzensberger, H. M. (1991), *Mittelmaß und Wahn. Gesammelte Zerstreuungen*, Frankfurt/M.
Enzensberger, H. M. (1993), *Aussichten auf den Bürgerkrieg*, Frankfurt/M.
Eppler, E. (1981), *Wege aus der Gefahr*, Reinbek.
Eppler, E. (1992), *Kavalleriepferde beim Hornsignal. Die Krise der Politik im Spiegel der Sprache*, Frankfurt/M.
Etzioni, A. (1991), *Interview: The Community in an Age of Individualism*, in: The Futurist, May-June 1991, S. 35 ff.
Etzioni, A. (1993), *The Spirit of Community. Rights, Responsibilities, and the Communitarian Agenda*, New York.
Faulstich, W. (1991), *Medientheorien*, Göttingen.
Fest, J. (1991), *Der zerstörte Traum. Vom Ende des utopischen Zeitalters*, Berlin.
Fischer, J. (1992), *Menschenbild. Zur Anthropologie der 90er Jahre*, in: Friedrich-Ebert-Stiftung (Hg.), Lernmarkt, Nr. 2/92, S. 7 ff.
Flaig, B., Meyer, Th., Ueltzhöffer, J. (1993), *Alltagsästhetik und politische Kultur. Zur ästhetichen Dimension politischer Bildung und politischer Kommunikation*, Bonn.
Flaig, B. B., Ueltzhöffer, J. (1979), *Lebensweltanalyse: Explorationen zum Alltagsbewußtsein und Alltagshandeln*, SIQUADAT-Jahresbericht, Sinus, Heidelberg, München.
Flusser, V. (1992), *Die Schrift. Hat Schreiben Zukunft?*, Frankfurt/M.
Forsthoff, E. (1971), *Der Staat der Industriegesellschaft. Dargestellt am Beispiel der Bundesrepublik Deutschland*, München.
Freedberg, D. (1989), *The Power of Images*, Chicago, London.
Freedberg, D. (1989), *The Power of Images. Studies in the History and Theory of Response*, Chicago, London.
Friedrich-Ebert-Stiftung (Hg.) (1993), *Parteien, Bürger, Bewegungen*, Bonn.
Fukyama, F. (1992), *Das Ende der Geschichte. Wo stehen wir?*, München.
Galtung, J., Holmboe Ruge, M. (1965), *The Structure of Foreign News. The Presentation of the Congo, Cuba and Cyprus Crises in Four Norwegian Newspapers*, in: Journal of Peace Research, Vol. 2., S. 64-91.

Geiger, Th. (1949), *Die Klassengesellschaft im Schmelztiegel*, Köln, Hagen.
Glotz, P. (1991), *Der Irrweg des Nationalstaats*, Stuttgart.
Greiffenhagen, M. (1980) (Hg.), *Kampf um Wörter. Politische Begriffe im Meinungsstreit*, Bonn.
Greiffenhagen, M. (1994), *Schöner Staat? Anmerkungen zu einer Ästhetik des Politischen*, in: Greven, M. Th. (1994) (Hg.), *Politikwissenschaft als Kritische Theorie. Festschrift für K. Lenk*, Freiburg.
Greiffenhagen, M. u. S. (1993), *Ein schwieriges Vaterland. Zur politischen Kultur im vereinigten Deutschland*, München, Leipzig.
Greven, M. Th. (1987), *Parteimitglieder. Ein empirischer Essay*, Opladen.
Greven, M. Th. (1990), *Die politische Gesellschaft als Gegenstand der Politikwissenschaft*, in: Ethik und Sozialwissenschaften, H. 2, S. 223-228.
Grewenig, A. (1993) (Hg.), *Inszenierte Information. Politik und strategische Kommunikation in den Medien*, Opladen.
Habermas, J. (1963), *Theorie und Praxis. Sozialphilosophische Studien*, Neuwied, Berlin.
Habermas, J. (1973), *Theorie des kommunikativen Handelns*, 2 Bände, Frankfurt/M.
Habermas, J. (1985), *Die Neue Unübersichtlichkeit*, Frankfurt/M.
Habermas, J. (1988), *Nachmetaphysisches Denken*, Frankfurt/M.
Habermas, J. (1990a), *Die nachholende Revolution*, Kleine politische Schriften VII, Frankfurt/M.
Habermas, J. (1990b), *Strukturwandel der Öffentlichkeit. Untersuchungen zu einer Kategorie der bürgerlichen Gesellschaft*, Frankfurt/M.
Habermas, J. (1992), *Faktizität und Geltung. Beiträge zur Diskurstheorie des Rechts und des Demokratischen Rechtsstaats*, Frankfurt/M.
Hall, St. (1980), *Encoding/Decoding*, in: Culture, Media, Language. Working papers in Cultural Studies, 1972-79, London.
Haller, M., Holzhey, H. (1992) (Hg.), *Medien-Ethik. Beschreibungen, Analysen, Konzepte für den deutschsprachigen Journalismus*, Opladen.
Harrington, M. (1989), *Socialism: Past and Future*, New York.
Haug, W. F. (1980), *Warenästhetik und kapitalistische Massenkultur (I). »Werbung« und »Konsum«. Systematische Einführung*, Berlin.
Havel, V. (1990), *Gewissen und Politik. Reden und Ansprachen*, München.
Hegel, G. W. F. (1986), *Werke in 20 Bänden*, Frankfurt/M.
Heringer, H. J. (1990), *»Ich gebe Ihnen mein Ehrenwort«. Politik, Sprache, Moral*, München.
Hirsch, F. (1980), *Die sozialen Grenzen des Wachstums. Eine ökonomische Analyse der Wachstumskrise*, Reinbek.

Hofman, G., Perger, W. A. (1992) (Hg.), *Die Kontroverse. Weizsäckers Parteienkritik in der Diskussion*, Frankfurt/M.

Holtz-Bacha, Ch. (1990), *Ablenkung oder Abkehr von der Politik? Mediennutzung im Geflecht politischer Orientierungen*, Opladen.

Hondrich, K. O., Koch-Arzberger, C. (1992), *Solidarität in der modernen Gesellschaft*, Frankfurt/M.

Honneth, A. (1992), *Kampf um Anerkennung. Zur moralischen Grammatik sozialer Konflikte*, Frankfurt/M.

Honneth, A. (1993) (Hg.), *Kommunitarismus. Eine Debatte über die moralischen Grundlagen moderner Gesellschaften*, Frankfurt/M.

Horster, D. (1993), *Politik als Pflicht. Studien zur politischen Philosophie*, Frankfurt/M.

Hradil, St. (1987), *Sozialstrukturanalyse in einer fortgeschrittenen Gesellschaft*, Opladen.

Hradil, St. (1992) (Hg.), *Zwischen Bewußtsein und Sein*, Opladen.

Hunt, M. (1992), *Das Rätsel der Nächstenliebe. Der Mensch zwischen Egoismus und Altruismus*, Frankfurt, New York.

Jänicke, M. (1986), *Staatsversagen. Die Ohnmacht der Politik in der Industriegesellschaft*, München, Zürich.

Jonas, H. (1979), *Das Prinzip Verantwortung. Versuch einer Ethik für die technologische Zivilisation*, Frankfurt/M.

Kaase, M., Schulz, W. (1989) (Hg.), *Massenkommunikation. Theorie, Methoden, Befunde*, Opladen.

Kaase, M./Langenbucher, W. R. (1986), *Medienwirkung auf Gesellschaft und Politik*, in: *Medienwirkungsforschung in der Bundesrepublik Deutschland: Enquete der Senatskommission für Medienwirkungsforschung/DFG*, Weinheim.

Kant, I. (1968), *Werke in zehn Bänden*, hg. v. W. Weischedel, Darmstadt.

Kemper, P. (1993) (Hg.), *Die Zukunft des Politischen. Ausblicke auf Hannah Arendt*, Frankfurt/M.

Kemper, P. (1993) (Hg.), *Opfer der Macht. Müssen Politiker ehrlich sein?*, Frankfurt/M.

Kepel, G. (1991), *Die Rache Gottes. Radikale Moslems, Christen und Juden auf dem Vormarsch*, München, Zürich.

Kepplinger, H. M. (1987), *Darstellungseffekte. Experimentelle Untersuchungen zur Wirkung von Pressefotos und Fernsehfilmen*, Freiburg, München.

Klingemann, H. D., Stöss, R., Weßels, B. (1991) (Hg.), *Politische Klasse und politische Institutionen. Probleme und Perspektiven der Elitenforschung*, Opladen, Wiesbaden.

Knoeringen, W. v. (1968), *Anthropologische Orientierungen in der Politik. Dokumentation zum Bezirksparteitag*, o. O. u. J.

Kuhlmann, A. (1993), *Zivilisation vor dem Zerfall? Verhaltensstandards und gesellschaftliche Erosion*, in: *Frankfurter Rundschau*, 21.9.93, S. 12.

Künzli, A. (1986), *Strukturelle Verantwortungslosigkeit*, in: Meyer, Miller (1986).

Landeszentrale für politische Bildung Baden-Württemberg (1990), *Eliten in der Bundesrepublik Deutschland*, Stuttgart, Berlin, Köln.

Lange, K. (1981), *Das Bild der Politik im Fernsehen. Die filmische Konstruktion einer politischen Realität in den Fernsehnachrichten*, Frankfurt/M.

Langenbucher, W. R. (1979) (Hg.), *Politik und Kommunikation. Über die öffentliche Meinungsbildung*, München, Zürich.

Langhammer, R. J., Hiemenz, H. (1990), *Regional Integration among Developing Countries*, Tübingen.

Lassalle, F. (1970), *Reden und Schriften*, hg. v. F. Jenaczek, München.

Lehmbruch, G. (1967), *Proporzdemokratie. Politisches System und politische Kultur in der Schweiz und in Österreich*, Tübingen.

Leif, Th., Legrand, H.-J., Klain, A. (1992) (Hg.), *Die politische Klasse in Deutschland. Eliten auf dem Prüfstand*, Bonn, Berlin.

Lepsius, M. R. (1973), *Parteiensystem und Sozialstruktur. Zum Problem der Demokratisierung der deutschen Gesellschaft*, in: Ritter, G. A. (Hg.), *Deutsche Parteien vor 1918*.

Liedtke, F., Wengeler, M., Böke, K. (1991) (Hg.), *Begriffebesetzen. Strategien des Sprachgebrauchs in der Politik*, Opladen

Lipset, S. M. (1963), *Political Man. The Social Bases of Politics*, Garden City, New York.

Lodziak, C. (1986), *The Power of Television: A Critical Appraisal*, London.

Lösche, P. (1993), *Europäisierung amerikanischer Parteien – Amerikanisierung deutscher Parteien?*, in: *Perspektiven DS*, 10. Jg. 1993, Heft 2.

Lösche, P., Scholing, M. (1986), *Sozialdemokratie als Solidargemeinschaft. Eine Fallstudie*, in: *Solidargemeinschaft und Klassenkampf*, Frankfurt/M.

Lösche, P., Walter, F. (1992), *Die SPD. Klassenpartei, Volkspartei, Quotenpartei*, Darmstadt.

Luhmann, N. (1987), *Soziale Systeme. Grundriß einer allgemeinen Theorie*, Frankfurt/M.

Luhmann, N. (1990), *Paradigm lost: Über die ethische Reflexion der Moral*, Frankfurt/M.

MacIntyre, A. (1987), *Der Verlust der Tugend. Zur moralischen Krise der Gegenwart*, Frankfurt/M., New York.

Marshall, T. H. (1973), *Class, Citizenship and Social Development*, Westpoint. Conn.

*Marx-Engels-Werke* (1962), Berlin.

Mead, G. H. (1973), *Geist, Identität und Gesellschaft*, Frankfurt/M.

Meier, Ch. (1989), *Die Entstehung des Politischen bei den Griechen*, Frankfurt/M.

Meier, Ch. (1993), *Athen*, Berlin.

Meyer, Th. (1973), *Der Zwiespalt in der Marxschen Emanzipationstheorie*, Kronberg/Ts.

Meyer, Th. (1991a), *Fundamentalismus. Aufstand gegen die Moderne*, Reinbek.

Meyer, Th. (1992), *Die Inszenierung des Scheins. Voraussetzungen und Folgen symbolischer Politik*, Frankfurt/M.

Meyer, Th., Miller, S. (1986) (Hg.), *Zukunftsethik und Industriegesellschaft*, München.

Meyer, Th., Röpel, K.-J., Zöpel, Ch. (1994), *Parteien in der Defensive?* Köln.

Moles, A. A. (1971), *Informationstheorie und ästhetische Wahrnehmung*, Köln.

Morris, Ch. W. (1972), *Grundlagen der Zeichentheorie. Ästhetik und Zeichentheorie*, Nachwort v. F. Knilli, München.

Morris, Ch. W. (1980), *Symbolik und Realität. Mit einer Einleitung herausgegeben u. übersetzt* v. A. Eschbach, Frankfurt/M.

Müller, H.-P. (1992), *Sozialstruktur und Lebensstile. Der neuere theoretische Diskurs über soziale Ungleichheit*, Frankfurt/M.

Münkler, H. (1990), *Machiavelli. Die Begründung des politischen Denkens der Neuzeit aus der Krise der Republik Florenz*, Frankfurt.

Neckel, S. (1993), *Die Macht der Unterscheidung. Beutezüge durch den modernen Alltag*, Frankfurt/M.

Negt, O., Kluge, A. (1993), *Maßverhältnisse des Politischen. 15 Vorschläge zum Unterscheidungsvermögen*, Frankfurt/M.

Oberreuter, H. (1984), *Parteien – Zwischen Nestwärme und Funktionskälte*, Zürich.

Oberreuter, H., Mintzel, A. (1990) (Hg.), *Parteien in der Bundesrepublik*, München.

Pannier, J. (1994), *Das Vexierbild des Politischen. Dolf Sternberger als politiktheoretischer Denker*, Diss. Westf. Wilhelms-Universität, Münster.

Platon (1985), *Sämtliche Werke*, Reinbek.

Plessner, H. (1976), *Die Frage nach der Conditio humana. Aufsätze zur philosophischen Anthropologie*, Frankfurt/M.

Plessner, H. (1981), *Gesammelte Schriften*, hg. v. Dux, G., Marquard, O., Ströker, E., Frankfurt/M.

Popper, K. R. (1962), *The Open Society and its Enemies*, Volume I: *The Spell of Plato*, Volume II: *The High Tide of Prophecy: Hegel, Marx, and the Aftermath*, London.

Postman, N. (1985), *Wir amüsieren uns zu Tode. Urteilsbildung im Zeitalter der Unterhaltungsindustrie*, Frankfurt/M.

Radunski, P. (1993), in: Friedrich-Ebert-Stiftung (Hg.): *Parteien, Bürger, Bewegungen*, Bonn.
Rawls, J. (1975), *Eine Theorie der Gerechtigkeit*, Frankfurt/M.
Rawls, J. (1987), *The Idea of an Overlapping Consensus*, in: *The Oxford Journal of Legal Studies*, 7:1.
Rawls, J. (1992), *Die Idee des politischen Liberalismus. Aufsätze 1978-1989*, Frankfurt/M.
Ray, M. L. (1973), *Marketing Communication and the Hierarchy of Effects*, in: Clarke, P. (Hg.), *New Models for Mass Communication Research*, Beverly Hills, London.
Reichel, P. (1991), *Der schöne Schein des Dritten Reichs. Faszination und Gewalt des Faschismus*, München, Wien.
Robinson, M. J. (1976), *Public Affairs, Television and the Growth of Political Malaise: The Case of »The Selling of the Pentagon«*, in: *American Political Science Review*, 70. Jg., S. 409-432.
Rüttgers, J. (1993), *Dinosaurier der Demokratie. Wege aus der Parteienkrise und Politikverdrossenheit*, Hamburg.
Saage, R. (1991), *Politische Utopien der Neuzeit*, Darmstadt.
Sarcinelli, U. (1987), *Symbolische Politik. Zur Bedeutung symbolischen Handelns in der Wahlkampfkommunikation der Bundesrepublik Deutschland*, Opladen.
Sartori, G. (1992), *Demokratietheorie*, Darmstadt.
Saxer, U. (1984), *Journalismus- und Medienethik: Möglichkeiten und Grenzen ethischer Selbstverpflichtung*, in: *Media Perspektiven* 1/1984.
Scharpf, F. W. (1975), *Demokratietheorie zwischen Utopie und Anpassung*, Kronberg/Ts.
Scharpf, F. W. (1991), *Die Handlungsfähigkeit des Staates am Ende des zwanzigsten Jahrhunderts*, in: *PVS*, 32. Jg., Heft 4, S. 621 ff.
Scharpf, F. W. (1992), *Versuch über Demokratie in Verhandlungssystemen*, Max-Planck-Institut für Gesellschaftsforschung, Discussion Paper, Köln.
Schedler, A. (1993), *Die demoskopische Konstruktion von »Politikverdrossenheit«*, in: *Politische Vierteljahresschrift*, 34. Jg., 3.
Scheuch, E. K. u. U. (1992), *Cliquen, Klüngel und Karrieren. Über den Verfall der politischen Parteien – eine Studie*, Reinbek.
Schmidt, S. J. (1987), *Der Diskurs des radikalen Konstruktivismus*, Frankfurt/M.
Schmitt, C. (1963), *Der Begriff des Politischen. Text von 1932 mit einem Vorwort und drei Corollarien*, Berlin.
Schulz, W. (1990), *Die Konstruktion von Realität in den Nachrichtenmedien. Analyse der aktuellen Berichterstattung*, Freiburg, München.
Schulz, W. (1993), *Medienwirklichkeit und Medienwirkung. Aktuelle Entwicklungen der Massenkommunikation und ihre Folgen*, in: *Aus Politik*

*und Zeitgeschichte. Beilage zur Wochenzeitung Das Parlament*, B 40/93.

Schulze, G. (1992), *Die Erlebnisgesellschaft. Kultursoziologie der Gegenwart*, Frankfurt, New York.

Schumpeter, J.A. (1950), *Kapitalismus, Sozialismus und Demokratie*, Bern.

Schwartzenberg, R.-G. (1980), *Politik als Showgeschäft. Moderne Strategien im Kampf um die Macht*, Düsseldorf, Wien.

Sennett, R. (1986), *Die Tyrannei der Intimität. Verfall und Ende des öffentlichen Lebens*, Frankfurt/M.

Sennett, R. (1991), *Civitas. Die Großstadt und die Kultur des Unterschieds*, Frankfurt/M.

Sinus (1984), *Planungsdaten für eine mehrheitsfähige SPD*, Heidelberg.

Sinzheimer, H. (1976), *Arbeitsrecht und Rechtssoziologie. Gesammelte Aufsätze und Reden*, hg. v. Otto Kahn-Freund u. Thilo Ramm, 2 Bde., Frankfurt/M., Köln.

Sloterdijk, P. (1983), *Kritik der zynischen Vernunft*, 2 Bde., Frankfurt/M.

Stephan, C. (1993), *Der Betroffenheitskult*, Reinbek.

Sternberger, D. (1977-1991), *Schriften*, Frankfurt/M.

Stiftung Lesen, Bundeszentrale für politische Bildung (1993), *Gewaltherrschaft und Demokratie*, Bonn.

Strasser, J. (1990), *Leben ohne Utopie?* Frankfurt/M.

Sutor, B. (1992), *Politische Anthropologie, Politische Ethik, Politische Bildung*, in: Friedrich-Ebert-Stiftung (Hg.), *Lernmarkt*, Nr. 2/92, S. 23 ff.

Taylor, Ch. (1979), *Hegel and Modern Society*, Cambridge.

Taylor, Ch. (1993), *Reconciling The Solitudes. Essays on Canadian Federalism and Nationalism*, Montreal und Kingston, London, Buffalo.

The Communitarian Network (o. J.), *The Responsive Communitarian Platform: Rights and Responsibilities*, Washington, DC.

Tibi, B. (1992), *Die fundamentalistische Herausforderung*, München.

Toulmin, St. (1991), *Kosmopolis. Die unerkannten Aufgaben der Moderne*, Frankfurt/M.

Ueltzhöffer, J., Flaig, B.B. (1993), *Spuren der Gemeinsamkeit? Soziale Milieus in Ost- und Westdeutschland*, in: Weidenfeld, W. (Hg.), *Deutschland. Eine Nation – Doppelte Geschichte*, Köln.

Unseld, S. (1993) (Hg.), *Politik ohne Projekt? Nachdenken über Deutschland*, Frankfurt/M.

Vester, M., v. Oertzen, P., Geiling, H., Hermann, Th., Müller, D. (1993), *Soziale Milieus im gesellschaftlichen Strukturwandel. Zwischen Integration und Ausgrenzung*, Köln.

Vollrath, E. (1977), *Die Rekonstruktion der politischen Urteilskraft*, Stuttgart.

Voßkamp, W. (Hg.) (1985), *Utopieforschung*, 3 Bde., Frankfurt/M.

Walzer, M. (1992), *Sphären der Gerechtigkeit. Ein Plädoyer für Pluralität und Gleichheit*, Frankfurt/M., New York.

Weber, M. (1964,4), *Politik als Beruf*, Berlin.

Weldon, T. D. (1962), *Kritik der politischen Sprache. Vom Sinn politischer Begriffe*, Neuwied.

Wellershoff, D. (1993), *Angesichts der Gegenwart. Texte zur Zeitgeschichte*, Mainz.

Welsch, W. (1991), *Ästhetisches Denken*, Stuttgart.

Welsch, W. (1993), *Ästhetisierungsprozesse. Phänomene, Unterscheidungen, Perspektiven*, in: *Deutsche Zeitschrift für Philosophie*, 1, S. 7-29, Berlin

Wiesendahl, E. (1992), *Volksparteien im Abstieg*, in: *Aus Politik und Zeitgeschichte. Beilage zur Wochenzeitung »Das Parlament«*, B. 34-35/92.

Willke, H. (1992), *Die Ironie des Staates. Grundlinien einer Staatstheorie polyzentrischer Gesellschaft*, Frankfurt/M.

Wittkämper, G. W. (1992) (Hg.), *Medien und Politik*, Darmstadt.

Ziehe, Th. (1993), *Unspektakuläre Zivilisierungsgewinne. Auch Individualisierung kann »kommunitär« sein*, in: Frankfurter Rundschau, 19./20.11.; S. 25.

## edition suhrkamp
## Eine Auswahl

Abelshauser: Wirtschaftsgeschichte der Bundesrepublik Deutschland 1945-1980. NHB. es 1241

Achebe: Okonkwo oder Das Alte stürzt. es 1138

Adorno: Eingriffe. es 10
– Gesellschaftstheorie und Kulturkritik. es 772
– Kritik. es 469
– Ohne Leitbild. es 201
– Stichworte. es 347

Bachtin: Die Ästhetik des Wortes. es 967

Barthes: Kritik und Wahrheit. es 218
– Leçon/Lektion. es 1030
– Mythen des Alltags. es 92
– Semiologisches Abenteuer. es 1441
– Die Sprache der Mode. es 1318

Beck: Gegengifte. es 1468
– Die Erfindung des Politischen. es 1780
– Risikogesellschaft. es 1365

Becker: Warnung vor dem Schriftsteller. es 1601

Beckett: Endspiel. Fin de Partie. es 96
– Flötentöne. es 1098

Benjamin: Das Kunstwerk im Zeitalter seiner technischen Reproduzierbarkeit. es 28
– Moskauer Tagebuch. es 1020
– Das Passagen-Werk. es 1200
– Versuche über Brecht. es 172

Bernecker: Sozialgeschichte Spaniens im 19. und 20. Jahrhundert. NHB. es 1540

Bernhard: Der deutsche Mittagstisch. es 1480

Biesheuvel: Schrei aus dem Souterrain. es 1179

Bildlichkeit. Hg. von V. Bohn. es 1475

Bleisch: Viertes Deutschland. es 1719

Bloch für Leser der neunziger Jahre. es 1827

Bloch: Abschied von der Utopie? es 1046
– Kampf, nicht Krieg. es 1167

Boal: Theater der Unterdrückten. es 1361

Böhme, G.: Natürliche Natur. es 1680

Böhme, H.: Prolegomena zu einer Sozial- und Wirtschaftsgeschichte Deutschlands im 19. und 20. Jahrhundert. es 253

Bohrer: Die Kritik der Romantik. es 1551
– Der romantische Brief. es 1582

Bond: Gesammelte Stücke. 2 Bde. es 1340

Botzenhart: Reform, Restauration, Krise. NHB. es 1252

Boullosa: Sie sind Kühe, wir sind Schweine. es 1866

Bourdieu: Rede und Antwort. es 1547
– Soziologische Fragen. es 1872

Bovenschen: Die imaginierte Weiblichkeit. es 921

Brandão: Kein Land wie dieses. es 1236

Brasch: Frauen. Krieg. Lustspiel. es 1469
– Lovely Rita. Rotter. Lieber Georg. es 1562

# edition suhrkamp
## Eine Auswahl

Braun: Böhmen am Meer.
es 1784
- Verheerende Folgen mangelnden Anscheins innerbetrieblicher Demokratie. es 1473

Brecht: Der aufhaltsame Aufstieg des Arturo Ui. es 144
- Aufstieg und Fall der Stadt Mahagonny. es 21
- Ausgewählte Gedichte. es 86
- Baal. es 170
- Buckower Elegien. es 1397
- Die Dreigroschenoper. es 229
- Furcht und Elend des Dritten Reiches. es 392
- Die Geschäfte des Herrn Julius Caesar. es 332
- Die Gesichte der Simone Machard. es 369
- Die Gewehre der Frau Carrar. es 219
- Der gute Mensch von Sezuan. es 73
- Die heilige Johanna der Schlachthöfe. es 113
- Herr Puntila und sein Knecht Matti. es 105
- Der kaukasische Kreidekreis. es 31
- Leben des Galilei. es 1
- Leben Eduards des Zweiten von England. es 245
- Mann ist Mann. es 259
- Die Mutter. es 200
- Mutter Courage und ihre Kinder. es 49
- Der Ozeanflug. Die Horatier und die Kuratier. Die Maßnahme. es 222
- Schweyk im zweiten Weltkrieg. es 132
- Die Tage der Commune. es 169
- Trommeln in der Nacht. es 490
- Über Politik auf dem Theater. es 465
- Das Verhör des Lukullus. es 740

Brecht für Leser der neunziger Jahre. Hg. von S. Unseld. es 1826

Brunkhorst: Der Intellektuelle im Land der Mandarine. es 1403

Bubner: Ästhetische Erfahrung. es 1564
- Zwischenrufe. Aus den bewegten Jahren. es 1814

Buch: Der Herbst des großen Kommunikators. es 1344
- Die Nähe und die Ferne. es 1663
- Waldspaziergang. es 1412

Bürger: Theorie der Avantgarde. es 727

Burkhardt: Der Dreißigjährige Krieg 1618-1648. NHB. es 1542

Butler: Das Unbehagen der Geschlechter. es 1722

Celan: Ausgewählte Gedichte. Zwei Reden. es 262

Cortázar: Letzte Runde. es 1140
- Das Observatorium. es 1527
- Reise um den Tag in 80 Welten. es 1045

Dedecius: Poetik der Polen. es 1690

Dekonstruktiver Feminismus. Hg. von B. Vinken. es 1678

Deleuze: Logik des Sinns. es 1707
- Verhandlungen. es 1778

# edition suhrkamp
## Eine Auswahl

Denken, das an der Zeit ist. Hg. von F. Rötzer. es 1406
Derrida: Das andere Kap. Die aufgeschobene Demokratie. es 1769
– Gesetzeskraft. es 1645
Dieckmann: Glockenläuten und offene Fragen. es 1644
– Vom Einbringen. es 1713
Digitaler Schein. Hg. von F. Rötzer. es 1599
Dinescu: Exil im Pfefferkorn. es 1589
Ditlevsen: Sucht. es 1009
– Wilhelms Zimmer. es 1076
Dorst: Toller. es 294
Drawert: Spiegelland. es 1715
Dröge / Krämer-Badoni: Die Kneipe. es 1380
Duerr: Traumzeit. es 1345
Duras: Eden Cinéma. es 1443
– La Musica Zwei. es 1408
– Sommer 1980. es 1205
– Vera Baxter oder Die Atlantikstrände. es 1389
Eco: Zeichen. es 895
Ehmer: Sozialgeschichte des Alters. NHB. es 1541
Eich: Botschaften des Regens. es 48
Elias: Humana conditio. es 1384
Norbert Elias über sich selbst. es 1590
Engler: Die zivilisatorische Lücke. es 1772
Enzensberger: Blindenschrift. es 217
– Einzelheiten I. es 63
– Einzelheiten II. es 87
– Die Furie des Verschwindens. es 1066
– Landessprache. es 304
– Palaver. es 696
– Das Verhör von Habana. es 553
Eppler: Kavalleriepferde beim Hornsignal. es 1788
Erste Einsichten. Hg. von Ch. Döring und H. Steinert. es 1592
Esser: Gewerkschaften in der Krise. es 1131
Evans: Im Schatten Hitlers? es 1637
Ewald: Der Vorsorgestaat. es 1676
Federman: Surfiction: Der Weg der Literatur. es 1667
Feminismus. Inspektion der Herrenkultur. Hg. von L. F. Pusch. es 1192
Fernández Cubas: Das geschenkte Jahr. es 1549
Feyerabend: Erkenntnis für freie Menschen. es 1011
– Wissenschaft als Kunst. es 1231
Fortschritte der Naturzerstörung. Hg. von R. P. Sieferle. es 1489
Foucault: Psychologie und Geisteskrankheit. es 272
– Raymond Roussel. es 1559
Denken und Existenz bei Michel Foucault. Hg. von W. Schmid. es 1657
Spiele der Wahrheit. Hg. von F. Ewald und B. Waldenfels. es 1640
Frank: Einführung in die frühromantische Ästhetik. es 1536
– Gott im Exil. es 1506
– Der kommende Gott. es 1142

## edition suhrkamp
## Eine Auswahl

Frank: Motive der Moderne. es 1456
- Die Unhintergehbarkeit von Individualität. es 1377
- Was ist Neostrukturalismus? es 1203

Frevert: Frauen-Geschichte. NHB. es 1284

Frisch: Biedermann und die Brandstifter. es 41
- Die Chinesische Mauer. es 65
- Don Juan oder Die Liebe zur Geometrie. es 4
- Frühe Stücke. es 154
- Graf Öderland. es 32

García Morales: Die Logik des Vampirs. es 1871
- Das Schweigen der Sirenen. es 1647

Gedächtniskunst. Hg. von A. Haverkamp und R. Lachmann. es 1653

Geist gegen den Zeitgeist. Hg. von J. Früchtl und M. Calloni. es 1630

Geyer: Deutsche Rüstungspolitik 1860-1980. NHB. es 1246

Goetz: Festung. 5 Bde. es 1793-1795
- Festung. es 1793
- Krieg. 2 Bde. es 1320
- Kronos. es 1795
- 1989. 3 Bde. es 1794

Goffman: Asyle. es 678

Gorz: Der Verräter. es 988

Goytisolo: Die Quarantäne. es 1874

Grassmuck / Unverzagt: Das Müll-System. es 1652

Gstrein: Anderntags. es 1625
- Einer. es 1483

Habermas: Eine Art Schadensabwicklung. es 1453
- Legitimationsprobleme im Spätkapitalismus. es 623
- Die nachholende Revolution. es 1633
- Die Neue Unübersichtlichkeit. es 1321
- Technik und Wissenschaft als Ideologie. es 287
- Theorie des kommunikativen Handelns. es 1502

Hänny: Zürich, Anfang September. es 1079

Hahn: Unter falschem Namen. es 1723

Handke: Die Innenwelt der Außenwelt der Innenwelt. es 307
- Kaspar. es 322
- Phantasien der Wiederholung. es 1168
- Publikumsbeschimpfung und andere Sprechstücke. es 177

Happel: Grüne Nachmittage. es 1570

Henrich: Konzepte. es 1400
- Nach dem Ende der Teilung. es 1813
- Eine Republik Deutschland. es 1658

Hensel: Im Schlauch. es 1815

Hentschel: Geschichte der deutschen Sozialpolitik 1880-1980. NHB. es 1247

Hettche: Inkubation. es 1787

Die Hexen der Neuzeit. Hg. von C. Honegger. es 743

Hijiya-Kirschnereit: Was heißt: Japanische Literatur verstehen? es 1608

## edition suhrkamp
## Eine Auswahl

Hodjak: Franz, Geschichtensammler. es 1698
- Siebenbürgische Sprechübung. es 1622

Holbein: Der belauschte Lärm. es 1643
- Ozeanische Sekunde. es 1771
- Samthase und Odradek. es 1575

Huchel: Gedichte. es 1828

Irigaray: Speculum. es 946

Jahoda / Lazarsfeld / Zeisel: Die Arbeitslosen von Marienthal. es 769

Jansen: Reisswolf. es 1693

Jasper: Die gescheiterte Zähmung. NHB. es 1270

Jauß: Literaturgeschichte als Provokation. es 418

Johnson: Begleitumstände. es 1820
- Das dritte Buch über Achim. es 1819
- Der 5. Kanal. es 1336
- Ingrid Babendererde. es 1817
- Jahrestage 1. es 1822
- Jahrestage 2. es 1823
- Jahrestage 3. es 1824
- Jahrestage 4. es 1825
- Mutmassungen über Jakob. es 1818
- Porträts und Erinnerungen. es 1499
- Versuch, einen Vater zu finden. Marthas Ferien. es 1416

Über Uwe Johnson. es 1821

Jones: Frauen, die töten. es 1350

Joyce: Finnegans Wake. es 1524
- Penelope. es 1106

Judentum im deutschen Sprachraum. Hg. von K. E. Grözinger. es 1613

Junior: Jorge, der Brasilianer. es 1571

Kenner: Ulysses. es 1104

Kiesewetter: Industrielle Revolution in Deutschland 1815-1914. NHB.
es 1539

Kipphardt: In der Sache J. Robert Oppenheimer. es 64

Kirchhoff: Body-Building. es 1005

Kluge, A.: Gelegenheitsarbeit einer Sklavin. es 733
- Lernprozesse mit tödlichem Ausgang. es 665
- Schlachtbeschreibung. es 1193

Kluge, U.: Die deutsche Revolution 1918/1919. NHB. es 1262

Köhler: Deutsches Roulette. es 1642

Koeppen: Morgenrot. es 1454

Kolbe: Bornholm II. es 1402
- Hineingeboren. es 1110

Konrád: Antipolitik. es 1293
- Die Melancholie der Wiedergeburt. es 1720
- Stimmungsbericht. es 1394

Krechel: Mit dem Körper des Vaters spielen. es 1716

Krippendorff: Politische Interpretationen. es 1576
- Staat und Krieg. es 1305
- »Wie die Großen mit den Menschen spielen.« es 1486

Kristeva: Fremde sind wir uns selbst. es 1604

## edition suhrkamp
## Eine Auswahl

Kristeva: Geschichten von der Liebe. es 1482
- Die Revolution der poetischen Sprache. es 949

Kritische Theorie und Studentenbewegung. es 1517

Kroetz: Bauern sterben. es 1388
- Bauerntheater. es 1659
- Furcht und Hoffnung der BRD. es 1291
- Mensch Meier. Der stramme Max. Wer durchs Laub geht … es 753
- Nicht Fisch nicht Fleisch. Verfassungsfeinde. Jumbo-Track. es 1094
- Oberösterreich. Dolomitenstadt Lienz. Maria Magdalena. Münchner Kindl. es 707
- Stallerhof. Geisterbahn. Lieber Fritz. Wunschkonzert. es 586

Krynicki: Wunde der Wahrheit. es 1664

Laederach: Fahles Ende kleiner Begierden. es 1075
- Der zweite Sinn. es 1455

Lang / McDannell: Der Himmel. es 1586

Lehnert: Sozialdemokratie zwischen Protestbewegung und Regierungspartei 1848-1983. NHB. es 1248

Lem: Dialoge. es 1013

Lenz, H.: Leben und Schreiben. es 1425

Leroi-Gourhan: Die Religionen der Vorgeschichte. es 1073

Leutenegger: Lebewohl, Gute Reise. es 1001
- Das verlorene Monument. es 1315

Lévi-Strauss: Das Ende des Totemismus. es 128
- Mythos und Bedeutung. es 1027

Die Listen der Mode. Hg. von S. Bovenschen. es 1338

»Literaturentwicklungsprozesse«. Die Zensur der Literatur in der DDR.
Hg. von E. Wichner und H. Wiesner. es 1782

Llamazares: Der gelbe Regen. es 1660

Löwenthal: Mitmachen wollte ich nie. es 1014

Lüderssen: Der Staat geht unter – das Unrecht bleibt? es 1810

Lukács: Gelebtes Denken. es 1088

Maeffert: Bruchstellen. es 1387

de Man: Die Ideologie des Ästhetischen. es 1682

Marcus: Umkehrung der Moral. es 903

Marcuse: Ideen zu einer kritischen Theorie der Gesellschaft. es 300

Maruyama: Denken in Japan. es 1398

Mattenklott: Blindgänger. es 1343

Mayer: Gelebte Literatur. es 1427
- Versuche über die Oper. es 1050

Mayröcker: Magische Blätter. es 1202
- Magische Blätter II. es 1421
- Magische Blätter III. es 1646

Meckel: Von den Luftgeschäften der Poesie. es 1578

## edition suhrkamp
## Eine Auswahl

Medienmacht im Nord-Süd-Konflikt. Friedensanalysen Bd. 18. es 1166

Menninghaus: Paul Celan. es 1026

Menzel / Senghaas: Europas Entwicklung und die Dritte Welt. es 1393

Millás: Dein verwirrender Name. es 1623

Miłosz: Zeichen im Dunkel. es 995

Mitscherlich: Krankheit als Konflikt. es 164

– Die Unwirtlichkeit unserer Städte. es 123

Mitterauer: Sozialgeschichte der Jugend. NHB. es 1278

Möller: Vernunft und Kritik. NHB. es 1269

Morshäuser: Hauptsache Deutsch. es 1626

Moser: Besuche bei den Brüdern und Schwestern. es 1686

– Eine fast normale Familie. es 1223

– Der Psychoanalytiker als sprechende Attrappe. es 1404

– Romane als Krankengeschichten. es 1304

Muschg: Literatur als Therapie? es 1065

Mythos ohne Illusion. es 1220

Mythos und Moderne. es 1144

Nakane: Die Struktur der japanischen Gesellschaft. es 1204

Negt / Kluge: Geschichte und Eigensinn. es 1700

Ngũgĩ wa Thiong'o: Der gekreuzigte Teufel. es 1199

Nizon: Am Schreiben gehen. es 1328

Nooteboom: Berliner Notizen. es 1639

– Wie wird man Europäer? es 1869

Oehler: Pariser Bilder I (1830-1848). es 725

– Ein Höllensturz der Alten Welt. es 1422

Oppenheim: Husch, husch, der schönste Vokal entleert sich. es 1232

Oz: Politische Essays. es 1876

Paetzke: Andersdenkende in Ungarn. es 1379

Paz: Der menschenfreundliche Menschenfresser. es 1064

– Suche nach einer Mitte. es 1008

– Zwiesprache. es 1290

Petri: Schöner und unerbittlicher Mummenschanz. es 1528

Plenzdorf: Zeit der Wölfe. Ein Tag, länger als das Leben. es 1638

Politik der Armut und die Spaltung des Sozialstaats. Hg. von S. Leibfried und F. Tennstedt. es 1233

Politik ohne Projekt? Hg. von S. Unseld. es 1812

Powell: Edisto. es 1332

– Eine Frau mit Namen Drown. es 1516

Ein Pronomen ist verhaftet verhaftet worden. Hg. von E. Wichner. es 1671

Pusch: Alle Menschen werden Schwestern. es 1565

– Das Deutsche als Männersprache. es 1217

## edition suhrkamp
## Eine Auswahl

Raimbault: Kinder sprechen vom Tod. es 993
Rakusa: Steppe. es 1634
Reichert: Vielfacher Schriftsinn. es 1525
Ribeiro, D.: Unterentwicklung, Kultur und Zivilisation. es 1018
Ribeiro, J. U.: Sargento Getúlio. es 1183
Rodinson: Die Araber. es 1051
Rohe: Wahlen und Wählertraditionen in Deutschland. es 1544
Rosenboom: Eine teure Freundschaft. es 1607
Rosenlöcher: Die verkauften Pflastersteine. es 1635
– Die Wiederentdeckung des Gehens beim Wandern. es 1685
Roth: Die einzige Geschichte. es 1368
– Das Ganze ein Stück. es 1399
– Krötenbrunnen. es 1319
– Die Wachsamen. es 1614
Rubinstein: Sterben kann man immer noch. es 1433
Rühmkorf: agar agar – zaurzaurim. es 1307
Russell: Probleme der Philosophie. es 207
Schedlinski: die rationen des ja und des nein. es 1606
Schindel: Ein Feuerchen im Hintennach. es 1775
– Geier sind pünktliche Tiere. es 1429
– Im Herzen die Krätze. es 1511
Schleef: Die Bande. es 1127
Schöne Aussichten. Hg. v. Ch. Döring und H. Steinert. es 1593
Schönhoven: Die deutschen Gewerkschaften. NHB. es 1287
Schröder: Die Revolutionen Englands im 17. Jahrhundert. NHB. es 1279
Das Schwinden der Sinne. Hg. von D. Kamper und Ch. Wulf. es 1188
Segbers: Der sowjetische Systemwandel. es 1561
Senghaas: Europa 2000. es 1632
– Friedensprojekt: Europa. es 1717
– Konfliktformationen im internationalen System. es 1509
– Die Zukunft Europas. es 1339
Sieferle: Die Krise der menschlichen Natur. es 1567
Simmel: Schriften zur Philosophie und Soziologie der Geschlechter. es 1333
Sloterdijk: Der Denker auf der Bühne. es 1353
Sloterdijk: Eurotaoismus. es 1450
– Kopernikanische Mobilmachung und ptolemäische Abrüstung. es 1375
– Kritik der zynischen Vernunft. es 1099
– Versprechen auf Deutsch. es 1631
– Weltfremdheit. es 1781
Söllner: Kopfland. Passagen. es 1504
Staritz: Geschichte der DDR 1949-1985. NHB. es 1260
Steinwachs: G-L-Ü-C-K. es 1711
Stichworte zur ›Geistigen Situation der Zeit‹. 2 Bde. Hg. von J. Habermas. es 1000

## edition suhrkamp
## Eine Auswahl

Streeruwitz: New York. New York. Elysian Park. es 1800
- Waikiki-Beach. Sloane Square. es 1786

Struck: Kindheits Ende. es 1123
- Klassenliebe. es 629

Szondi: Theorie des modernen Dramas. es 27

Techel: Es kündigt sich an. es 1370

Thiemann: Schulszenen. es 1331

Thompson: Die Entstehung der englischen Arbeiterklasse. es 1170

Thränhardt: Geschichte der Bundesrepublik Deutschland. NHB. es 1267

Todorov: Die Eroberung Amerikas. es 1213

Treichel: Liebe Not. es 1373

Tugendhat: Ethik und Politik. es 1714

Vargas Llosa: Gegen Wind und Wetter. es 1513
- La Chunga. es 1555

Vernant: Die Entstehung des griechischen Denkens. es 1150

Veyne: Foucault: Die Revolutionierung der Geschichte. es 1702

Vor der Jahrtausendwende: Berichte zur Lage der Zukunft. Hg. von P. Sloterdijk. es 1550

Walser: Ein fliehendes Pferd. es 1383
- Geständnis auf Raten. es 1374
- Selbstbewußtsein und Ironie. es 1090
- Über Deutschland reden. es 1553
- Wie und wovon handelt Literatur. es 642

Weiss: Abschied von den Eltern. es 85
- Die Ästhetik des Widerstands. es 1501
- Fluchtpunkt. es 125
- Das Gespräch der drei Gehenden. es 7
- Notizbücher 1960-1971. es 1135
- Notizbücher 1971-1980. es 1067
- Rapporte. es 276
- Rapporte 2. es 444
- Rekonvaleszenz. es 1710
- Der Schatten des Körpers des Kutschers. es 53
- Stücke I. es 833
- Stücke II. 2 Bde. es 910
- Verfolgung ... Marat/Sade. es 68

Sinclair (P. Weiss): Der Fremde. es 1007

Die Wiederkehr des Körpers. Hg. von D. Kamper und Ch. Wulf. es 1132

Wippermann: Europäischer Faschismus im Vergleich 1922-1982. NHB. es 1245

Wirz: Sklaverei und kapitalistisches Weltsystem. NHB. es 1256

Wittgenstein: Tractatus logico-philosophicus. es 12

Zoll: Alltagssolidarität und Individualismus. es 1776

Der Zusammenbruch der DDR. Hg. von H. Joas und M. Kohli. es 1777